农业科技创新能力建设研究
——以山西省农业科学院为例

◎何燕 著

中国农业科学技术出版社

图书在版编目(CIP)数据

农业科技创新能力建设研究：以山西省农业科学院为例／何燕著．--北京：中国农业科学技术出版社，2023.1
ISBN 978-7-5116-6100-5

Ⅰ．①农… Ⅱ．①何… Ⅲ．①农业技术-技术革新-研究-山西 Ⅳ．①F327.25

中国版本图书馆 CIP 数据核字(2022)第 241254 号

责任编辑　张国锋
责任校对　李向荣
责任印制　姜义伟　王思文

出 版 者	中国农业科学技术出版社
	北京市中关村南大街 12 号　　邮编：100081
电　　话	(010) 82106625(编辑室)　　(010) 82109702(发行部)
	(010) 82109709(读者服务部)
网　　址	https://castp.caas.cn
经 销 者	各地新华书店
印 刷 者	北京建宏印刷有限公司
开　　本	170 mm×240 mm　1/16
印　　张	14.25
字　　数	270 千字
版　　次	2023 年 1 月第 1 版　2023 年 1 月第 1 次印刷
定　　价	60.00 元

◀━━ 版权所有·翻印必究 ━━▶

序

  创新是引领我国农业发展的首要动力。山西省作为特色农业大省，要实现农业经济的持续、稳定、健康发展，必须加快农业科技创新步伐，大力推动农业科技体制机制改革，加强和完善科技创新体系建设。

  山西省农业科学院（简称山西省农科院）作为山西省重要的农业科研机构，在农业科技创新发展方面做了一些有益的尝试，取得了一定的成效。但是，山西省农科院农业科技在创新发展中存在诸多问题，突出表现为成果转化率低，科研滞后，科研单位内部的运行机制亟待改变。现代农业科研机构只有不断地创新，才能为当地农业生产提供源源不断的科技成果、科技人才，从而发展壮大自己。现代农业科研机构的创新应该是全方位的，为此，2016年山西省农科院成立农业科技创新联盟办公室，地点设在山西省农科院图书馆，旨在研究建立以问题为导向，以任务为统领，按照重点研究方向和科技创新需求，梳理问题，凝练任务，创新科研机制；研究如何支持开展基础理论及原始创新、产业重大技术创新、科技成果集成转化及农业科技基础工作；组织优势团队开展科技攻关，将全院各课题组有机串联起来，以学科研究方向为主线，建立上中下游、联合高校、科研院所及企业、国内外组织等高效协作的联合攻关；建立新的用人、分配等适应现代、科研院所制度的运行机制。

  农业科技创新联盟办公室成员历经3个多月，调研了全院26个所（中心）179个优势课题组，分析山西省农科院学科建设发展的现状和存在的问题，撰写完成了《山西省农科院优势学科调研报告》，以强化学科建设，进一步促进农业科研机构自主创新能力和产业支撑能力的大幅度提升，为山西农业生产方式转变和现代农业发展迈上新台阶，提供更加强大的支撑。

  农业科技进步贵在创新，难在管理，推进农业科技创新的关键是管理机制创新。为进一步提高农业科技研发效率，强化农业科研项目管理，完善农业科技创新激励机制，2017年山西省农科院实施了一系列政策创新、机制体制改

农业科技创新能力建设研究——以山西省农业科学院为例

革。按照国家、山西省相关政策规定，配套完善了农科院相关管理办法，农业科技创新联盟办公室参与制定出台了《山西省农业科学院横向科研项目管理办法》《山西省农业科学院科研经费间接费用管理办法》《山西省农业科学院科研项目绩效评价管理办法》等，这些办法规范了横向科研项目经费的支出范围和结余资金的分配办法，规定了国家级、省级科研项目费用预算比例、支出范围、绩效发放办法等。

科研产出的状况，对于总结科技工作成绩、加强科技管理、评价科技政策的优劣具有重要意义，也是衡量科研机构水平和效率的重要因素。科研产出包括期刊论文、著作、科研成果、专利、研究报告等多种类型。2018年农业科技创新联盟办公室在中国农业科学院信息所帮助下完成了《2008—2017年山西省农业科学院科研产出分析报告》，以期为相关科技管理决策、科技评价等提供参考和依据。

2019年10月，根据山西省委省政府的决定，山西农业大学和山西省农业科学院合署改革，合署后单位名称为"山西农业大学"，保留山西省农业科学院的牌子，一个党委、一套班子。这是省委省政府着眼山西省高等教育和农业科研改革发展大局作出的一项重大战略决策，也是山西省高等教育和农业领域的一件大事。

历经3年的合署改革，时至今日，合署后的山西农业大学（山西省农业科学院）是我国著名高等农业学府，教育部本科教学评估优秀高校，山西省政府与农业农村部共建高校，全国首批深化创新创业教育改革示范高校，国家中西部基础能力建设入选高校。2019年校院合署改革的实施，使新山西农业大学的综合实力全面增强，学校的社会影响力明显提升，为建设"国内一流、国际有影响、地域特色鲜明的高水平研究应用型大学"奠定了坚实基础。合署改革过渡期的3年，实现从合署到融合的转变，从政府主导合署到形成内生动力的转变，构建起新农大的现代大学治理体系。新时代学校的历史使命，是坚持以立德树人为根本，履行好推进新农科建设、培养知农爱农新型人才的历史使命；是坚持以强农兴农为己任，履行好强化科技支撑引领、服务乡村振兴的历史使命；是坚持以改革创新为动力，履行好探索高水平研究应用型大学治理体系和办学模式的历史使命。至此，农业科技创新联盟办公室也随之有了新的使命，著者将农业科技创新联盟办公室成立以来至合署改革前的工作成果整理出版，谨以此书纪念曾经的山西省农业科学院。

山西省农业科学院创新联盟办公室
2022年10月

前　言

我国农业和农村经济已经进入一个新的发展阶段。科技不仅是过去，也是未来我国农业生产发展的第一推动力。随着农业生产自然资源约束的持续增加，现代农业生产力的提升更依赖于农业科技的创新程度。农业科技创新必然成为农业经济快速发展的主导力量，而农业科研机构又是支撑其创新能力的重要力量。因此，农业科研机构科技创新能力的强弱，直接关乎国家农业科技进步水平和现代农业发展的方式，而这一切的关键是要加强农业科技创新能力建设。发展现代农业，繁荣农村经济，建设社会主义新农村，必须紧紧依靠科技进步，把农业增长方式从资源依赖型转向科技驱动型，走创新型农业的发展道路。农业科研机构的主要任务是进行农业科学研究，大力开展农业科技创新，即创造农业生产新技术、新方法和新成果，进而推动农业生产的发展。如何提升农业科研机构的科技创新能力，是值得我们给予重视的一项研究课题。目前，众多农业科研院所、研究机构在转企、转制大潮的压力下，片面强调与市场接轨，急于创收盈利，不仅影响了农业科技进步，而且严重削弱了农业科技创新能力，降低了农业科技全方位服务于"三农"工作的能力和服务的效果，农业科研必须坚定不移地走公益性的道路，也使我们不得不对农业科研机构的功能和定位重新进行理性的思考。鉴于此，著者花了 3 年左右时间，编写了《农业科技创新能力建设研究——以山西省农业科学院为例》一书，以期提高山西农业科技创新能力，在坚持可持续发展的基础上来创新农业科研，以观念创新推动科技创新，以新的思想观念来建设新的组织体系，培育新的科技队伍，建立新的管理制度和新的运行机制，促进农业科研的可持续发展。

农业科技创新能力建设是国家科技创新体系建设的重要组成部分，是农业经济可持续增长的动力。山西省农业科学院是全省农业科技创新体系的主体，农业科技创新与现代院所建设是山西省农业科学院的一项核心任务。该书围绕山西农业科技创新能力建设，通过深入调研山西省农业科学院科研政策、科研管理环节、山西省农业产业发展现状，找出制约山西省农科院科研发展的瓶颈，综合分析解决问题的途径和办法，从而探索出符合山西省农业科学院实际的科研管理制度、政策和举措，进一步明确山西省农业科学院科技创新的发展目标和重点任务，推进现代科研院所建设，推动科技创新、脱贫攻坚、农业科技创新联盟等工作高效有序开展，提供辅助决策支持，为科技支撑现代农业发展提供强大引擎。

农业科研机构科技创新能力研究，不仅是发展现代农业、建设社会主义新农村和创新型国家的需要，也是农业科研机构自身发展、丰富和发展创新理论的需要，对于全面提高我国农业科技自主创新能力、推动现代农业建设与发展等具有十分重要的战略意义。

通过本项研究，希冀为全院，也为全省农业科研机构、农业管理部门决策提供参考和依据。由于作者水平有限，在撰写过程中难免出现不足之处，敬请各位同仁批评指正。

著 者

2022 年 10 月

目 录

绪 论 1
第一章 山西省农业科学院农业科技创新能力建设现状探析 6
 第一节 山西省农业科学院基本情况 6
 第二节 山西省农业科学院"十二五"农业科技发展成就 7
 第三节 山西省农业科学院优势学科现状 10
 第四节 山西省农业科学院科技创新能力分析 22
第二章 山西农业作物研究科研创新 40
 第一节 作物科学研究所 40
 第二节 小麦研究所 49
 第三节 谷子研究所 58
 第四节 玉米研究所 68
 第五节 旱地农业研究中心 77
第三章 山西农业经济作物研究科研创新 82
 第一节 经济作物研究所 82
 第二节 棉花研究所 90
 第三节 高寒区作物研究所 100
 第四节 农作物品种资源研究所 109
 第五节 高粱研究所 115
第四章 山西农业果蔬研究科研创新 124
 第一节 果树研究所 124
 第二节 蔬菜研究所 130

第三节　园艺研究所 …………………………………………… 135
　　第四节　食用菌研究所 …………………………………………… 138
　　第五节　试验研究中心 …………………………………………… 142
第五章　山西农业畜牧兽医研究科研创新 ………………………… 144
　　第一节　畜牧兽医研究所 ………………………………………… 144
　　第二节　饲料兽药研究所 ………………………………………… 151
第六章　山西农业环境保护研究科研创新 ………………………… 152
　　第一节　农业环境与资源研究所 ………………………………… 152
　　第二节　植物保护研究所 ………………………………………… 157
　　第三节　农产品质量安全与检测研究所 ………………………… 165
　　第四节　现代农业研究中心 ……………………………………… 169
第七章　山西农业工程科研创新 …………………………………… 171
　　第一节　生物技术研究中心 ……………………………………… 171
　　第二节　农产品贮藏保鲜研究所 ………………………………… 175
　　第三节　农产品加工研究所 ……………………………………… 177
　　第四节　农业资源与经济研究所 ………………………………… 180
　　第五节　农业科技信息研究所 …………………………………… 184
结　　语 ……………………………………………………………… 188
附录一　山西省农业科学院科研项目管理办法（试行） ………… 191
附录二　山西省农业科学院生物育种工程项目及资金管理办法（试行） … 194
附录三　山西省农业科学院农业科技创新研究课题及资金管理办法
　　　　（试行） …………………………………………………… 198
附录四　山西省农业科学院院级科研项目绩效评价管理办法（试行） …… 202
附录五　山西省农业科学院院级项目结题验收管理办法（试行） ………… 207
附录六　山西省农业科学院横向科研项目管理办法（试行） …………… 209
附录七　山西省农业科学院科研经费间接费用管理办法（试行） ……… 211
附录八　山西省农业科学院关于申报国家自然科学基金项目的激励办法
　　　　（试行） …………………………………………………… 214
参考文献 ……………………………………………………………… 216

绪　　论

一、农业科技创新的内涵与作用

农业科技创新是农业应用新知识、新科学、新技术，采用新的生产方式和经营管理模式，开发新工艺、生产新产品、开拓新市场，大幅度提高经济效益的整个过程；是包括农业科学研究、发明、创造和农业科技成果转化、推广、应用在内的动态过程。

农业技术创新是一个不断构思发明新的农产品、新的农艺和新的农具设备，进行农业新技术的研究与开发或实验发展的过程；是一个不断把农业新构思、新技术推广应用到农业生产实践中去的过程；是一个引进、吸收、模仿、改良、扩散农业新技术，重新组合原有农业技术的过程；也是一个应用物质设备和应用资源合理有效配置的手段，通过市场把农业新构想、新技术和原有生产要素（投入物）转变为新的农艺和新的农产品的长期增值，不断提高农业生产、社会经济和生态效益的过程。

二、农业科技创新特点

由于农业生产活动是一个复杂的生产过程，决定了农业科技创新与其他行业的科技创新具有自己独特的特点。

1. 农业科技创新具有长期性的特点

农业新技术从最初的理论研究到技术发明然后进入农业生产领域被广大农民所接受的过程，是一个长期的过程。同时，农业科技成果转化阶段是将其成果直接运用于大规模的生产并应用，在应用阶段还需要验证是否能够得到农民和市场的接受，另外还需要借助农业推广科技队伍的支持和指导，也需要一定的时间。

2. 农业科技创新具有区域性和季节性的特点

由于农业生产对象对环境依赖性较大这一特点，且农业生产不仅受到时间的限制，而且由于动植物本身的特点也会受到区域的限制。农作物的生长具有一定的自然周期，那么关于这种农作物的科技创新也必须在一个完整的生命周期才能完成。同样的，农作物还具备一定的季节性。因此，研究中一定要考虑到农业科技创新具有区域性和季节性这一特点。

3. 农业科技创新具有不确定性的特点

由于农业科技创新从新知识的产生到成果转化并被市场接受是整个过程，各个环节都具有不确定性。由于农业科学和技术创新的市场、技术、系统有很多不确定性因素，基于过程的农业科学和技术创新也就具有很多不确定的因素。

4. 农业科技创新具有复杂性的特点

农业科技创新是一个从农业新知识的创造到产品生产、技术推广的一个全过程，这一过程中参与的角色很多，每个角色都具有风险，而且易于受到外界环境的干扰。因此，在研究中要把握每一个参与者的特点和作用，才能理解农业科技创新的复杂性。

5. 农业科技创新具有生物性的特点

农业生产的对象是有生命的生物体，具有一定的生物学特征，受季节和地域的限制，农业科技创新必然具备生物性的特点。

三、农业科技创新能力

何谓农业科技创新能力，目前在国内外尚未形成一个统一的认识。有学者认为，科技创新能力是由科学创新能力与技术创新能力共同组成的一个有机整体。科学创新能力是发展科学和运用其成就的潜力总和。由科研机构、科研人员、科研经费、科研设备等要素构成技术创新能力是为了生产上应用科学创新成果而进行的研究、开发结果的总和。农业科技创新能力涉及农业科技创新活动的全过程，是由多种要素相互作用的综合产物，当然是科学创新能力与技术创新能力的综合体。也有学者认为农业科技创新能力是农业科技创新要素在一定区域内聚集、整合以及推动持续创新的基本能力，通过科学研究、技术创新、技术转移、科技成果转化等科技活动，以及农业科技发展政策的制订，支撑地区农业经济增长，提高农业整体竞争力，并实现经济社会的可持续发展。

四、现代农业科研院所与科技创新

在知识经济全球化的背景下,科技创新能力已经成为国家经济发展的源泉和动力,并逐渐成为决定国家前途和命运的主导因素之一。只有提高科技创新能力,才有机会在国际科技竞争中占据战略制高点。国家科技创新体系是支撑其创新能力建设的重要力量,而科研机构又是重要的科技创新体系主体。我国是一个农业大国,农业和农村经济的发展是我国首先要解决的问题。农业科技创新能力的强弱是解决我国农业和农村经济问题的关键所在,农业科技创新则必然成为农业经济快速发展的主导力量,并逐渐成为决定我国农业发展前途和命运的主要因素之一。

当前,公益类科研院所作为我国科技创新体系的重要部分,承担着构建国家创新体系和重大创新任务的重要责任。农业科研机构科技创新能力的强弱,直接关乎国家农业科技进步水平和现代农业发展的方式。农业科研院所由于农业产业弱质性、特殊性和战略性原因,其产生的经济效益较低而社会效益显著,是农业科技公共物品的主要提供者,是典型的纯公益性事业组织。社会公益类科研院所以向社会提供公共科技和服务为主,是政府推动社会科技发展不可缺少的重要支撑。随着改革开放和市场经济的发展,农业科技创新面临着许多新形势新情况,包括科技投入、组织管理、国家发展战略等,公益类科研院所已经成为国家科技体制改革的重点之一。为了更好地使农业科研院所承担科技公共物品供给者的角色,提高社会公共科技和公益性服务的供给效率,合理配置相关资源,提高公共服务能力,构建一套科学合理的现代农业科研院所科技创新机制已成为亟待解决的现实问题。

1. 农业科研机构创新能力研究是提高国家创新能力,建设创新型国家的需要

"提高自主创新能力,建设创新型国家"是党中央统揽全局、深谋远虑做出的重大战略决策和部署,是对科学发展观的进一步落实和发展,是顺应时代潮流、应对全球挑战、面向我国经济社会当前和长远发展需求做出的战略抉择。在当前发展科学技术、调整产业结构、转变发展方式等国家战略中,增强自主创新能力已经成为战略基点和中心环节,贯穿到现代化建设各个方面,激发全民族创新精神,培养高水平创新人才,以不断巩固和发展中国特色社会主义伟大事业。经过多年努力,我国已经建立了比较完整的学科布局和国家创新系统,科技创新能力不断提高,推动了经济发展方式从资源依赖型向创新驱动型转变,科技已经成为经济社会发展的核心支撑力和驱动力。农业科研机构作

为国家创新体系的重要力量，其创新能力是国家创新能力的重要组成。只有不断提高农业科技创新能力，才能整体提升国家创新能力。否则，如果农业科技创新能力偏低，就会成为国家创新能力的"短板"。系统分析农业科研机构创新能力的内涵，剖析创新能力形成、演化机制，将有助于国家从战略层面，为提高农业科研机构自主创新能力制订出科学的政策、制度，营造良好的发展环境和条件。

2. 农业科研机构创新能力研究是农业科研机构自身可持续发展的需要

农业科研机构的主要职责就是开展农业知识创新和技术创新，在农业知识领域、技术领域等不断取得新的突破。本研究通过阐明农业科研机构创新能力的形成机理和演化机制，探明自主创新能力识别与控制的科学途径，可以指导农业科研机构开展具体的创新能力战略管理，实施创新提升与发展战略应用主成分分析、比对分析等手段，本着科学性、可比性、可操作性等原则，建立农业科研机构创新能力评价指标体系，对我国农业科研机构开展创新能力的科学评价，帮助农业科研单位查找制约创新能力的关键因素，建立提升创新能力的科学途径和对策措施。

3. 农业科研机构创新能力研究是发展现代农业，建设社会主义新农村，确保国家粮食安全、生态安全、农民增收和农业可持续发展的需要

"发展现代农业，建设社会主义新农村"，是全面建设小康社会的首要任务。改革开放以来，我国农业科技自主创新能力不断提高，在新品种培育、农产品高效生产、农业病虫害防治、区域综合治理等领域不断取得新突破，杂交水稻、超级稻、矮败小麦、杂交玉米、转基因抗虫棉、"双低"油菜、马传贫弱毒疫苗、禽流感和口蹄疫基因工程疫苗等一批重大科技成果，以及作物分子育种技术、杂种优势利用技术、动植物重大疫病防治技术等一批关键、核心技术达到国际领先或先进水平，2020年，我国主要农作物良种实现了更新换代，良种覆盖率达到96%以上，2021年农作物耕种收综合机械化程度达到72%，农业科技进步贡献率达到61%。农业科研机构为我国农业发展、农民增收和农村经济发展作出的贡献功不可没。

五、农业科研机构创新能力研究意义

省级农业科研单位是我国农业科研不可或缺的一部分，跻身在农业生产前沿，对区域内农业发展起着强有力的科技支撑作用。省级农业科研单位作为公益性科技服务机构，在全国各地广泛调查农区自然条件及生态环境，深入研究区域农业生产特点及产业化发展途径，因地制宜，热心科研，勇于创新，跻身

于农业生产第一线。在长期的发展中，逐步形成了以农业科学研究为主要工作内容，注重于农业科技成果转化，职能很强的农业科研机构。地市级农业科研单位在农业科研方面，立足区位、人才优势，以创建区域特色农业为突破口，以发展产业化农业为先导，为农区探寻农业发展道路；在农业科技转化方面，积极创新农业科技服务模式，培植农业科技产业化企业，开展农民培训、科技示范、技术转让等多渠道、多层次、多元化的科技转化方式，向农业生产单位或分散经营农户进行科技服务。地市级农业科研单位对各地农业生产发展、农村经济繁荣作出了巨大的贡献。

1. 农业科研机构是国家农业科技创新体系的主体，是农业知识和技术创新的主导力量

在农业科技创新领域，农业科研机构的知识创新作用和技术创新能力仍未得到充分重视。目前国内外针对农业科研机构性质和创新工作特点，还没有提出其自主创新能力的基本概念，也没有系统阐明其内涵和外延，更没有深入揭示自主创新能力的形成、演化与调控机制，缺乏具体的理论指导。

2. 农业科研机构是农业农村经济和社会发展的支撑力量

农业科研机构是"三农"发展的科技支撑重要力量，新中国成立以来，特别是改革开放以来，农业科技事业在党和国家的各项重大决策和科技发展方针指引下，坚持"科学技术是第一生产力"，不断提高自主创新能力，针对农业和农村经济发展的重大需求，切实加强农业关键技术、核心技术研究，提供一批拥有自主知识产权的创新性科技成果，农业科研机构在农业新品种、新技术、新产品等方面不断取得重大突破，为我国粮食安全、生态安全、农民增收和农业可持续发展等作出了积极的贡献。

3. 农业科研机构是农业知识创新和技术创新的中坚力量

我国农业科研机构是国家知识创新体系的重要组成部分，也是国家知识创新系统的核心部分之一。新中国成立以来，特别是改革开放以来，为适应农村经济发展和世界新技术革命挑战的需要，我国农业科研机构发展很快，科技队伍初具规模，试验研究条件和生活条件有了一定改善，科技体制改革健康发展，科研与开发按照面向经济建设主战场、高新技术研究开发及其产业化、基础性研究的布局全面展开，在农业基础理论、方法和技术基础上取得不断进步。

第一章

山西省农业科学院农业科技创新能力建设现状探析

第一节 山西省农业科学院基本情况

一、机构设置

山西省农业科学院是省政府直属的公益型科研事业单位,其业务范围包括:(1)开展农业科学研究、农业应用研究、软科学研究和农业基础性研究。(2)负责开展农业新技术开发、科技成果的示范和重大农业科技工程项目的组织管理和实施。(3)负责组织开展农业技术综合开发和推广服务工作。(4)完成省人民政府交办的其他事项。

山西省农业科学院是山西省政府直属的公益型科研事业单位,下设23个专业研究所、3个研究中心和3个农业试验站,分布在运城、临汾、晋中、长治、吕梁、忻州、朔州、大同和太原9个市。主要工作是开展农业应用科学研究、农业基础性研究、农业经济研究等。研究范围覆盖种植业、养殖业、农业环境资源与农业经济等专业领域。

在全省范围内有科研土地28 900亩(1亩≈667米^2),太原地区所的试验示范基地位于晋中市榆次区东阳镇,总占地面积2 502亩。海南南繁育种基地位于三亚市乐东县九所镇,总占地面积220.81亩,其中:育种用地204.31亩,建设用地16.5亩。各类基地的建设,不仅极大地改善科研设施条件,也为培养科技人才提供了良好的硬件支持。

二、人才队伍

截至2017年底，全院在职职工2 570人，其中专业技术人员1 886人，占在职职工总数的73%。其中正高级206人，副高级464人；中级技术职务890人。在职职工中有研究生807人，其中：博士研究生139人，硕士研究生668人，研究生占专业技术人员总数43%。全院离退休2 456人。

在高级科技人才中，享受国务院政府津贴专家60人（其中在职人员11人）；省科技功臣7人；新世纪百千万人才工程国家级人选1人，山西省学术技术带头人省级人选32人；有突出贡献的专家9人，三晋青年学者1人，省新型产业领军人才4人，农业部科研杰出人才1人；中央组织部联系的高级专家3人，省委联系的高级专家40人（其中在职人员5人），国家现代农业产业技术体系岗位专家13人；通过"百人计划"引进海外高层次专家15人。

三、平台建设

全院建有农业农村部黄土高原作物基因资源与种质创制重点实验室、农业农村部农产品质量安全风险评估实验室；农业农村部黄淮海大豆产区农业科学观测实验站、农业农村部太原作物有害生物科学观测实验站；国家谷子改良中心长治分中心、国家杂粮加工技术研发分中心；国家枣、葡萄、酿酒葡萄种质资源圃；国家抗虫棉中试基地，国家谷子、玉米、马铃薯原原种繁殖基地，国家引进国外智力成果示范推广基地；国家高粱产业技术创新战略联盟。现有国家现代农业产业技术体系综合试验站27个，山西省农业科技创新联盟1个，省级重点实验室7个，省级工程研究中心7个，省级重点学科点4个，省级农作物种质资源库1个，与山西大学合办生物工程学院并开设3个硕士学位授予点，博士后科研工作站1个。拥有20个国家和省级工程咨询和检验鉴定资质。编辑出版《华北农学报》《村委主任》《山西农业科学》《山西果树》等专业刊物，建有山西农业科技服务网站。

第二节 山西省农业科学院"十二五"农业科技发展成就
（2016年课题组调研之前）

"十二五"以来，山西省农科院科技创新工作紧密围绕全省农业科技创新和产业化目标，在促进农业产业升级和科技创新能力持续提高两个层面进行规划部署，有效地促进了农业产业结构调整、农产品数量增加和质量的提高，为山西农业经济发展和农民增收提供了有力的技术支撑，取得了显著的经济和社会效益，科技进步对农业和农村发展的贡献度日益增强。

一、农作物育种水平大幅度提高

"十二五"以来，全院审（认）定农作物新品种246个，有30个品种通过国家审（鉴）定。大丰26号、大丰30号、强盛16、强盛51等一批玉米新品种都创造了超吨粮的高产纪录，大丰30玉米新品种，生产性能和主要技术指标可与美国先锋公司的先玉335相媲美；高产广适应大豆品种汾豆56，两次通过国家北方春大豆晚熟组和黄淮海夏大豆中熟组审定，实现了耐旱、高产、广适应大豆品种选育的突破，在山西、河北、河南、山东、陕西、甘肃、宁夏等省（区）累计推广800万余亩；汾豆60，蛋白质含量40.06%、脂肪含量22.44%，成为山西省第一个通过国家审定的早熟高油大豆品种；抗旱广适性小麦新品种晋麦79号和中高水肥小麦新品种舜麦1718、尧麦16分别通过国家审定，在省内外推广种植。8个高粱新品种和6个谷子新品种通过国家鉴定，枣、糜子、绿豆、甘薯等作物新品种首次通过国家审（鉴）定。

二、杂粮特色和优势更加明显

首次争取到农业部黄土高原作物基因资源与种质创制重点实验室，建成国家谷子改良分中心、国家杂粮加工技术研发分中心、山西省杂粮工程技术中心、农业部杂粮产地加工技术集成基地；山西省特色粮研究中心建设进展顺利；成立了山西省唯一的国家产业技术创新战略联盟——"高粱产业技术创新战略联盟"；争取到国家现代农业产业技术体系杂粮岗位科学家8名、综合试验站11个；"十二五"期间审（认）定杂粮新品种75个，其中国审（鉴）品种22个。获得国家专利17件，发布省地方标准20项，特色农产品加工科研基础条件大幅度提升，一大批杂粮新品种在生产上大面积推广应用，产生了显著的社会经济效益。

三、大批核心技术取得重大突破

取得具有自主知识产权的原创发明专利72件，较"十一五"23件增加49件，增长213%。批准发布农业行业和省级地方标准109项，较"十一五"9项增加100项。杂交大豆高效制种技术研究方面，繁种、制种异交率达到85%~100%，繁种、制种产量达975~1 275千克/公顷，可为山西、黄淮海夏播区和北方春播区大豆制种，组配的优势组合最高增产幅度达 15%~30%，为规模化大豆杂种制种奠定了基础；旱作农业高产高效技术体系研究方面，研究配套了小麦、玉米、甘蓝播种、施肥、补水、中耕等机械（具），集成了覆盖山西不同生态类型区 7 种综合技术模式，丰富深化了农艺农机结合理论，创建了符合不同生态类型要求的旱地主要粮菜农艺农机一体化新型旱作农业技术体系。

四、应用基础研究取得显著成绩

"植物抗旱机理的新发现及相关重要基因发掘"成果，在国际上首次发现梨的甜菜碱合成与其耐旱性密切相关，从葡萄中发现并成功获得 ABA 激活的钙依赖蛋白激酶（CDPK）基因，命名为 $ACPK1$，已在 NCBI Genebank 登录（AY394009）；被 SCI 收录论文 11 篇，在国际上产生了广泛影响。"小麦种质创新的细胞遗传学机制及外源抗病新基因分子鉴定"成果，在国际上首次将偃麦草的抗病基因导入小麦，其中抗白粉病基因 $Pm40$、$Pm43$ 和抗条锈病基因 $Yr41$、$Yr50$ 已被国际小麦基因命名委员会正式命名；首次育成小麦与多年生簇毛麦、非洲黑麦和茸毛偃麦草新物种。引起国内外学者广泛关注，在国际上产生了较大的学术影响。

五、农业科技创新平台建设成效显著

大吴科研创新基地、榆次东阳试验示范基地和海南南繁育种基地建成并投入使用；农业部黄土高原作物基因资源与种质创制重点实验室和农业部农产品质量安全风险评估实验室（太原）被农业部批准建设；农业有害生物综合治理、棉花种质资源利用与分子设计育种、果树种质创制与利用、作物遗传与分子改良、特色杂粮种质资源发掘与育种、高粱遗传与种质创新等 6 个山西省重点实验室被山西省科学技术厅批准建设，进一步推动了农业科技资源的有效整合与协作共享，为科技创新提供了良好的平台。

六、重点优势学科建设不断增强

有 11 个创新团队分别被农业部和山西省批准确立为重点建设的创新团队，分别为：农业部"旱作节水农业技术研究创新团队"，山西省"旱作农业作物高效用水科技创新重点团队""土壤环境与养分资源科技创新重点团队""枣种质资源创新与利用科技创新团队""果蔬病虫害综合防控科技创新团队""生猪安全高效生产科技创新团队""小麦遗传与分子育种科技创新团队""大白菜种质资源创新与利用科技创新重点团队""酿造专用高粱育种及利用科技创新重点团队""羊规模化高效养殖关键技术研究与应用科技创新重点团队""谷子杂种优势利用与分子机理研究科技创新重点团队",重点优势学科建设较"十一五"相比,创新能力得到明显增强。

七、国际农业科技合作成效不断提升

围绕山西省优势和特色产业,开展全方位、宽领域、多层次的交流与合作,积极与美国、澳大利亚、俄罗斯、荷兰、日本、摩洛哥、赞比亚、阿尔及利亚、加拿大、德国等国家的国际知名农业科研教学机构建立了长期、稳定的合作关系,通过项目合作,得到了优势互补,促进了对外开放,使山西省在农业生态建设、特色农产品加工、农牧种质资源的引进改良等方面研究水平得到了较大提升。盐碱地开发治理合作项目,取得了一批具有自主知识产权的盐碱地改良剂,并实现了商品化生产,达到国际先进水平,在全国具有很大的影响力。

八、科研管理规章制度逐渐完善

先后出台了山西省农业科学院院级科研项目管理办法、科研项目经费管理办法、重点攻关项目主持人聘用管理办法等11个科研管理办法,为科研管理的科学化、规范化、制度化提供了制度保障。

第三节 山西省农业科学院优势学科现状

学科是统领农业科研院所建设与创新发展的"主线",学科建设贯穿于院所建设、发展的全过程。学科建设是现代农业科研机构持续发展的基础工程。建立科学合理的学科结构,对于地方农业科研机构明确科技创新方向、优化科技资源配置、提升创新能力具有重要促进作用。传统的农业科研体系、单兵作战的科研组织方式、单项技术的突破与应用,已经难以适应现代农业的发展趋势,难以满足农业"大生产"的需求。因此,必须依靠科技进步来突破资源环境的约束,科技进步需要通过强化学科建设来促进自主创新能力的提升。

2016年,农业科技创新联盟办公室历经3个多月调研了全院26个所(中心)179个优势课题组,旨在分析山西省农业科学院学科建设发展现状和存在

问题，加强地方农业科研单位学科建设，有效带动产业发展、集聚科技资源，进一步促进农业科研机构自主创新能力和产业支撑能力的大幅提升，为山西农业生产方式转变和现代农业发展迈上新台阶提供更加强大的支撑。

一、山西省农业科学院学科建设发展现状

（一）课题组的学科划分

学科是科研单位开展科技工作的基础，是组织科研的基本单元，科研单位的人才、团队、项目、资金、平台等要素都需要依托学科建设而发挥作用。学科的结构布局、服务功能、发展活力决定着科研院所在知识创新、技术创新方面的地位和水平。此次调研，涉及全院26个所（中心）179个优势课题组，涵盖农学、园艺学、畜牧兽医科学、生物学、生物工程、农产品贮藏与加工、农产品质量安全检测、环境科学、农业经济9个学科，农学学科按作物划分有小麦、玉米、棉花、大豆、油料经济作物、杂粮（谷子、高粱、马铃薯、甘薯、燕麦、荞麦、食用豆、甜玉米、糯玉米）；园艺学包括果树学、蔬菜学、园林花卉；畜牧兽医学还包括草原学（牧草），生物学包括微生物学（微生物及真菌），按学科及作物种类对课题组进行划分，课题组分布比较集中的有玉米、小麦、谷子糜子等研究，果树、畜牧兽医因研究内容涉及的果树树种和动物种类较多，人的分布才比较集中。农学类按作物种类划分，园艺类按学科划分，每类作物或学科中的课题组包括作物种质资源收集、鉴定与创制、新品种选育、栽培技术、农产品贮藏与加工、技术推广。畜牧兽医科学包括家畜遗传育种、预防兽医、动物营养、牧草选育、畜产品加工、畜禽养殖技术推广，养蜂学也属于该研究内容。

（二）参加调研的课题组人员情况

按照课题组人数分析（图1-1），其中3人以下微小型课题组4个，3~5人小型课题组75个，6~10人课题组79个，11~15人大型课题组18个，15人以上超大型课题组3个。

调研课题组人员年龄分布（图1-2）：所报课题组共有1 179人，平均年龄约42岁。低于26岁有6个人，大于60岁有7个人。29~37岁人最多，有441人，占全部人数的37%；52~54岁的人数居中，有151人，占全部人数的13%。

性别占比（图1-3）：男性科研人员有674人，占全部上报人员的57%；女性科研人员506人，占43%。

职称统计显示（图1-4），所有上报的课题组有研究员186人，副研究员312人，助理研究员523人，实习研究员及其他情况有174人。

农业科技创新能力建设研究——以山西省农业科学院为例

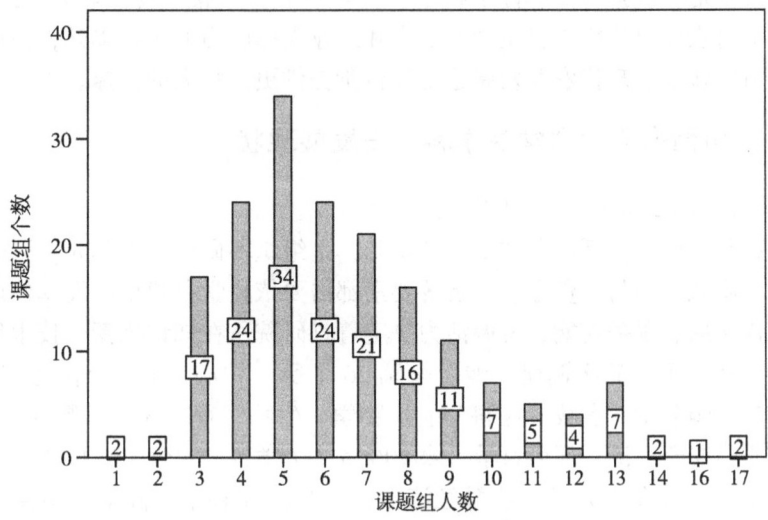

图 1-1　课题组人数

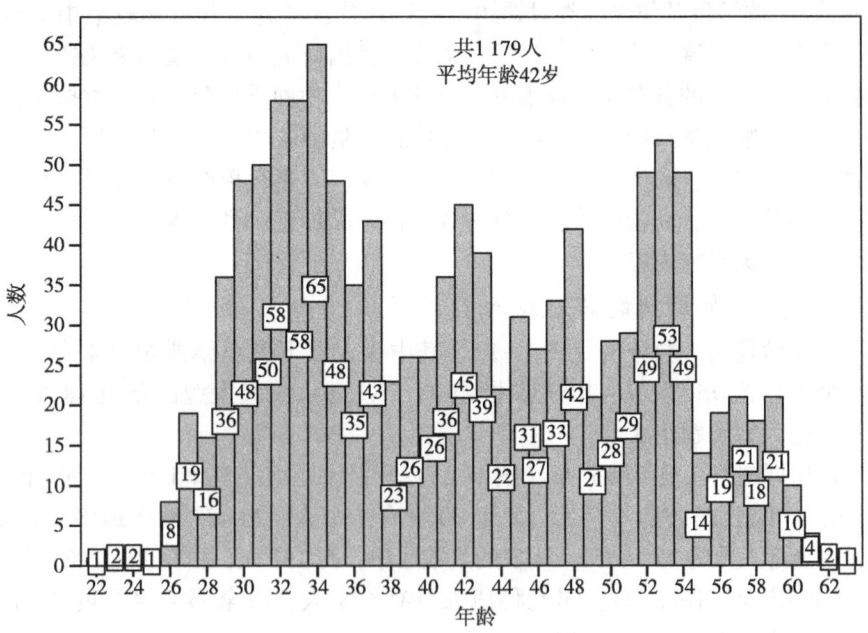

图 1-2　课题组人员年龄分布

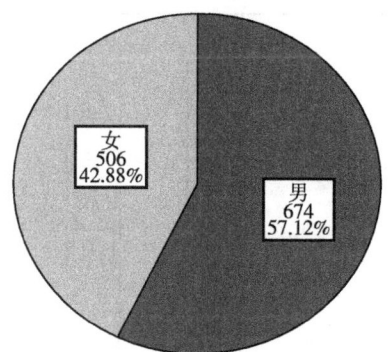

图 1-3 课题组人员性别占比

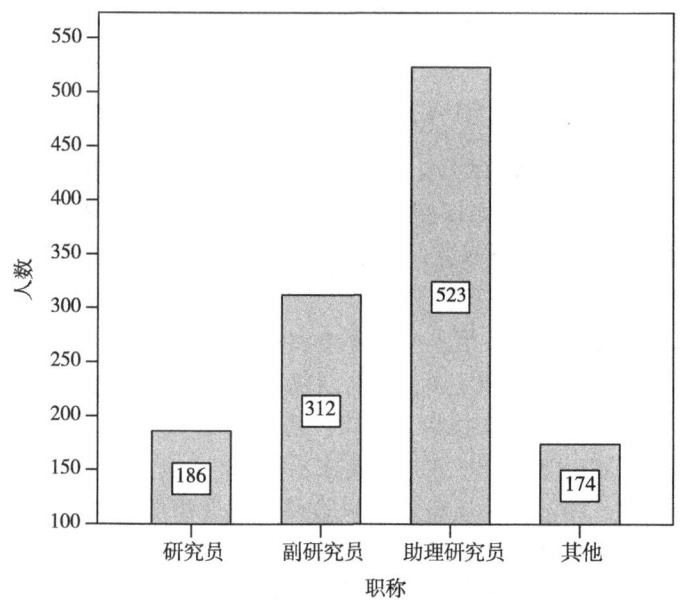

图 1-4 课题组人员职称情况

学历情况（图1-5）：上报的所有课题组有博士127人，硕士478人，本科493人，其他学历84人。

（三）优势课题组成立时间

山西省农业科学院传统的农业科研优势课题小组成立较早，其中作物育种方面，小麦、谷子课题组成立于1949年，胡麻、油菜课题组成立于1950年，

农业科技创新能力建设研究——以山西省农业科学院为例

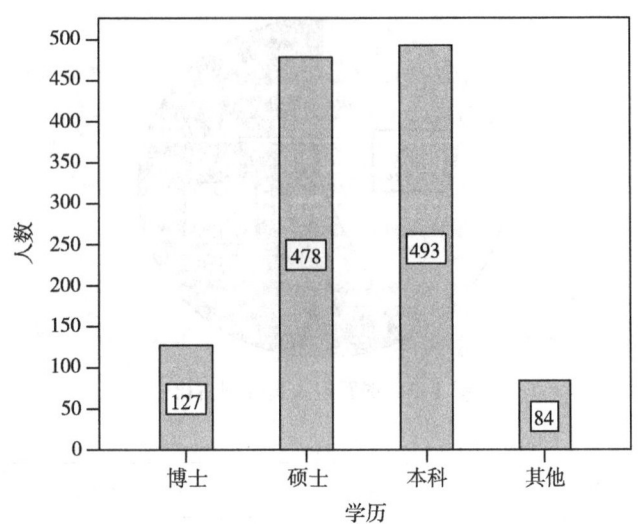

图 1-5　课题组人员学历情况

马铃薯课题组成立于 1952 年，大豆、玉米课题组成立于 1956 年，棉花、水稻课题组成立于 1960 年，燕麦课题组成立于 1961 年；畜牧方面晋阳白猪课题组成立于 1958 年；果树方面梨课题组成立于 1956 年，枣、葡萄课题组成立于 1959 年。

随着科技进步和产业发展，生态环境和食品安全要求日益提高，技术示范推广等新兴优势课题组得到发展，华北西部补灌区春玉米密植高产宜机收品种筛选及全程机械化高效生产技术课题组、畜牧环境与资源课题组成立于 2016 年，晋中平川区春玉米增产增效技术集成示范与产业化课题组、农业经济重大问题研究课题组、粮油产品质量安全风险评估课题组成立于 2015 年，健康食品安全课题组、中兽药及药理研究课题组、畜禽分子营养调控及代谢机理研究课题组、新型饲料资源开发及质量控制研究课题组、杂豆高效生产关键技术研究与示范课题组成立于 2013 年，种质资源收集保存与评价利用课题组成立于 2012 年，农业生态课题组成立于 2011 年，杂粮特色食品加工课题组成立于 2010 年。

二、山西省农业科学院学科建设问题

（一）学科建设发展特点

学科建设是现代农业科研院所建设的基础工程。农业科研院所既坚持以研为本，不断开展知识创新和技术创新，又通过科研活动不断培养人才，促进人才成长。相对于高校的"学科"，农业科研院所的学科不仅具有学科的基本特点，还具有3个独有的特性：一是创新性，即农业科研院所通过理论、方法、技术、产品等创新，对学科的知识和技术不断丰富、完善。二是专向性，即农业科研院所的学科层级不同于大学的一级、二级、三级学科层级，而是在长期发展过程中针对不同研究对象、研究领域的特殊性不断分化出新的学科领域和研究方向。例如，作物遗传育种学针对水稻生产实践，分化出水稻遗传育种学，而水稻遗传育种又继续分化出优质稻育种、超级稻育种等。这种分化使得学科越来越细，专业化、方向性越来越强。三是产业导向性，即农业科研院所的学科始终以支撑和服务农业产业发展为导向，注重科学发展前沿，紧跟产业需求。随着现代农业的快速发展，过去一些比较有影响的学科已慢慢被弱化，在新兴科学技术领域发展催生出一些新的学科。例如，为确保农产品质量安全将纳米科学与现代农业相结合，形成了农业纳米科学这一新兴学科。

因此，农业科研院所的"学科"与高校的"学科"具有较大区别。农业科研院所的学科实质上是指相对独立的科学和技术领域，本着学科自身的系统性，同时，体现产业发展需求特征和科研院所性质与特色，可以将学科按照"学科集群-学科领域-研究方向"三个层级结构进行布局。其中，"学科领域"是从科研院所战略定位和发展主线出发，立足研究对象而设立的、相对独立的科学与技术研究领域；"研究方向"是针对农业产业和学科发展中的重大科学、技术问题所确立的专业性重点研究方向或侧重的主攻方向；"学科集群"是若干个同类学科领域或跨门类学科领域的集合体。

(二) 学科建设存在问题

1. 立项选题

(1) 育种目标和市场结合不紧密，育成品种在生产上推广很少或没有推广面积，造成与生产结合、与企业结合不够紧密。生产上遇到的问题要依靠科研人员、农民、企业来共同研究，农民处于生产一线，他们提出问题，科研人员通过研究来解答，在讨论、互动中，解决生产实际问题。建议加强下乡实践，结合企业需求，面向市场；管理部门需从体制机制上引导，改变品种审定的评判标准，推进科研单位和种子企业进行联合育种，明确山西省的生产实际和农民对品种的真正要求，有针对性地开展育种工作。(2) 项目时间：项目实施时间太短。科研工作具有研究周期，受自然环境制约，短期要取得实质性结果是很难。(3) 项目后备贮存不足。

2. 育种方面

（1）种质资源创新水平低，种质资源低水平地重复，跟不上现代育种的步伐；（2）常规育种技术和生物育种技术结合不紧密，育成品种技术含量低，市场竞争力不强；（3）小宗作物以及食用菌研究，由于其产量偏低，历来重视力度不够；（4）道地品种保护力度不足，种源混乱；（5）种质资源调查、收集工作需要长期的、大量的野外调研和考察工作，并进一步对优选品种进行人工驯化和功能开发，拥有着巨大的价值，经费的严重短缺长期制约着研究工作的正常开展。

3. 科研条件

（1）研究基础、研究力量还不够强；（2）仪器共享问题。建议通过院部协调，加强全院相近研究人员合作与交流和仪器共享问题，每个研究所的仪器设备共享，实验室开放使用，共同提高学术研究水平；（3）对种质资源重要性认识不够；缺少种质资源的共享机制，目标资源的短缺与材料目标化创新不足。

4. 产业研究

（1）机械化程度较低，导致生产成本较高，建议加强机械化栽培配套管理技术；在现有研究基础上，进一步创新育种方法，并进行综合利用研究，加速产业化；（2）设施农业：设施生产存在高产不高效，劳动成本高，施肥过量、土壤氮磷累积高、灌水量大、种植结构单一、连作障碍严重等问题，建议通过水肥一体化技术、设施土壤生态环境调控技术及无土栽培技术等进行控制；（3）产品、工艺、设备对接难度较大。建议开展优质专用品种产后加工课题的研究，争取建立省级加工重点研发中心，提高作物的转化效率和市场竞争力；（4）产业链没有形成，缺少高产抗病品种和新技术推广难。

5. 团队建设

（1）各研究方向人力资源不足，课题组成员年龄结构不合理，普遍偏大，知识结构相对老化；（2）解决年龄老化问题。

6. 成果转化

（1）研究成果转化难，新品种推广力度不足，集成技术推广难；（2）农民的科技意识较差，对传统种植方式的转变需要一个较长的时间；（3）新品种推广应用率低、农民种植积极性低，机械化程度不高。

7. 经费方面

（1）由于课题经费紧缺，有些因科研工作需要，建设有面积较大的连栋温室及日光温室等，基础设施开支较大，如温室取暖，实验室开支；（2）对项目相关的支撑课题,难以进行深入细致的研究;(3)分子育种费用高,具有延续性、长期性、周期长、回报率低特点,需要创制大量种质,目前经费短缺,有些工作不能开展,必须经费长期稳定支持,科研人员才能安心工作;(4)财务报销过于烦琐复杂,试验用品试剂耗材,全部政府采购,而政府采购耗时长,费用高,拖累了科研进展。建议完善科研财务管理制度,简化报销流程;(5)院育种工程每年2万元的经费支持无法满足实际工作的稳定运转。科技厅、财政厅、农业厅每年对农口申报项目中,支持的是成果推广与转化、示范行动等,种质创新和品种研发课题比例极低,解决这些问题,需要农科院决策层站在战略发展的高度,确定科研与推广的主次地位,科学合理地进行经费支持;需要育种课题组寻求与企业对接联合,争取横向经费渠道;(6)竞争性经费无保障;(7)劳务费比例太少。课题组科研人员较少,从事的研究内容较多,需要雇用一些临时工从事实验室和田间工作,但承担课题中劳务费常不足以支付工人工资。建议在经费开支中能加大劳务费的比例。

8. 验收制度

(1)科研研究结果具有不确定性,各分支学科的特点不同,一些探索性或是特殊的研究对象的项目需要深入研究;(2)不同领域的研究人员提出的各种增产技术只强调本学科研究成果对粮食增产作用,甚至过分强调高产,而忽略了生产成本、生产效率、产品品质、技术应用风险及对环境污染的影响,技术落地难成为了现在农业研究中的主要问题。

三、山西省农业科学院学科建设建议

(一)注重重大科研项目设计

围绕重大农业科技需求,主动策划重大科技选题,积极组织申报各类国家重大科研计划项目。同时,以重大项目实施为载体,强化大联合、大协作和"多学科集团军作战"方式,系统整合系统内外不同学科优势资源,重点突破和解决长期制约农业发展的重大瓶颈问题。提升特色学科发展优势,突出学科特色,加强与国内外优势单位的联合协作,共同申报和实施国家重大项目,借势提升学科发展影响。培育一批新兴学科,坚持全球视野,把握学科发展前沿态势,密切关注新兴学科的兴起,敏锐地寻找新的学科增长点,选择能在国内外产生重大影响,或者研究方向在国内独一无二的研究领域进行攻关,以求取得突破。

建议如下。

(1)建立基于作物生产体系的研发团队,组织耕作栽培、土肥、植保等

专家进行联合攻关,加强技术集成应用,提升全院产业竞争力。

(2) 加强全院与农机部门的联合,进一步提高研究水平与为产业服务的能力。

(3) 需要在不同区域由多团队的协作攻关研究,加强种子田建设,加快良种区域化、标准化种植进程。

(4) 优势学科强强联合,建立创新团队,合作研究。

(5) 学科发展应结合当地农业产业发展需求,在一定程度上加强科企合作。

(二) 注重成果产出引领和实际贡献导向

从重大成果产出角度谋划学科建设工作,通过遴选具有引领性、带动性的重大科研选题,建设重大项目库,争取国家主体科技计划的支持,不断提高项目占位水平和份额。建立学科内重大项目技术方案咨询论证制度,对技术路线设计、阶段性产出、目标方向调整进行严格论证考核。突出产业引导和学术引导,提升学科服务区域和行业发展的社会贡献力和影响力。通过推进成果要素建设,将成果培育落到实处,实现重大成果的连续产出和持续突破。

建议如下。

(1) 出台成果转化实施细则。

(2) 增加关键技术的示范推广力度。需要课题组大面积建立示范基地、技术培训等来推广技术。

(3) 以推广主导品种和主推技术为载体,以实施主体培训为手段,提高成果转化率和农民对科技的吸纳能力,促进农业知识、技术、信息、服务进村入户。

(4) 开展成果培育和应用转化。培育和引导产出重大学术性成果和实用性成果,及时开展成果总结、凝炼、鉴定和报奖,提高科技管理水平,并瞄准生产和市场需求趋势,做好成果转化应用工作,发挥成果的社会效益,一切条件倾斜支持,逐步培育具有优势的新兴学科领域和特色的研究方向。

(5) 科研选课题增强市场意识,要根据市场需求调整科研方向,力争出成熟度高、配套性强、易形成产品和技术的成果,把市场需求作为检验科技成果的标准。

(三) 注重学科发展人才梯队和学科团队建设

把人才队伍建设上升到事业发展战略的重中之重,继续强化农业科研杰出人才引进和培养,不断创新人才政策,加强高层次人才和专业人才的引进和培养,建立人才能干事、愿干事、做成事的人事制度和能进能出、能上能下的人才流动机制，促进人才交流。围绕协同创新的重大科技任务，面向国内外公开选聘一批领军人才、拔尖人才与高素质的专业支撑辅助人才，为实现科技协同创新提供人力资源保障。

建议如下。

（1）加大研究人员引进和招聘力度，改善科研人员的年龄结构，形成良好的科研梯队。

（2）整合项目和团队。对试验规模小、团队人数少（2~3人）整合到大团队中，对零散、重复性研究项目整合成1个项目，提高各研究方向的研究能力。

（3）加强对外交流与合作，选派优秀人才到外面学习。

（4）建议加大对青年科研人员的支持力度。鼓励并向副研职称以下的具有研究生学历的科研人员倾斜。

（5）大力举荐、培养优秀青年人才，建立"高端人才托举工程"，造就更多的"三晋学者"等省级高端人才，甚至"万人计划"等国家级人才。

（6）加强带头人青年后备人选培养力度，引进相关专业中青年优秀科技人才，充实研究队伍，逐步提高科研工作的效率，同时也能更好地发挥现有科技人员的潜力。

（7）积极开展学科资源积累，培养和引进人才，利用自主管理机制，通过各种途径获取国家、省、地各类科技计划以及国际合作、企业横向联合等项目资源，并组织实施各类项目，明确项目主持人的职责，推进项目顺利实施和各类人才成长。

（四）注重区域性产业发展需求导向

紧密围绕区域性现代农业主导产业和优势特色产业发展科技需求这根主线，确定自身学科布局、选定学科方向、整合学科资源，确保学科建设能够有效回应地方产业发展需求，符合农业科技发展规律，建设形成与高校、国家级农业科研单位差异化的学科建设发展道路。

建议如下。

（1）规划好研究的重点，通过加强产、学、研协作，育、繁、推一体化进程，促进产业发展。

（2）针对产业链中存在的技术瓶颈，产前通过加强育种联盟创新平台建设，组成联合攻关组，定向培育，以适应市场需要和加工需求；产中针对山西具体实际，解决产业化、规模化问题。通过加强与加工、销售、外贸企业的产品、基地、技术等对接，通过企业+品种+产区+订单（专业合作社、种植大户、农民）模式拓展流通渠道，实现品种从企业到农户，从田间到餐头，育、繁、推一体，产学研结合的有机衔接与跨越。

（3）采用多种形式培训农业技术人员，开展科技下乡、科普培训等活动，提高农民科技素质，形成区域性农业科技传播平台和产业创新中心。

（五）注重强化条件能力建设

加强平台建设与学科布局紧密衔接，充分考虑地域和多学科综合发展，通过鼓励联合建设和推进资源共享，建设特色鲜明、设施完善、合作充分、运转经费充分保障的科研基地。加强平台共享机制的建设，按照"一体化"管理的思路，强化资源高效利用，放大已有资源效益。重视新建和已建平台的共享，明确平台共享的范围，保障平台共享运转的经费，建立将平台共享纳入考核的机制，提高基地与平台的利用效率。加强各级科研平台的申报力度，力争在国内有影响、区域有优势的平台申报工作中取得重大突破。

建议如下。

（1）由院牵头，组织相关力量，参与申报国家级项目，获取经费。长期支持与个别支持相结合，经费渠道较多的课题适当减少院级项目支持额度。

（2）加强各学科之间的交流及交叉应用研究。加强顶层设计，以食品安全、生态安全为目标，开展育种、节水、节肥、节药栽培技术、配套农机具、农产品加工等一系列研究。

（3）改善科研条件，把较好的科研资源及时充分地转化成创新优势和创新能力。

（4）在抓源头创新的同时，重视知识产权的开发和保护，处理好知识产权商品化经营中保护与开发的关系，坚持走自主创新的发展道路。

（5）加强科技合作和交流。树立开放、包容的学科协同与共建理念，加强国内外合作与交流，积极推动农业科研院所国际化发展，促进人才、平台、基地、技术、成果等资源共建与共享。

（6）围绕本区域内农业重大技术问题加强联系，可以共同申报、实施科研项目，优化配置科技资源，形成区域性农业科技基础条件共享平台。

（六）注重学科建设管理机制创新

科学建立学科管理制度、学科交流制度、成果奖励制度、人才扶持制度、平台奖励制度等，建立以知识产权为核心、以技术成果的综合价值为衡量标准的分享制度，完善协同创新成果转化利益分配政策，建立有利于协同创新的开放合作机制，建立以重大协同创新任务和实际创新贡献为导向、激励与约束并重的科研评价机制，建立目标导向的任务分解实施与过程控制机制等，为切实推进协同创新提供机制保障。构建学科建设"全链条、一体化"评估机制，从学科培育、人才培养、成果产出的全链条角度对学科建设发展进行一体化评估。强化目标责任考核，明确各级行政管理人员、各级人才在学科建设发展中的责任和目标，打造形成一盘棋的学科发展工作机制。

建议如下：

（1）建立研究人员考核评价与人员流动机制，实行以岗定编、按岗考核。对各课题组进行量化考核，从而筛选出真正的"优势课题组"并进行重点持续支持。

（2）建立科技人员激励机制，落实有关激励政策，确立正确导向，调动科技人员积极性、创造性。

（3）对科研人员的考评上更客观，不是一味追求短期论文、成果。

（4）考虑农业各学科特点，完善考核与评价体系，以便更科学、合理地考核课题执行情况。

（5）建议考核指标放宽松，以鼓励、历练年轻科研工作者为主要目标，但在选题上可进行分类把握。

（6）允许延长执行期1~2年，再行结题验收。

（7）加强监管，田间对规模、材料、品种鉴定验收，把研究做实。

（8）应用基础研究方面，不易形成高水平科研论文，建议组织论文撰写相关技能培训、交流，提高论文、项目材料的撰写能力。

（七）注重学科建设中长期发展规划的研究制定

根据不同区域科研机构功能定位和发展需求，依托优势软科学研究团队，组建农业科技发展战略研究队伍，进一步加强学科发展战略研究。积极开展农业科技需求调研，科学凝练全局性、区域性农业科技创新发展的重要选题、重大项目和政策建议，为学科发展提供指导。精心制定学科建设发展规划，明确学科发展定位和目标，科学凝炼学科研究方向，梳理把握学科基础和优势，切实加快学科建设步伐。

建议如下：

（1）改进立项机制，相对固定项目与经费投入，研究和推广，基金、攻关和推广项目匹配，团队内部既有合作又有分工与侧重。

（2）立项时间建设项目开始时间从正式立项开始算起，项目周期至少为3年。

（3）对现有课题组分类管理，已经进入国家产业体系或主持国家级项目的可定为国家级课题组，其余依此类推，不同的课题组不同的支持，不同的考核标准,做到"责权利"相统一。

(八)注重加强种质资源的收集与改良,加强新品种与配套栽培建议如下。

(1)院或联系国家团队、相关企业等组建较大型国际化资源征集项目,以使相关研究得到优质可持续化发展。

(2)鼓励科技人员到不同生态区域进行调研,收集优良种质资源,并针对当地的生态环境研究适应的栽培技术集成。

(3)加大品种资源征集力度及优良恢复系的培育,加大组合的测配范围。

(4)加大宣传力度,发挥山西省种质库服务全院功能,加大为全院课题组开放共享的功能。

(5)以品资所种质库为平台,呼吁各所各课题把育种过程中稳定的高代材料和品系入库,更好地为产业发展做贡献,实现农作物种质资源利用的畅通。

(6)建立农业微生物类试验站及山西省农业微生物菌种保藏中心,并建立微生物菌种资源。

第四节 山西省农业科学院科技创新能力分析

一、2008—2017年山西省农业科学院发表论文分析

(一)SCI英文期刊论文分析

1. 发表论文数量(表1-1,图1-6)

表1-1 2008—2017年山西省农业科学院历年SCI收录论文与被引情况

年份	数(篇)	WOS所有数据库总被引频次	WOS核心库被引频次
2008	23	806	654
2009	46	1 125	902
2010	33	470	373
2011	27	378	312
2012	29	266	220
2013	45	675	554
2014	45	576	471

(续表)

年份	数（篇）	WOS 所有数据库总被引频次	WOS 核心库被引频次
2015	46	268	221
2016	50	124	96
2017	82	51	47

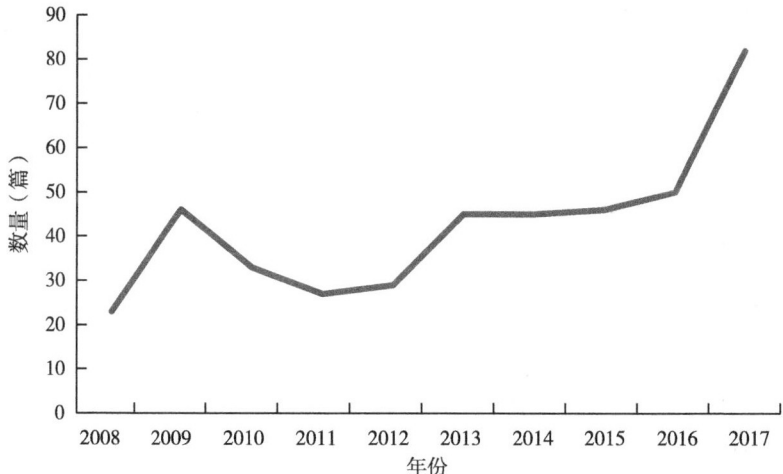

图 1-6　2008—2017 年山西省农业科学院英文 SCI 收录文献

2. 发表论文研究所 TOP10（表 1-2）

表 1-2　2008—2017 年山西省农业科学院 SCI 发表论文研究所 TOP10

排序	研究所	数量
1	山西省农业科学院棉花研究所	45
2	山西省农业科学院植物保护研究所	41
3	山西省农业科学院农业环境与资源研究所	32
4	山西省农业科学院生物技术研究中心	24
5	山西省农业科学院园艺研究所	18
6	山西省农业科学院畜牧兽医研究所	17
7	山西省农业科学院作物科学研究所	16
8	山西省农业科学院农产品加工研究所	15
9	山西省农业科学院玉米研究所	12
10	山西省农业科学院作物品种资源研究所	11

3. 发表论文期刊 TOP10（表 1-3）

表 1-3　2008—2017 年山西省农业科学院 SCI 发表论文期刊 TOP10

排序	期刊名称	载文量（篇）	WOS 所有数据库总被引频次	WOS 核心库被引频次	期刊影响因子（最近年度）
1	PLOS ONE	24	181	152	2.806（2016）
2	SCIENTIFIC REPORTS	12	22	20	4.259（2016）
3	THEORETICAL AND APPLIED GENETICS	8	338	248	4.132（2016）
4	AGRONOMY JOURNAL	8	258	186	1.614（2016）
5	EUPHYTICA	7	90	67	1.626（2016）
6	GENETICS AND MOLECULAR RESEARCH	7	15	12	0.764（2015）
7	FRONTIERS IN PLANT SCIENCE	7	11	10	4.298（2016）
8	PLANT MOLECULAR BIOLOGY REPORTER	6	45	37	1.932（2016）
9	ZOOTAXA	5	20	14	0.972（2016）
10	ADVANCES IN BROOMCORN MILLET RESEARCH PROCEEDINGS OF THE 1ST INTERNATIONAL SYMPOSIUM ON BROOMCORN MILLET 2012	5	1	1	未发布

4. 合作发表论文国家与地区 TOP10（表 1-4）

表 1-4　2008—2017 年山西省农业科学院 SCI 合作发表论文国家与地区 TOP10

排序	国家与地区	合作发表论文量（篇）	WOS 所有数据库总被引频次	WOS 核心库被引频次
1	美国	51	910	769
2	澳大利亚	23	440	377
3	加拿大	22	232	197
4	英格兰	6	88	68
5	意大利	5	26	24
6	荷兰	4	20	19
7	日本	3	0	0
8	俄罗斯	3	12	12
9	新西兰	2	3	3
10	德国	2	28	22

5. 合作发表论文机构TOP10（表1-5）

表1-5 2008—2017年山西省农业科学院SCI合作发表论文机构TOP10

排序	合作发表论文机构	发表论文数量（篇）	WOS所有数据库总被引频次	WOS核心库被引频次
1	山西农业大学	75	357	285
2	中国农业科学院	74	1 129	896
3	山西大学	60	782	640
4	中国农业大学	44	95	735
5	中国科学院	33	1 003	845
6	中华人民共和国农业农村部	21	151	114
7	西北农林科技大学	19	161	135
8	加拿大农业与农产食品部	19	217	185
9	南京农业大学	15	534	428
10	河南农业大学	15	574	433

6. 高被引论文TOP10（表1-6、表1-7）

表1-6 2008—2017年山西省农业科学院SCI高被引论文TOP10

排序	标题	WOS所有数据库总被引频次	WOS核心库被引频次	作者机构	出版年份	期刊名称	期刊影响因子（最近年度）
1	Producing more grain with lower environmental costs	250	201	山西省农业科学院农业环境与资源研究所	2014	NATURE	40.137（2016）
2	Comparative Evaluation of Quercetin, Isoquercetin and Rutin as Inhibitors of alpha-Glucosidase	180	167	山西省农业科学院农产品加工研究所	2009	JOURNAL OF AGRICULTURAL AND FOOD CHEMISTRY	3.154（2016）
3	A haplotype map of genomic variations and genome-wide association studies of agronomic traits in foxtail millet (Setaria italica)	138	116	山西省农业科学院谷子研究所	2013	NATURE GENETICS	27.959（2016）

农业科技创新能力建设研究 ——以山西省农业科学院为例

(续表)

排序	标题	WOS 所有数据库总被引频次	WOS 核心库被引频次	作者机构	出版年份	期刊名称	期刊影响因子（最近年度）
4	On-farm evaluation of the improved soil N (min)-based nitrogen management for summer maize in North China Plain	124	92	山西省农业科学院农业环境与资源研究所	2008	AGRONOMY JOURNAL	1.614 (2016)
5	Inhibitory effect of mung bean extract and its constituents vitexin and isovitexin on the formation of advanced glycation endproducts	116	105	山西省农业科学院农产品加工研究所	2008	FOOD CHEMISTRY	4.529 (2016)
6	Inheritance and mapping of powdery mildew resistance gene Pm43 introgressed from Thinopyrum intermedium into wheat	109	73	山西省农业科学院作物科学研究所,山西省农业科学院植物保护研究所	2009	THEORETICAL AND APPLIED GENETICS	4.132 (2016)
7	Effects of irrigation, fertilization and crop straw management on nitrous oxide and nitric oxide emissions from a wheat-maize rotation field in northern China	91	78	山西省农业科学院农业环境与资源研究所	2011	AGRICULTURE ECOSYSTEMS & ENVIRONMENT	4.099 (2016)
8	Characterization and chromosomal location of Pm40 in common wheat: a new gene for resistance to powdery mildew derived from Elytrigia intermedium	80	52	山西省农业科学院作物科学研究所	2009	THEORETICAL AND APPLIED GENETICS	4.132 (2016)
9	The R2R3 MYB Transcription Factor GhMYB109 Is Required for Cotton Fiber Development	71	61	山西省农业科学院棉花研究所	2008	GENETICS	4.556 (2016)

(续表)

排序	标题	WOS所有数据库总被引频次	WOS核心库被引频次	作者机构	出版年份	期刊名称	期刊影响因子（最近年度）
10	D-chiro-Inositol-Enriched Tartary Buckwheat Bran Extract Lowers the Blood Glucose Level in KK-A（y）-Mice	71	61	山西省农业科学院农产品加工研究所	2008	JOURNAL OF AGRICULTURAL AND FOOD CHEMISTRY	3.154（2016）

表1-7　2008—2017年山西省农业科学院SCI高被引论文TOP10（第一作者或通讯作者完成单位）

排序	标题	WOS所有数据库总被引频次	WOS核心库被引频次	作者机构	出版年份	期刊名称	期刊影响因子（最近年度）
1	Effects of anaerobic stress on the proteome of citrus fruit	23	18	山西省农业科学院贮藏保鲜研究所	2008	ELSEVIER IRELAND LTD	3.437（2016）
2	Characterization of a partial amphiploid between Triticum aestivum cv. Chinese Spring and Thinopyrum intermedium ssp trichophorum	33	27	山西省农业科学院作物科学研究所	2006	SPRINGER	1.345（2016）
3	Chemical and preclinical studies on Hedyotis diffusa with anticancer potential	18	15	山西省农业科学院农业环境与资源研究所，山西省农业科学院农业资源与经济研究所	2013	TAYLOR & FRANCIS LTD	1.071（2016）
4	Damage repair effect of He-Ne laser on wheat exposed to enhanced ultraviolet-B radiation	17	14	山西省农业科学院生物技术研究中心	2012	ELSEVIER FRANCE-EDITIONS SCIENTIFIQUES MEDICALES ELSEVIER	2.724（2016）

农业科技创新能力建设研究——以山西省农业科学院为例

（续表）

排序	标题	WOS 所有数据库总被引频次	WOS 核心库被引频次	作者机构	出版年份	期刊名称	期刊影响因子（最近年度）
5	The complete mitochondrial genome of Sasakia funebris (Leech) (Lepidoptera: Nymphalidae) and comparison with other Apaturinae insects	15	11	山西省农业科学院植物保护研究所	2013	ELSEVIER SCIENCE BV	2.415（2016）
6	Generation of double-virus-resistant marker-free transgenic potato plants	13	11	山西省农业科学院作物科学研究所	2009	ELSEVIER SCIENCE INC	0.704（2009）
7	Long-Term Monitoring of Rainfed Wheat Yield and Soil Water at the Loess Plateau Reveals Low Water Use Efficiency	12	11	山西省农业科学院旱地农业研究中心	2013	PUBLIC LIBRARY SCIENCE	2.806（2016）
8	Topographic Indices and Yield Variability in a Rolling Landscape of Western Canada	11	8	山西省农业科学院农药研究重点实验室（植物保护研究所）	2009	SCIENCE PRESS	1.734（2016）
9	Influence of environmental factors on degradation of carbendazim by Bacillus pumilus strain NY97-1	10	7	山西省农业科学院旱地农业研究中心	2009	INDERSCIENCE ENTERPRISES LTD	0.32（2016）
10	Genome-Wide Analysis of Microsatellite Markers Based on Sequenced Database in Chinese Spring Wheat (Triticum aestivum L.)	7	7	山西省农业科学院生物技术研究中心	2015	PUBLIC LIBRARY SCIENCE	2.806（2016）

（二）中文期刊论文分析

1. 发表论文数量（图1-7）

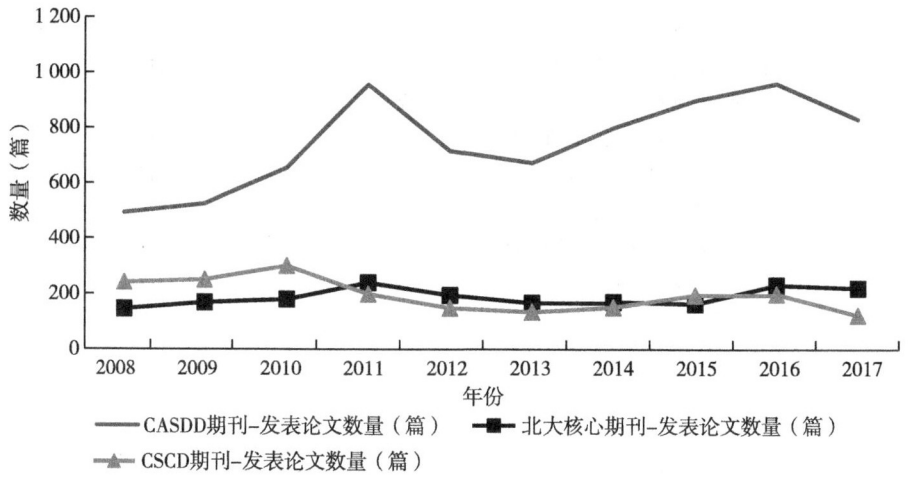

图1-7　2008—2017年山西省农业科学院中文文献历年发表论文趋势

2. 发表论文研究所TOP10（表1-8至表1-10）

表1-8　2008—2017年山西省农业科学院CASDD期刊发表论文研究所TOP10

排序	研究所	数量（篇）
1	山西省农业科学院果树研究所	844
2	山西省农业科学院畜牧兽医研究所	693
3	山西省农业科学院农业资源与经济研究所	574
4	山西省农业科学院作物科学研究所	553
5	山西省农业科学院棉花研究所	441
6	山西省农业科学院高粱研究所	439
7	山西省农业科学院	433
8	山西省农业科学院植物保护研究所	399
9	山西省农业科学院蔬菜研究所	380
9	山西省农业科学院小麦研究所	380
10	山西省农业科学院经济作物研究所	370
11	山西省农业科学院高寒区作物研究所	364

表1-9 2008—2017年山西省农业科学院北大核心期刊发表论文研究所TOP10

排序	研究所	数量（篇）
1	山西省农业科学院畜牧兽医研究所	207
2	山西省农业科学院植物保护研究所	169
3	山西省农业科学院果树研究所	154
4	山西省农业科学院农业资源与经济研究所	148
5	山西省农业科学院棉花研究所	147
6	山西省农业科学院作物科学研究所	144
7	山西省农业科学院农业环境与资源研究所	125
8	山西省农业科学院小麦研究所	121
9	山西省农业科学院	118
10	山西省农业科学院农作物品种资源研究所	117
11	山西省农业科学院高粱研究所	100

表1-10 2008—2017年山西省农业科学院CSCD期刊发表论文研究所TOP10

排序	研究所	数量（篇）
1	山西省农业科学院作物科学研究所	180
2	山西省农业科学院植物保护研究所	170
3	山西省农业科学院农业资源与经济研究所	162
4	山西省农业科学院农业环境与资源研究所	156
5	山西省农业科学院棉花研究所	148
6	山西省农业科学院果树研究所	143
7	山西省农业科学院小麦研究所	136
8	山西省农业科学院农作物品种资源研究所	131
9	山西省农业科学院	126
10	山西省农业科学院高粱研究所	113
11	山西省农业科学院畜牧兽医研究所	104

3. 发表论文期刊TOP10（表1-11至表1-14）

表1-11 2008—2017年山西省农业科学院发表论文期刊（CASDD）TOP10

排序	期刊名称	数量（篇）	排序	期刊名称	数量（篇）
1	山西农业科学	1 762	6	农学学报	146
2	中国农学通报	331	7	安徽农业科学	135
3	现代农业科技	218	8	农业技术与装备	127
4	山西果树	213	9	作物杂志	110

(续表)

排序	期刊名称	数量（篇）	排序	期刊名称	数量（篇）
5	农业科技通讯	211	10	山西农业大学学报（自然科学月版）	97

表1-12　2008—2017年山西省农业科学院发表论文期刊（北大核心）TOP10

排序	期刊名称	数量（篇）	排序	期刊名称	数量（篇）
1	中国农学通报	148	7	果树学报	44
2	作物杂志	110	8	安徽农业科学	44
3	华北农学报	87	9	北方园艺	42
4	植物遗传资源学报	48	10	中国农业科学	41
5	园艺学报	48	10	中国果树	41
6	中国生态农业学报	47			

表1-13　2008—2017年山西省农业科学院发表论文期刊（CSCD）TOP10

排序	期刊名称	数量（篇）	排序	期刊名称	数量（篇）
1	山西农业科学	438	6	园艺学报	48
2	中国农学通报	222	7	中国生态农业学报	47
3	作物杂志	91	8	果树学报	44
4	华北农学报	87	9	中国农业科学	41
5	植物遗传资源学报	48	10	麦类作物学报	38

表1-14　2008—2017年山西省农业科学院中文期刊合作发表论文机构TOP10

排序	期刊名称	数量（篇）	排序	期刊名称	数量（篇）
1	山西农业大学	1 692	7	中国科学院	85
2	山西大学	1 043	8	太原师范学院	84
3	中国农业科学院	350	9	南京农业大学	84
4	中国农业大学	218	10	太原理工大学	78
5	西北农林科技大学	114	11	扬州大学	77
6	中华人民共和国农业农村部	91			

二、2008—2017年山西省农业科学院专利统计分析

（一）专利类型

表1-15为山西省农业科学院专利类型的分布情况，仅按"申请年"统计

中国专利情况。

表 1-15 2008—2017 年专利公开类型数量统计

专利公开类型	专利数量（个）
实用新型	926
发明申请	642
发明授权	244

（二）专利有效性

表 1-16 为山西省农业科学院专利权审中、有效、失效 3 种状态的统计数量，仅按"申请年"统计中国专利情况。

表 1-16 2008—2017 年专利有效性数量统计

专利有效性	专利数量（个）
有效	870
失效	658
审中	284

（三）发明专利申请趋势

图 1-8、表 1-17 为山西省农业科学院发明专利申请量的趋势。申请数量的统计范围是目前已公开的专利。一般发明专利在申请后 3~18 个月公开。

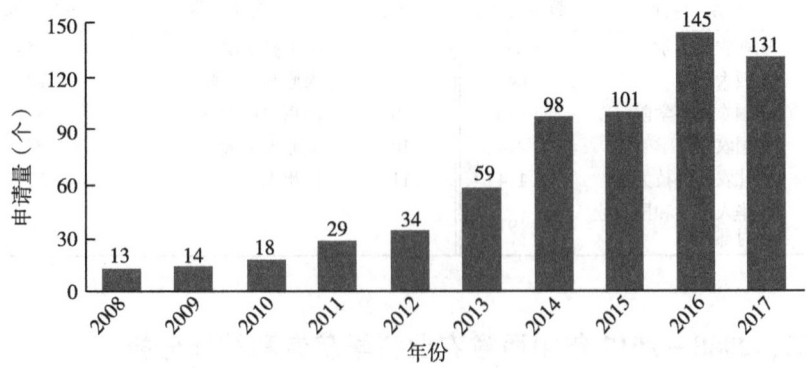

图 1-8　2008—2017 年发明专利申请量统计

表1-17 2008—2017年发明专利申请量年度统计

申请年份	专利数量（个）
2008	13
2009	14
2010	18
2011	29
2012	34
2013	59
2014	98
2015	101
2016	145
2017	131

（四）申请人排名

图1-9、表1-18为按照所属山西省农业科学院的申请人申请发明专利数量的统计情况。

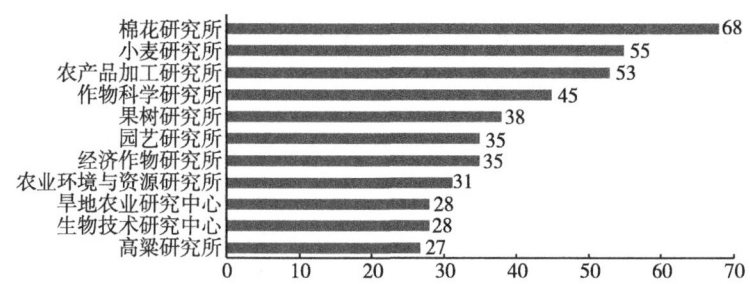

图1-9 2008—2017年申请人申请发明专利数量统计

表1-18 2008—2017年申请人申请发明专利数量统计

申请人	专利数量（个）
山西省农业科学院棉花研究所	68
山西省农业科学院小麦研究所	55
山西省农业科学院农产品加工研究所	53
山西省农业科学院作物科学研究所	45
山西省农业科学院果树研究所	38

(续表)

申请人	专利数量（个）
山西省农业科学院园艺研究所	35
山西省农业科学院经济作物研究所	35
山西省农业科学院农业环境与资源研究所	31
山西省农业科学院旱地农业研究中心	28
山西省农业科学院生物技术研究中心	28
山西省农业科学院高粱研究所	27

（五）申请人申请趋势

表 1-19 为按照所属山西省农业科学院的申请人申请发明专利数量趋势。

表 1-19 2008—2017 年山西省农业科学院申请人申请发明专利数量趋势统计

	2008	2009	2010	2011	2012	2013	2014	2015	2016	2017
棉花研究所	0	1	4	1	5	8	13	17	11	8
小麦研究所	0	0	0	4	2	3	16	10	10	10
农产品加工研究所	0	0	0	2	4	1	10	7	11	18
作物科学研究所	0	0	0	3	4	5	2	4	20	7
果树研究所	0	0	1	1	2	4	1	7	8	14
园艺研究所	1	0	2	3	1	5	6	2	13	2
经济作物研究所	5	5	1	1	2	4	2	5	5	5
农业环境与资源研究所	0	0	0	0	2	3	9	7	5	5
旱地农业研究中心	0	4	3	3	0	1	1	6	6	4
生物技术研究中心	0	0	0	3	2	1	4	6	3	9

（六）授权发明专利趋势

图 1-10、表 1-20 为山西省农业科学院申请发明专利后获得授权量的趋势和数量统计。

第一章 山西省农业科学院农业科技创新能力建设现状探析

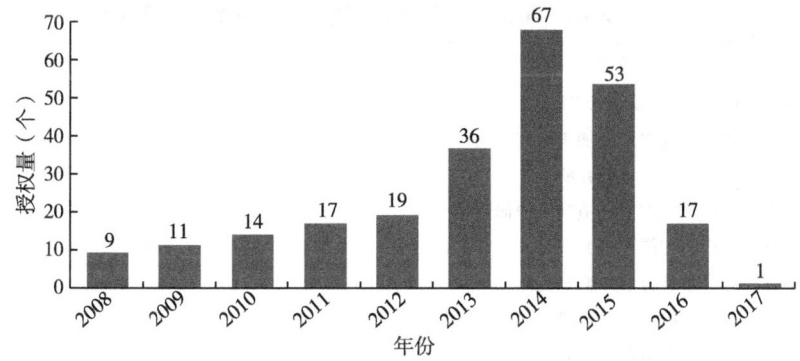

图 1-10 2008—2017 年发明专利授权量年际变化

表 1-20 2008—2017 年发明专利授权量趋势统计

申请年份	专利数量（个）
2008	9
2009	11
2010	14
2011	17
2012	19
2013	36
2014	67
2015	53
2016	17
2017	1

（七）专利权人排名

图 1-11、表 1-21 为按照所属山西省农业科学院的专利权人获得授权的发明专利数量的统计情况。

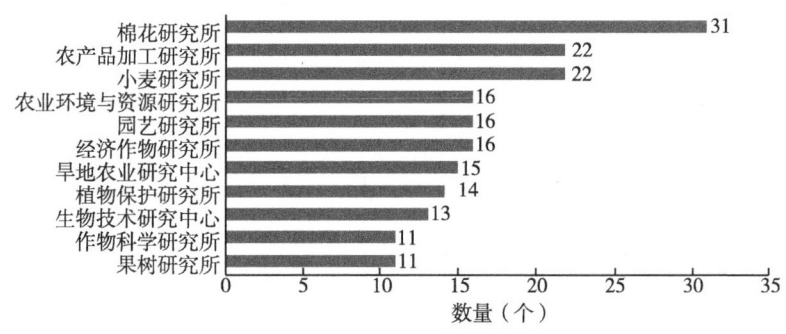

图 1-11 2008—2017 年专利权人获得授权发明专利量分布统计

· 35 ·

表 1-21 2008—2017 年专利权人获得授权发明专利数量统计

专利权人	专利数量
山西省农业科学院棉花研究所	31
山西省农业科学院农产品加工研究所	22
山西省农业科学院小麦研究所	22
山西省农业科学院农业环境与资源研究所	16
山西省农业科学院园艺研究所	16
山西省农业科学院经济作物研究所	16
山西省农业科学院旱地农业研究中心	15
山西省农业科学院植物保护研究所	14
山西省农业科学院生物技术研究中心	13
山西省农业科学院作物科学研究所	11
山西省农业科学院果树研究所	11

（八）专利权人发明专利授权趋势

表 1-22 为按照所属山西省农业科学院的专利权人获得授权的发明专利数量的趋势。

表 1-22 2008—2017 年山西省农业科学院专利权人发明专利授权数量统计

	2008	2009	2010	2011	2012	2013	2014	2015	2016	2017
棉花研究所	0	2	4	1	2	5	7	6	4	0
农产品加工研究所	1	0	0	2	4	1	7	6	1	0
小麦研究所	0	0	0	2	2	1	12	5	0	0
农业环境与资源研究所	0	0	0	0	1	3	7	4	1	0
园艺研究所	1	0	1	1	1	3	5	3	1	0
经济作物研究所	2	3	1	1	2	3	2	2	0	0
旱地农业研究中心	0	3	3	2	0	0	1	4	1	0
植物保护研究所	1	0	0	0	1	3	2	5	2	0
生物技术研究中心	0	0	0	2	2	0	3	6	0	0
作物科学研究所	0	0	0	0	2	1	3	2	3	0

(九) 实用新型专利申请趋势

图 1-12、表 1-23 为山西省农业科学院实用新型专利申请量的趋势和数量统计。申请数量的统计范围是目前已公开的专利。一般发明专利在申请后 3~18 个月公开。

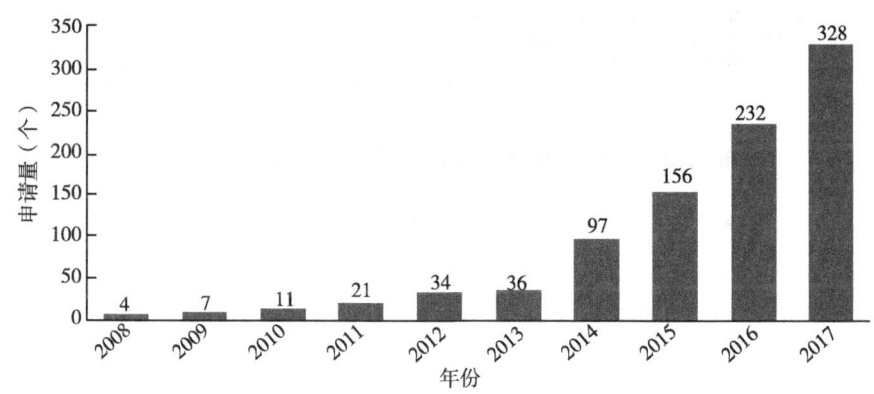

图 1-12　2008—2017 年专利权人实用新型专利申请数量趋势统计

表 1-23　2008—2017 年专利权人实用新型专利申请数量统计

申请年份	专利数量（个）
2008	4
2009	7
2010	11
2011	21
2012	34
2013	36
2014	97
2015	156
2016	232
2017	328

(十) 实用新型专利量申请人排名

图 1-13、表 1-24 为按照所属山西省农业科学院申请人的实用新型专利数量的统计情况。

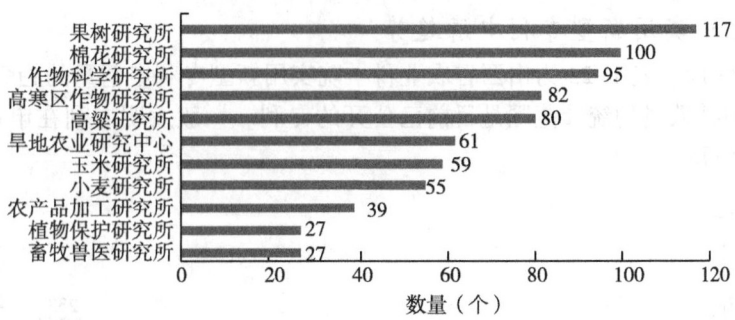

图 1-13　2008—2017 年申请人实用新型专利申请数量统计

表 1-24　2008—2017 年申请人实用新型专利申请数量统计

申请人	专利数量（个）
山西省农业科学院果树研究所	117
山西省农业科学院棉花研究所	100
山西省农业科学院作物科学研究所	95
山西省农业科学院高寒区作物研究所	82
山西省农业科学院高粱研究所	80
山西省农业科学院旱地农业研究中心	61
山西省农业科学院玉米研究所	59
山西省农业科学院小麦研究所	55
山西省农业科学院农产品加工研究所	39
山西省农业科学院植物保护研究所	27
山西省农业科学院畜牧兽医研究所	27

（十一）实用新型专利申请人申请数量

表 1-25 为按照所属山西省农业科学院申请人的实用新型专利数量统计。

表 1-25　2008—2017 年山西省农业科学院申请人实用新型专利申请数量统计

	2008	2009	2010	2011	2012	2013	2014	2015	2016	2017
果树研究所	0	0	0	0	0	0	2	18	41	56
棉花研究所	1	0	2	6	16	7	21	12	26	9
作物科学研究所	0	0	0	2	1	3	21	21	11	36
高寒区作物研究所	0	0	0	0	0	0	6	11	36	29
高粱研究所	0	0	0	3	0	3	5	10	32	27

第一章 山西省农业科学院农业科技创新能力建设现状探析

（续表）

	2008	2009	2010	2011	2012	2013	2014	2015	2016	2017
旱地农业研究中心	1	3	4	1	2	1	5	13	22	9
玉米研究所	0	0	4	2	1	5	5	11	6	25
小麦研究所	0	2	0	2	1	1	5	11	10	23
农产品加工研究所	0	0	0	0	0	3	2	5	8	21
植物保护研究所	0	3	0	0	1	1	4	2	3	13

第二章

山西农业作物研究科研创新

第一节 作物科学研究所

作物科学研究所有优势研究组11个，分别是玉米种质改良与育种研究组、耐密玉米研究组、作物遗传与分子改良实验室研究组、作物栽培课题组、农业生态课题组、食用豆研究组、优质小麦研究组、小麦常规组及特种小麦组、水稻研究组、谷子课题组和大豆研究室。涉及作物育种、农学、作物栽培学与耕作学和农艺学4个学科。

一、玉米种质改良与育种研究组

该研究组成立于1982年，1998年组成团队，现有科研人员4人，段运平研究员为课题组负责人。玉米种质改良与育种研究组中有研究员1人、副研究员1人、助理研究员1人、研究实习员1人；50岁以上2人、30~40岁1人、30岁以下1人；博士1人。

研究组负责人段运平，1982年山西农业大学本科毕业，2005年山西农业大学博士研究生毕业。二级研究员，硕士生导师，玉米室主任。从事玉米育种34年。

玉米种质改良与育种研究组主要研究方向为：早熟玉米种质创新与适宜机械化品种选育。目前承担"玉米适宜机械化品种选育"研究，育成抗旱品种并单1号，获山西省科技进步二等奖。育成华美368、华美468，早熟、高产、脱水快、适宜机械化收获籽粒。并单16早熟高产，为山西省特早熟区对照品种。

研究组先后主持国家级研究项目4项、山西省项目20项。主持育成了18

个玉米新品种，累计推广面积 5 000 余万亩（15 亩 = 1 公顷，后同），增产玉米 20 多亿千克，创社会效益 30 多亿元。共获得山西省星火科技特等奖 1 项，山西省科技进步二等奖 1 项，山西省农村技术承包一等奖 3 项、二等奖 2 项，山西省"科技奉献奖"个人一等奖。在国家级和省级学术刊物发表论文 44 篇。

二、耐密玉米研究组

该研究成立于 1979 年，现有科研人员 3 人，白琪林研究员为课题组负责人。耐密玉米研究组中有研究员 1 人、副研究员 2 人、助理研究员 1 人；50 岁以上 1 人、30~40 岁 2 人；博士 1 人。

研究组负责人白琪林，博士，研究员，硕士生导师。山西省"333 人才"省级人选；2012 年山西省学术技术带头人；山西省第六届玉米品种审定委员会委员；《山西农业科学》编委；山西省现代农业产业技术体系杂粮产业岗位专家；山西省农科 110 专家咨询委员会委员，山西省农业科学院党委联系的高级专家。1986 年 7 月由山西农业大学农学系毕业分配至山西省农业科学院作物科学研究所，主要研究方向为玉米遗传育种，期间 2000 年 9 月至 2005 年 12 月在中国农业大学硕博连读，师从戴景瑞院士，获农学博士学位。参加工作至今一直从事玉米遗传育种工作，共主持、参加国家自然科学基金、国家"948"、山西省科技攻关和山西省农业科学院项目 16 项，其中主持山西省科技攻关项目 4 项，山西省科技厅成果转化项目 1 项，山西省财政厅财政支农项目 3 项，山西省农业科学院博士基金项目 1 项，农科院育种工程项目 2 项，育种基础项目 1 项。工作以来获山西省科技进步二等奖 2 项，山西省农村技术承包二等奖 1 项，山西省科技进步三等奖 1 项，同时审定太玉 811、赛博 159、赛德 1 号等 15 个玉米新品种。在省级以上学术刊物上发表论文 30 篇，其中属 SCI 论文 3 篇，国家一级学报 3 篇。

耐密玉米研究组主要研究方向为：玉米遗传育种。研究组作为第一完成单位第一完成人承担国家级项目 3 项、省级项目 8 项、院级项目 5 项、在研省级项目 1 项、院级项目 2 项；先后获得省级科技奖励：科技进步二等奖 2 项，三等奖 1 项，山西省农村技术承包二等奖 1 项，山西省审定品种 15 个；鉴定成果 3 项（国内先进）；发表论文数 30 篇，包括 SCI 2 篇，国家核心期刊 4 篇，非国家核心期刊发表的文章 25 篇。

三、作物遗传与分子改良实验室

该实验室成立于2000年，现有科研人员11人，其中科研人员6人，畅志坚研究员为课题组负责人。作物遗传与分子改良实验室中（6名科研人员）有研究员1人、副研究员3人、助理研究员1人、研究实习员1人；50岁以上1人、40~50岁1人、30~40岁3人、30岁以下1人；博士3人。

实验室负责人畅志坚，男，博士，二级研究员，山西大学博士生导师；中国遗传学会理事、山西省遗传学会副理事长；美国小麦遗传资源与基因组研究中心（WGGRC）访问学者，澳联邦科学院农业科学部（CSIRO Agriculture）高级访问学者。长期从事小麦近缘种属基因库的建拓与麦类植物分子-细胞遗传学研究工作，先后主持国家自然基金、863等科研项目5项，省级课题17项。获山西省自然科学一等奖1项（排名第1），发明专利3项，其中授权1项、申请2项。在 TAG（理论与应用遗传学）、Front. Plant Sci.（植物科学前沿）、BMC Plant Biol.（植物生物学）、Crop Sci.（作物科学）、《作物学报》等国内外知名学术期刊发表论文89篇，其中SCI收录18篇（1区5篇、2区5篇、3区8篇）；发表论文他引416次，其中SCI引用138次。引用刊物包括《自然》《美国科学院刊》等国际顶级学术期刊，引起同领域国内外学者的关注。

作物遗传与分子改良实验室主要研究方向为：主要农作物种质创新及重要基因发掘与遗传机制；作物重要基因克隆与安全转基因技术研究；作物育种关键技术研究与应用。

目前承担"小麦种质创新及转基因育种的关键技术"研究。经过研究，实验室取得的成果如下：

（1）初步建立了规模化创制、鉴定和评价小片段易位系或基因渗入系的分子-细胞学技术平台。育成小偃麦新抗原209份；定位了7个小麦抗病新基因；从六倍体小麦基因组数据库中分离了一个包含34个成员、共84条序列的生长素IAA转录因子家族，为进一步解析小麦抗病、抗逆的分子机制提供了重要参考。

（2）通过比较基因组学分析，确立了Pm43、Pm51和Yr69染色体区段与模式植物对应区段的微共线性关系，开发了28对EST/EST-SSR多态性标记，建立了适合于该基因分子标记辅助选择的技术和方法。

（3）利用自主研发的植物无标记转基因技术，获得兼抗4种病毒的转基因马铃薯后代株系，并通过了农业部转基因中试检测；分离出抗马铃薯病毒的抗病基因2个，并完成了功能验证。

（4）首次建立了稳定、高效、低成本的cDNA-SRAP转录组分析体系，克隆出一些有重要功能的基因；通过遗传多样性分析，获得稳定可靠的SSR、SNP新标记626个；建立了用于玉米自交系及品种纯度与真实性检验的分子体系1套。

作物遗传与分子改良实验室作为第一完成单位第一完成人共承担国家项目9项，在研2项，其中国家自然科学基金面上项目5项，青年基金1项（在研），国家重点发展计划1项（在研）。承担省级项目25项，在研5项。承担院级项目9项，在研3项。获省自然科学一等奖1项；获发明专利2项，实用新型专利5项，新申请发明专利3项；发表论文：SCI 9篇，EI 2篇，国家核心期刊79篇。

四、作物栽培课题组

该课题组成立于1989年，现有科研人员4人，郭志利研究员为课题组负责人。作物栽培课题组中有研究员1人、助理研究员3人；50岁以上1人、30~40岁3人。

课题组负责人郭志利，男，山西阳曲人，硕士，研究员。1989年毕业于山西农业大学农学系，同年在山西省农业科学院作物科学研究所参加工作。2005年取得中国农业大学农业推广硕士学位。现任作物所所长、所学术委员会副主任。中国农村专业技术协会第三届理事会专家委员会委员，山西省作物学会第十届理事会副理事长，山西省科技咨询业协会注册高级科技咨询师，第四届山西省青年科技工作者协会理事，太原地区青年科技拔尖人才，山西省学术技术带头人。

作物栽培课题组主要研究方向为：作物栽培与耕作，目前承担国家科技支撑计划"谷子优质高产高效生产技术集成研究与示范"，取得的成果有：谷豆分带种植高产高效技术及机理研究、高产优质谷子新品种晋谷36号选育及应用、国鉴优质高产谷子新品种晋谷42号选育与应用、长根茎抗旱玉米杂交种旱玉5号推广、寿阳县10万亩小杂粮高产高效栽培技术、谷子高产优质高效栽培技术、复播大豆高产优质高效栽培技术、谷子覆膜穴播栽培技术集成；谷子膜侧条播栽培技术集成；谷子膜侧条播机试制。

作物栽培课题组自成立以来共承担国家级项目、省级项目、院级项目43项，在研国家科技支撑计划课题1项、国家科技支撑计划子课题1项、省攻关1项；先后获省级科技奖励11项，其中：山西省科技进步一等奖1项、二等奖3项、三等奖2项，山西省农村技术承包一等奖1项、二等奖4项、三等奖1项。通过山西省科技厅鉴定成果3项；授权专利13项；其中发明专利1项、实用新型专利12项；课题成员第一作者或通讯作者发表论文47篇。

五、农业生态课题组

该课题组成立于2011年，现有科研人员7人，王创云副研究员为课题组负责人。农业生态课题组中有副研究员1人、助理研究员5人、研究实习员1人；40~50岁1人、30~40岁6人；作物栽培学与耕作学博士1人。

课题组负责人王创云，男，汉族，山西万荣人，1998年11月加入中国共产党，1999年7月毕业于山西农业大学，硕士学位，研究生学历，1999年9月进入山西省农业科学院作物科学研究所工作至今。工作以来，先后主持国家级、省部级等各类项目15项；获省部各类奖项11项；鉴定成果4项；授权专利23项；品种审定7个；第一作者发表论文12篇。山西省首批"青年三晋学者"特聘专家（山西省农学领域唯一）；"山西省青年岗位能手"。

农业生态课题组主要研究方向为作物栽培学与分子生物学。课题组共承担国家级项目2项、省级项目11项、院级项目2项，其中在研的国家级项目2项、省级项目3项、院级项目2项；先后获得山西省科技进步三等奖1项；山西省农村技术承包二等奖2项；太原市优秀科技项目二等奖1项；审定省级玉米品种1个；授权发明专利2项，实用新型专利21项；鉴定成果2项，均达到国际先进水平；SCI 1篇；国家核心期刊4篇。

六、食用豆研究组

该研究组成立于1984年，2008年确立为国家食用豆产业技术体系华北区栽培岗位。现有科研人员6人，张耀文研究员为研究组负责人。食用豆研究组中有研究员1人、副研究员2人、助理研究员3人；50岁以上2人、40~50岁1人、30~40岁3人。

研究组负责人张耀文，现为山西省农业科学院作物科学研究所副所长，研究员，国家食用豆产业技术体系栽培与土肥研究室岗位科学家，执行专家组成员。主要从事食用豆新品种选育、高产栽培技术和示范推广以及新产品开发研究。

食用豆研究组主要研究方向为食用豆品种选育与栽培技术，目前承担"国家食用豆产业技术体系华北区栽培岗位"，课题组育成食用豆新品种中绿1号、晋绿豆1号、晋绿豆3号、晋绿豆7号、晋绿豆8号，黑珍珠，晋小豆1

号、晋小豆3号、晋小豆5号。

食用豆研究组作为第一完成单位第一完成人共承担的所有的国家项目、省级项目、院级项目30余项，在研的国家的、省级的、院级的项目7项。"绿豆优异基因资源挖掘与创新利用"获得中华农业科技成果一等奖；省级科技奖励情况；"晋绿豆1号和黑珍珠绿豆选育与应用"2004年获得山西省科技进步二等奖；"抗豆象绿豆新品种晋绿豆3号、晋绿豆7号选育与应用"2015年获得山西省科技进步奖二等奖；"食用豆高产栽培技术"获得2007年山西省农村技术承包一等奖；"岢岚县2万亩红芸豆高产栽培技术"2015年获得山西省农村技术承包一等奖；"右玉县2万亩红芸豆高产栽培技术"获得山西省农村技术承包二等奖；"怀仁县2万亩旱地绿豆高产栽培技术"获得山西省农村技术承包二等奖。审（鉴）定品种包括国家的、省级的品种数10个。绿豆有中绿1号，1990年认定。晋绿豆1号，1998年审定。黑珍珠绿豆，2003年认定。晋绿豆3号，2005年认定。晋绿豆7号，2011年认定。晋绿豆8号，2014年认定。小豆有晋红小豆1号，1999年审定。晋红小豆3号，2005年认定。晋红小豆5号，2012年认定。晋大麦啤1号，2007年认定。获得实用新型专利授权1项。绿豆分选装置，专利号：ZL 2015 20244367.8。鉴定成果国内先进10项。实施地方标准《高寒区旱地绿豆地膜覆盖栽培技术规程》《棉花-绿豆间作技术规程》《复播绿豆硬茬直播栽培技术规程》。SCI期刊收录1篇，北大中文核心期刊8篇，省级以上期刊的论文40余篇；作为主编或副主编编写著作《山西小杂粮》《小杂粮营养价值与综合利用》等著作6部。

七、优质小麦研究组

该研究组成立于1986年，现有科研人员6人，温辉芹研究员为研究组负责人。优质小麦研究组中有研究员2人、副研究员2人、助理研究员2人；50岁以上4人、40~50岁1人、30~40岁1人；遗传学博士1人。

研究组负责人温辉芹研究员是山西省学术技术带头人，小麦遗传与分子育种山西省科技创新培育团队核心人才，山西省专家学者协会理事，省农科110专家咨询委员会委员，山西省农业科学院党委联系的高级专家。先后主持参与了国家"863"、国家科技支撑、国家成果转化、省（部）级重点项目共47项，其中主持16项。获省级以上奖励7项。主持鉴定成果2项。培育国审小麦新品种1个，省审小麦新品种7个，授权专利12项，发表学术论文60余篇。

农业科技创新能力建设研究——以山西省农业科学院为例

目前承担"抗病小麦新品系,优质小麦新品种",课题组以选育新品种,创育新材料,研究育种新方法为研究方向,着重优质育种,重视杂种优势组合的选配;研究育成品种高产栽培技术并示范推广应用;近年还开展了常规育种与利用分子标记辅助选择相结合,选育抗病和优质的小麦新品种等研究。取得的成果有:小偃麦亚远缘杂交育种方法及获得的 Ag 型抗性小麦品种(系),1999 年获得国家技术发明三等奖;优质强筋高产小麦新品种晋太 170 获 2007 年山西省科技进步一等奖;另外获得山西省科技进步 2 等奖 4 项,三等奖 1 项。

研究组主持国家"863"、国家科技支撑、国家成果转化、省(部)级重点项目共 20 项,获得省级以上奖励 7 项;审(鉴)定品种:国审小麦新品种 1 个,省审小麦新品种 7 个;获得专利 12 项;鉴定成果 2 项;发表论文 60 余篇。

八、小麦常规组及特种小麦组

该课题组成立于 1949 年,现有科研人员 7 人,任永康副研究员为研究组负责人。小麦常规组及特种小麦组中有研究员 2 人、副研究员 1 人、助理研究员 2 人、研究实习员 2 人;50 岁以上 3 人、30～40 岁 2 人、30 岁以下 2 人;作物遗传育种博士 1 人,在读植物病理学博士 1 人。

课题组负责人任永康副研究员从事小麦及特种小麦遗传育种 15 年,主持并圆满完成省推广项目 1 项,院级项目 2 项。现主持院级项目 1 项。参加科技部、农业部、财政部成果推广与转化、山西省科技攻关、成果推广、星火计划、财政支农等项目 20 余项。选育小麦新品种 5 个。第一发明人获得实用新型专利 4 项,获得省农村技术承包二等奖 1 项,发表论文 10 余篇。

小麦常规组及特种小麦组主要研究方向为:小麦、黑粒小麦、小黑麦、小偃麦的种质资源创制及新品种选育,以及小麦、黑小麦、小黑麦的抗性基因挖掘及鉴定。目前承担"小麦及特种小麦的优异种质资源及小麦新品种",取得的成果有:国家科技进步二等奖、国家技术发明三等奖各 1 项,省(部)级科技进步一等奖 3 项、二等奖 5 项、三等奖 5 项,省农村技术承包二等奖 1 项。审定品种 30 个,黑小麦品种 3 个,饲草小麦品种 1 个,小麦品种 26 个,其中国审 2 个。

该研究组承担的所有的国家级项目、省级项目、院级项目 100 余项,在研的国家级的 2 项、省级的 3 项、院级的 2 项;先后获得国家科技进步二等奖 1 项,国家技术发明三等奖 1 项,省(部)级科技进步一等奖 3 项、二等奖 5

项、三等奖5项，省农村技术承包二等奖1项；审（鉴）定品种包括国家的省级的品种数共30个；实用新型专利2项；鉴定成果2项（国际领先1项、国内领先1项）；发表论文数200余篇；作为主编或副主编出版论著10部。

九、水稻研究组

该研究组成立于20世纪60年代，现有科研人员5人，王广元研究员为课题组负责人。水稻研究组中有研究员1人、副研究员3人、助理研究员1人；50岁以上3人、40~50岁1人、30~40岁1人。

研究组负责人王广元研究员，山西省学术技术带头人，先后主持完成省、部级科研项目8项；参与主持完成国家攻关项目1项，参与国家自然基金项目4项；参与主持完成省攻关、省推广、省星火、省财政支农等项目8项；主持院级各种科研项目多项。多项成果达到国际、国内先进或国内领先水平，对推动山西省乃至全国水稻生产的科技进步作出了贡献。曾获得国家科技进步一等奖1项、三等奖1项；山西省和农业部科技进步二等奖2项、三等奖3项；山西省农村技术承包二等奖1项；山西省"科技奉献奖"个人一等奖。带领研究团队选育国审、省审水稻新品种13个，其中有11个新品种为第一选育人。在省级以上刊物发表论文40余篇，参加编著重要科技著作5部。由于成绩突出，曾多次被评为国家级区试先进工作者、院科技创新模范（先进工作者）和院优秀共产党员。

水稻研究组主要研究方向为水稻种质创新与遗传改良及优质、高产、高效栽培与创建。目前承担"水稻种质创新与遗传改良"研究，创制一批水稻新种质；审定16个水稻品种，其中晋稻8号品种通过国家审定。

研究组自20世纪60年代成立（水稻组）以来，先后主持完成省、部级重大科研项目18项；主持完成国家攻关项目2项；参与完成国家自然基金项目2项；主持院级各种科研项目多项；受委托主持山西省水稻区试；承担国家水稻区试和农业部旱稻生产试验。多项成果达到国际、国内先进或国内领先水平。曾获得国家科技进步一等奖1项、三等奖1项；省、部级科技进步二等奖4项、三等奖6项、四等奖1项；省农村技术承包二等奖1项；山西省"科技奉献奖"一等奖1项；市级一等奖1项、二等奖1项、三等奖1项。荣立山西省劳动竞赛二等功一次，三等功一次及山西省革委会颁发的"农业科学学大寨（学大庆）先进单位"。通过鉴定的成果有6项。先后选育国审、省审水稻新品种16个。在省级以上刊物发表论文50余篇，参加编著科技著作12部。现主持与承担山西省重点研发计划、国家自然基金和院育种工程等项目。

十、谷子课题组

该课题组成立于1980年，2008年确定为国家谷子糜子产业技术体系太原综合试验站，现有科研人员5人，马建萍研究员为课题组负责人。谷子课题组中有研究员1人、副研究员2人、助理研究员2人；50岁以上2人、30~40岁3人；在读作物遗传育种博士1人。

课题组负责人马建萍，二级研究员，从事谷子遗传育种、栽培研究及示范推广35年，近年来主持承担科研项目30余项。取得获奖成果10项，其中，获山西省科技进步一等奖1项，二等奖4项，三等奖1项，农业部中华农业科技三等奖1项，山西省农村技术承包二等奖2项。主持育成并通过鉴、认定谷子新品种16个，其中12个品种通过国家审（鉴）定。发表第1作者研究论文20余篇。参编科技论著2部。

谷子课题组主要研究方向为：谷子遗传育种，新品种配套栽培技术研究及示范推广。目前承担农业部"国家谷子糜子产业技术体系太原综合试验站"，课题组目前选育谷子新品种8个（5个国家鉴定，3个山西省认定）；创制新型种质1 500余份；选育新型抗病材料36份；在5个示范县建立核心示范田8个，每个示范县建立了信息点，提供所在的基础数据；初步确定了适宜丘陵旱薄地种植谷子新品种3~4个，并进行了示范推广；轻简化高效栽培技术示范2个；谷子增产增效集成技术示范3个；进行了不同谷子品种抗旱耐瘠薄生理相关研究；发表核心期刊学术论文7篇，参与出版论著2部，获得省部级科技奖励3项；获得国家级优质米4个（1个一级，3个二级）；申报新品种保护1个。

课题组主持参与国家"九五""十五"科技攻关、"十一五"科技支撑项目子专题、国家科技成果转化、山西省科技攻关、科技产业化环境建设、自然科学基金、科技成果转化（自育品种转化）等项目共30多项；先后获得科技成果奖励10余项，其中：山西省科技进步一等奖1项、二等奖4项、三等奖2项；农业部中华农业科技奖1项（合作）；山西省农村技术承包二等奖2项、三等奖1项；审（鉴）定品种：国家鉴定与山西省审（认）定品种20个，其中12个国家审（鉴）定，7个被评为国家优质米，2个获国家一级优质米；鉴定科技成果8项；参编出版论著17部，在《作物学报》等省级以上学术刊物累计发表研究论文110余篇。

十一、大豆研究室

该研究室成立于1956年，现有科研人员6人，张海生研究员为研究室负责人。大豆研究室中有研究员1人、副研究员3人、助理研究员1人、研究实习员1人；50岁以上4人、30~40岁1人、30岁以下1人。

研究室负责人张海生，现任山西省农科院作物所大豆研究室主任、研究员。参加工作以来，先后主持国家、省重点科技项目20多项。获省科技进步一等奖1项、二等奖5项、三等奖2项，省星火科技特等奖1项，获"全国优秀科技工作者"1次，获山西省"优秀科技工作者"、山西省"科技奉献"个人特等奖各1次，"山西省十佳中青年优秀科技工作者"1次；院集体一等奖1次、集体二等奖2次，获山西省农科院院先进工作者奖励2次，在国家、省级刊物上发表论文15篇。先后被农业厅聘为山西省农业产业技术体系油料作物岗位专家；山西省第六届农作物品种审定委员会委员，被省委组织部、科技厅、人社厅、财政厅评为2013年度山西省学术技术带头人。主持选育了国审大豆品种4个、省审品种9个，累计推广大豆良种3 000多万亩，创社会经济效益25亿元。被评为"山西省学术技术带头人"。

大豆研究室主要研究方向为大豆遗传育种及栽培。目前承担"高产、优质专用大豆种质资源创制及新品种选育"研究，培育品种"晋豆1号"，1978年获全国科学大会奖；培育品种"晋遗30号"2010年获山西省科技进步一等奖。国审品种：晋豆11号、晋豆19号、晋遗30号、晋遗31号。

大豆研究室作为第一完成单位第一完成人共承担的所有的国家级项目4项、省级项目30项、院级项目10项、在研的国家级的项目1项、省级的3项、院级的2项；先后获得国家级1项、省级科技奖励13项；审（鉴）定品种14项，国家级的4项、省级的12项；获得植物新品种保护权2项；鉴定成果数16项（国际领先、国际先进、国内先进、国内领先）；发表论文数包括SCI、EI、国家核心期刊4篇，及作为主编或副主编出版论著5部。

第二节 小麦研究所

小麦研究所有优势课题组11个，分别是抗旱优质高产小麦新品种选育项目组，优质专用小麦新品种选育课题组，高产优质多抗广适水地小麦新品种选育课题组，小麦栽培课题组（山西综合试验站），小麦细胞工程与分子育种项

农业科技创新能力建设研究 ——以山西省农业科学院为例

目组,植物保护创新课题组,高产优质多抗芝麻新品种选育研究项目组,高产优质中早熟玉米育种课题组,大豆育种课题组,高产优质多抗花生新品种选育课题组,以及向日葵课题组。涉及农学、作物育种学、良种繁育学、植物保护学、作物栽培学、栽培耕作学、作物遗传育种、玉米育种学、小麦育种学和油料作物学10个学科。

一、抗旱优质高产小麦新品种选育项目组

该项目组成立于1980年,现有科研人员7人,卫云宗研究员为课题组负责人。抗旱优质高产小麦新品种选育项目组中有研究员1人、副研究员2人、助理研究员2人、技师2人;50岁以上4人、40~50岁1人、30~40岁1人、30岁以下1人。

项目组负责人卫云宗,主持和参加多项国家和省重点科技攻关项目,获得国家二等奖1项、省(部)级科学技术进步一等奖3项、二等奖8项、三等奖6项;育成小麦品种晋麦79号、临旱6号、晋麦98号等抗旱节水品种10余个;在《中国农业科学》《麦类作物学报》等国家级和省级刊物上发表学术论(译)文90余篇。

抗旱优质高产小麦新品种选育项目组研究方向主要为多抗、高产、优质小麦种质材料创新,以及抗旱优质、节水广适小麦新品种选育及方法研究。目前承担"抗旱优质高产小麦种质创新及新品种选育"研究,项目组取得的成绩有:参加省区试品种临旱5115、临旱5322表现优异,进入下年度生产试验;临旱5325、临旱9号分别参加国家黄淮旱地和北部旱地区试;晋麦91号于2016年5月1日获得国家植物新品种权证书,品种权号:CNA20120976.2;晋麦97号于2014年申请农作物新品种保护,申请公告号:CAN012477E;晋麦98号于2014年申请农作物新品种保护,申请公告号:CAN012476E。

项目组一直参加国家和山西省"七五""八五""九五""十五"小麦育种攻关项目,对冬小麦抗旱性从形态和生理性状方面进行了研究,基本明确了小麦生态、生理性状对胁迫的反应及对产量性状的影响,并根据不同生育阶段对水分胁迫的反应,对小麦抗旱性进行了初步分类;同时对小麦抗旱性的遗传规律进行了探索。承担国家级和省级项目16项、在研的省级的和院级的项目3项;获得国家级和省级科技奖励20余项;通过国家审定品种3项、省级品种审定13项;通过鉴定验收成果10项;发表论文数120余篇,其中在国家级和核心期刊发表论文达50余篇。

二、优质专用小麦新品种选育课题组

该课题组成立于1987年，现有科研人员6人，2008年确定为国家小麦产业技术体系山西省综合试验站，张定一研究员和姬虎太副研究员为课题组负责人。优质专用小麦新品种选育课题组中有研究员1人、副研究员1人、助理研究员2人、研究实习员2人；50岁以上1人、40~50岁1人、30~40岁2人、30岁以下2人；作物学博士1人。

课题组负责人姬虎太，现任山西省小麦研究所副所长，综合化验室主任。1992年大学毕业分配至小麦研究所综合化验室工作。参加工作二十多年来，主持并完成国家及山西省各类项目10项，获得山西省科技进步奖一等奖1项，三等奖1项，选育并审定小麦品种6个，发表论文15篇，参编著作5部。

优质专用小麦新品种选育课题组目前承担山西省农科院育种工程项目"优质专用小麦新品种选育"研究，在优质小麦新品种的选育工作中，课题审定了优质专用小麦品种：临优145、临优2069、临优2018、7287、晋麦92号、晋麦94号。选育的优质小麦品种临优145于2007年获得山西省科技进步一等奖；选育的优质专用小麦品种临优2018、临优2069于2011年获得山西省科技进步三等奖。晋麦92号于2012年通过国家小麦品种审定委员会审定。近年来选育出多个优质专用小麦苗头品系，参加各类小麦区域试验5个：临Y8161参加国家黄淮北部旱地生产试验和山西省南部旱地区域生产试验，临Y8012参加山西省南部水地生产区试，临Y8155参加国家黄淮北部旱薄地区域试验，临Y8167参加国家黄淮北部旱地组品种比较试验，临Y8168参加山西省南部旱地组区域试验。

课题组成立以来，承担国家级项目5项，省级项目10项，院级项目10项。在研项目国家重大专项子课题：抗旱、耐高温转基因小麦新品种选育。院育种工程1项。院科技自主创新能力提升项目1项。先后获得山西省科技进步奖1项和山西省科技进步三等奖1项。山西省审定品种6项，国家审定品种1项。制定山西省地方标准3项。发表国家核心期刊论文20篇，出版论著3部。

三、高产优质多抗广适水地小麦新品种选育课题组

该课题组1996年从水地育种组分离出来，现有科研人员6人，逯腊虎副研究员为课题组负责人。产优质多抗广适水地小麦新品种选育课题组中有副研究员1人、助理研究员5人；40~50岁2人、30~40岁4人；作物遗传学博士2人。

农业科技创新能力建设研究 ——以山西省农业科学院为例

课题组负责人逯腊虎，参加省攻关项目"小麦优质工程技术体系研究——小麦稳定杂种优势利用研究""小麦品种间种间杂种优势利用研究"，参加国际CGIART挑战计划（GCP）项目"小麦育种和选择策略"，参加"十二五"农村领域国家科技计划项目"山西南部麦区丰产抗旱耐寒F型杂交小麦选育研究"，参加"十二五"863重大项目、"十三五"国家重点研发计划"黄淮北片强优势小麦杂交种创制与应用"，主持院育种工程项目"高光效小麦新品种选育研究"。选育小麦品种3个（晋麦65号、临远3158、临远8号）2002年"利用远缘杂交技术选育小麦种质资源"获山西省科技进步二等奖，2008年"10万亩小麦高产抗逆栽培推广"获山西省农村技术承包奖二等奖，2013年"主要作物高产抗逆栽培技术推广"获山西省农村技术承包奖一等奖。

产优质多抗广适水地小麦新品种选育课题组主要从事小麦杂种优势利用研究和高光效小麦新品种选育研究。目前承担小麦育种工程"小麦杂种优势利用研究""高光效小麦新品种选育研究"，筛选出最优小麦化杀剂sq-2001，创制出小麦新型化杀机械。育有苗头品系：平阳4357、平阳4198、平阳4344。

课题组共承担国家项目7项、省级项目10项、院级项目8项；先后获得山西省科技进步一等奖、二等奖各1项，农牧渔业部进步二等奖1项，农牧渔业部丰收二等奖1项，国家科技进步二等奖2项；审定品种4个；在《麦类作物学报》《华北农学报》等刊物上发表论文数32篇，参与出版论著5部。

四、小麦栽培课题组（山西综合试验站）

该课题组成立于1985年，2007年确定为国家小麦产业技术体系山西综合试验站，现有科研人员8人，党建友研究员为课题组负责人。小麦栽培课题组中有研究员1人、副研究员5人、助理研究员2人；50岁以上4人、40~50岁2人、30~40岁2人；作物学博士1人、植物营养1人、土壤学1人。

课题组负责人党建友，1997年毕业于山西农业大学土壤农化专业，9月分配到小麦研究所综合化验室工作，2000—2003年于中国农业大学攻读硕士学位。主持并参加国家省院项目20余项，获省科技进步奖一等奖2项，三等奖2项，农牧渔业丰收三等奖1项，省农村技术承包一等奖2项，二等奖1项，选育并审定小麦品种3个，获发明专利3项，实用新型1项，制定省地方标准5项，发表论文21篇，参编著作3部。

小麦栽培课题组主要从事小麦高产优质高效栽培技术集成研究。目前承担"山西综合试验站"和国家支撑计划"临汾盆地作物增粮增效技术集成与产业化"。"小麦产量品质同步提高抗逆栽培技术",针对山西及同类麦区小麦-玉米一年产光热资源不足和玉米秸秆还田后旋耕播种,造成的苗弱和冬春冻害频发,单产波动等问题。集成了①"筛选种植氮高效品种技术";②"品种、播期双改技术";③"冬水前移两增一减高产高效栽培技术";④"稳产保优病虫草害防控技术"。该技术丰富了作物栽培学的小麦温光发育理论、植物营养学水肥运筹理论及优质栽培学理论,使小麦-玉米一年两熟双季高产种植区北移1个纬度。使山西省水地小麦单产提高15.6%,水分利用效率提高36.7%。创出山西省实打实收千亩示范田亩产673.7千克,攻关田亩产710.2千克的高产纪录。在山西、河南、陕西、河北推广5 140.7万亩,新增小麦17.13亿千克,新增效益38.87亿元。获2014年山西省科学技术进步一等奖。土壤供钾能力与小麦需钾特点及施钾技术研究,摸清了不同种植耕作模式下山西省土壤钾素变化,并提出合理施钾技术,2001年4月获山西省科技进步二等奖;沟谷地玉米生态抗逆高产栽培技术研究及推广,2004年2月获山西省科技进步二等奖。

小麦栽培课题组承担国家级项目3项、省级项目9项、院级项目4项,在研的国家级项目2项、院级项目1项;先后获得农业部农牧渔业丰收三等奖1项、省级科技进步一等奖1项、二等奖3项;获得发明专利3项、实用新型1项;鉴定成果4项(国际先进3项、国内先进1项);制定省地方标准数5项;发表国家核心期刊篇数46篇;作为主编或副主编出版论著2部。

五、小麦细胞工程与分子育种项目组

该项目组成立于2009年,现有科研人员5人,郑军副研究员为课题组负责人。小麦细胞工程与分子育种项目组中有研究员1人、副研究员1人、助理研究员3人;50岁以上2人、30~40岁1人、30岁以下2人;作物遗传育种博士1人。

项目组负责人郑军副研究员,主要从事小麦遗传育种方面的研究工作,主持国家自然基金青年科学基金1项、省院级项目2项。以第一作者和通讯作者先后发表科研论文35篇,参与获批实用新型专利2项,在审发明专利4项,参与制定地方标准2项。

小麦细胞工程与分子育种项目组立足于小麦遗传学与育种学的发展前沿,紧密结合山西省气候干旱少雨,生态条件脆弱,基础研究相对薄弱的省情特点,开展小麦种质创新、新基因发掘与分子鉴定的技术平台,构筑分子标记辅助选择和单倍体育种的技术体系;围绕"节水、优质、高产、抗病"的育种目标，采用常规、分子标记辅助选择、单倍体等技术进行小麦优异种质资源创新和品种选育。目前承担省重点研发项目"小麦微核心种质优异基因资源开发"，项目组鉴选出22个与穗粒数和千粒重相关的SSR标记，明确了穗粒数和千粒重为加性效应为主，创制高代导入系200多份，参加品种审定试验2个。

项目组从成立以来共承担省级项目3项、院级项目2项，目前主持的院级项目1项，省级项目1项，国家青年基金1项；目前正在参加省级审定品种2项；申报发明专利4项；制定山西省地方标准2项；发表论文35篇。

六、植物保护创新课题组

该课题组成立于1980年，现有科研人员5人，谢咸升副研究员为研究组负责人。植物保护创新课题组中有副研究员1人、助理研究员1人、研究员实习员3人；50岁以上1人、40~50岁1人、30岁以下3人；植物病理学博士1人。

课题组负责人谢咸升，男，博士，副研究员，从事植物病虫害生防机理研究，获省部级奖励5项，鉴定科技成果4项，主持国家自然科学基金面上项目、省重点研发项目各1项，发表SCI收录论文1篇，省级以上刊物论文6篇，授权发明专利1项。

植物保护创新课题组主要从事"球孢白僵菌诱导抗菌肽TmAMP-Bb的分子调控及抗小麦赤霉病原菌机理""高效液体发酵提取云芝多糖及其硫酸酯化技术研发"2个方向。目前承担"球孢白僵菌诱导抗菌肽TmAMP-Bb的分子调控及抗小麦赤霉病原菌机理"，本课题组完成了黄粉虫-球孢白僵菌免疫互作转录组、small RNA及其联合分析、PHI（病原寄主互作）分析，转录因子分析，确定了抗菌肽调控网络；完成了蛋白质组iTRAQ质谱测定及分析，与转录组联合分析，鉴定了差异蛋白及差异抗菌肽；综合转录组、蛋白质组确定了抗菌肽差异基因，正进行RACE扩增全长基因。

课题组30余年来共承担国家级项目3项，省级项目20项，院级项目5项，获得国家级科技奖励6项，省级科技奖励29项，国审品种1项，省审品种5项，除获奖成果外还鉴定国际先进成果1项，国内领先成果2项，制定1个地方标准，发表SCI收录论文1篇，国家核心论文20篇，非核心期刊论文62篇，出版专著2部。

七、高产优质多抗芝麻新品种选育研究项目组

该项目组成立于1988年，现有科研人员5人，杨三维副研究员为研究组负责人。项目组中有研究员1人、副研究员1人、助理研究员3人；50岁以上1人、40~50岁2人、30岁以下1人。

项目组负责人杨三维副研究员，从事芝麻、小麦的遗传育种与栽培研究工作，从"十一五"开始一直主持芝麻育种工程项目，并主持功能小麦育种工作，先后主持各类项目7项，参加科研项目11项，主持育成晋芝5号、晋芝6号、晋芝8号等新品种，获农业部丰收计划二等奖1项，省科技进步三等奖1项，农村技术承包奖1项，制定芝麻省级地方标准1项，获专利授权2项，新申报专利2项，撰写学术论文15篇，其中第一作者论文9篇。

高产优质多抗芝麻新品种选育研究项目组围绕"高产、优质、早熟和抗病"的育种目标，采用常规育种、化学诱变、杂交育种和生物技术相结合，利用现有种质资源，通过常规杂交和诱变育种将创造出一批抗病耐渍、高油、高蛋白芝麻新种质。注重抗病高产早熟材料创新与抗旱优质高产新品种选育相结合，以田间鉴定和室内鉴定为主，利用混选与轮回杂交等先进方法，创制符合育种目标的优良品系，鉴选适于本区栽培的优良品种。目前承担院育种工程"高产优质多抗芝麻新品种选育研究"，新征集芝麻材料23份，配制杂交组合36个，鉴选EMS处理材料15个，鉴选出12个强优势新品系，鉴定品比品系35个，临芝11号参加区域大田综合鉴定，晋芝8号申报省农村技术承包奖。

项目组从1988年成立以来共承担省级项目3项、院级项目7项，目前在研的院级项目1项；1999年晋芝1号新品种选育获山西省科技进步三等奖；通过省级审定新品种4个；申报发明专利2项；鉴定成果1项（国内先进）；制定山西省地方标准1项；发表论文6篇。

八、高产优质中早熟玉米育种课题组

该课题组成立于1961年，现有科研人员3人，王向东副研究员为课题组负责人。高产优质中早熟玉米育种课题组中有副研究员1人、助理研究员2人；40~50岁3人。

课题组负责人王向东，1989年7月到小麦研究所工作；2010年11月取得副研究员任职资格。先后参加"六六六"工程项目、中早熟玉米品种选育和sh2wx种质创制与利用研究。玉米育种工作中，参加了"九五""十五""十一五"国家及省玉米协作攻关、院育种工程和后劲工程相关课题研究；主持

完成山西省农业攻关项目2项，院育种基础项目1项；参加研究项目17项，其中"948"项目1项，省攻关项目2项，省财政支农项目2项，其他项目9项。参加、主持选育玉米品种5个（晋单34号、临高油1号、金玉208、临单15号和白甜糯102），其中，"中早熟玉米新品种晋单34号"1999年被评为国家二等后补助品种，"白甜糯102"填补山西省甜糯型鲜食玉米品种空白。2001年，"高产优质多抗中早熟玉米新品种晋单34号选育与推广"荣获山西省科技进步二等奖。2009年，"优质玉米临高油1号品种选育与推广"荣获山西省科技进步三等奖。

高产优质中早熟玉米育种课题组主要从事"中早熟玉米特异种质创制与利用研究"和"sh2wx双隐型玉米种质创制与利用研究"。目前承担玉米育种项目"sh2wx甜糯玉米种质创制与利用研究"，近年，鲜食玉米发展迅速，种植面积扩增显著，品种更新速度加快的趋势明显。生产品种由高产型品种逐步向稳产型优质品种过渡，产业规模具有进一步扩张的趋势。目前，鲜食市场甜糯型品种发展势头更旺，但是种质资源匮乏极大地限制了该类品种的进一步扩大。今后相当长时间优质品种标准要求会更高，花色需求更为旺盛，创制色彩丰富、配合力高的sh2wx双隐种质材料意义重大。

该课题组承担国家项目4项、省级项目5项、院级项目10项；奖励情况：国家级奖2项，省级科技奖2项；审（鉴）定品种包括国家的、省级的品种5项；发表论文数38篇，包括SCI、EI、国家核心期刊12篇；作为主编或副主编出版论著5部。

九、大豆育种课题组

该课题组成立于1997年，现有科研人员3人，卫玲副研究员为课题组负责人。大豆育种课题组有副研究员1人、助理研究员2人；40~50岁2人、30~40岁1人。

课题组负责人卫玲，1972年5月生，山西临猗人，中共党员。1997年7月毕业于西北农业大学植物保护系本科，获农学学士学位，同年12月到小麦研究所参加工作，20年来一直从事作物育种及推广方面的研究。2003年9月获得助理研究员任职资格。2016年12月获得副研究员任职资格。

大豆育种课题组主要从事高产优质多抗大豆育种和种质创新与利用工作。目前承担"高产优质多抗大豆新品种选育"，课题组获农村技术承包奖二等奖1项，鉴定成果1项，达国际先进水平；审定新品种3个，临豆1号、晋豆36号、晋豆37号。制定省级标准2项，出版专著1部，发表论文10多篇，其中核心期刊3篇。

课题组承担省级项目6项、院级项目5项、其中在研的院级项目1项；获得省级科技承包二等奖1项；审定品种省级的品种3个，临豆1号、晋豆36、晋豆37；提交申请发明或实用新型专利1项；鉴定成果1项，达国际先进水平；制定省级地方标准数2项；发表国家核心期刊论文3篇。

十、高产优质多抗花生新品种选育课题组

该课题组成立于1998年，现有科研人员4人，宁东贤助理研究员为课题组负责人。高产优质多抗花生新品种选育课题组中有副研究员1人、助理研究员3人；50岁以上1人、40~50岁1人、30~40岁2人。

课题组负责人宁东贤，1996年7月参加工作；2004年9月获助理研究员任职资格。主持审定3个花生新品种：晋花5号、晋花6号和晋花8号，主持"十一五"至"十三五"省院育种工程项目，主持"十二五"期间省财政支农项目1项；负责或参与制定山西省地方标准3项，参编专著2部；在国家和省级学术期刊公开发表论文21篇。

高产优质多抗花生新品种选育课题组主要从事花生新品种选育、推广及产业化开发研究。目前承担院育种工程"高产优质多抗花生新品种选育"。近年来，随着农业生产条件改善、种植结构调整和复种指数的提高，山西省尤其晋南等地夏播花生种植面积发展迅速，但目前生产上普遍存在现有品种产量低而不稳、生育期偏长、品质及综合抗性也较差等现象，严重阻碍山西省花生产业的进一步发展。因此，选育适合山西省尤其晋南等地不同生态条件下种植的高产、稳产、早熟、优质、综合抗性优良的花生新品种尤为必要。

课题组承担省级项目1项、院级项目4项；审（鉴）定品种包括国家的、省级的品种3项；制定的国标、行标、地方标准3项；在省级以上刊物发表论文21篇，参编专著2部。

十一、向日葵课题组

该课题组成立于1999年，现有科研人员5人，樊云茜研究员为研究室负责人。向日葵课题组中有研究员1人、高级工程师1人、助理研究员3人；50岁以上2人、40~50岁1人、30~40岁2人。

研究室负责人樊云茜，女，研究员。1999年以前主要从事棉花新品种选育，1999年后，主要从事向日葵新品种选育及栽培技术研究，先后获省科技进步奖一等奖1项，二等奖1项，三等奖3项，省农村技术承包奖二等奖2

项,参与审定新品种3个。发表相关学术论文20余篇。

向日葵课题组主要从事向日葵新品种选育及栽培技术研究。承担省攻关项目"高产早熟大粒食用葵新品种选育及丰产栽培技术研究",课题组现已审定新品种1个、申报专利1项、发表学术论文2篇。

向日葵课题组先后承担省级项目1项;院级项目5项;审定新品种1个;申报发明专利1项,实用新型专利1项;发表国家级核心期刊论文1篇。

第三节 谷子研究所

谷子研究所有优势课题组10个,分别是谷子栽培课题组,谷子育种课题组,谷子杂种优势利用研究课题组,谷子加工课题组,高产玉米研究课题组,早熟、抗病玉米育种课题组,旱地小麦研究课题组,水地小麦研究课题组,谷子基因组学研究课题组,以及旱作农业及大豆育种课题组。涉及作物育种学、良种繁育学、作物栽培学与耕作学、作物栽培学、生物工程、作物生理学和农产品贮藏与加工学7个学科。

一、谷子栽培课题组

谷子课题组原为谷子常规育种课题组,2014年改为现名,属于国家谷子糜子产业技术体系春谷栽培岗位。现有科研人员5人,郭二虎研究员为课题组负责人。课题组中有研究员1人、副研究员1人、助理研究员3人;50岁以上1人、40~50岁1人、30~40岁3人。

课题组负责人郭二虎,男,硕士,研究员,1985年7月毕业于山西农业大学植保专业,2007年获山西大学植物学专业硕士学位,书记,副所长。谷子所谷子栽培研究室主任。主要从事谷子育种与栽培工作,先后主持完成了国家攻关项目、国家863项目、国家科技支撑项目及省攻关、院育种工程项目多项,同时主持国家谷子西北区区域试验,"十一五"以来为国家谷子糜子产业技术体系岗位专家、栽培与土肥研究室主任。先后主持、参加选育谷子新品种晋谷22号、晋谷27号、晋谷30号、晋谷35号及长农35号、长农36号、长农38号、长农39号、长农40号、长农41号、长农44号11个,其中8个品种通过国家审定,4个品种被评为全国一级优质米。获山西省星火特等奖一项、山西省科技进步二等奖3项、山西省科技进步三等奖1项,中华农业科技二等奖、三等奖各1项,在省级以上刊物发表学术论文30余篇,参编著作

3部。

谷子课题组主要从事谷子栽培与生理研究、适合简化栽培新品种选育研究。课题组近年来获省科技进步奖、中华农业科技奖、农村技术承包奖多项；制定地方标准2项，实现了标准制定零突破；发表论文水平得到显著提高，发表SCI收录论文3篇、国家核心期刊论文8篇。通过开展合作研究，提高了整体研究水平；建立了肥料、轮作、不同土壤长期定位试验及抗旱性研究等基础设施，为进一步深入研究奠定了良好的基础。

课题组累计承担国家项目7项、省级项目3项、院级项目6项。在研的国家项目2项、院级项目1项。获奖情况如下。

（1）2008年"优质高效谷子新品种长农35号的选育及应用"获山西省科技进步二等奖；

（2）2011年"优质高效谷子新品种长农36号的选育及应用"获科技进步二等奖；

（3）2012年"长农38号10万亩高产高效示范技术"获技术承包二等奖；

（4）2013年"优质高产谷子新品种选育与应用"获中华农业科技奖三等奖，为参加单位之一；

（5）2015年"优质高附加值小米加工关键技术及产业化示范"获中华农业科技奖二等奖，为参加单位之一；

（6）2016年"优质高产谷子新品种良种良法配套技术"，获山西省农村技术承包二等奖。审（鉴）定省级以上品种11个，其中8个品种通过国家鉴定。鉴定1个成果为国际先进；制定地方标准2个；发表SCI论文3篇；国家核心期刊论文10篇；非国家核心期刊论文20篇；参与编写著作2部。

二、谷子育种课题组

该课题组成立于1995年，现有科研人员4人，王节之研究员为课题组负责人。谷子育种课题组中有研究员1人、副研究员2人、助理研究员1人；50岁以上1人、30~40岁3人。

课题组负责人王节之，二级研究员。主要从事谷子育种和栽培研究。获得省、部级科技成果奖8项；主持和参加育成鉴定品种11个，其中国家级鉴定品种7个；主持完成省级鉴定成果2项；制定地方标准2项；发表学术论文40余篇。

谷子育种课题组主要从事高产优质谷子新品种选育研究，目前承担谷子育种项目"谷子育种和栽培研究"。课题组承担的"谷子化控间苗技术研究"获得省科技进步二等奖；国鉴"谷子品种长生07"获得省科技进步三等奖，为我国西北春播中晚熟区主推品种。

课题组共承担项目30个，其中的国家级项目6项、省级项目14项、院级项目10项，在研的国家级的1项、省级的2项、院级的项目2项；先后获得国家级（可以有协作奖）1项，省级科技奖励7项；审（鉴）定品种11项，包括国家的7项，省级的品种数5项；鉴定成果数2项（国际先进）；制定的地方标准数2项；国家级核心期刊发表文章40余篇。

三、谷子杂种优势利用研究课题组

该课题组成立于1990年，现有科研人员4人，王玉文研究员为课题组负责人。谷子杂种优势利用研究课题组中有研究员1人、副研究员1人、助理研究员2人；50岁以上1人、40~50岁2人、30~40岁1人。

课题组负责人王玉文研究员，选育谷子品种6个，其中长0301通过国家鉴定，杂交种2个：长杂2号和长杂谷1205，长杂2号2012年获省科技进步二等奖。获省科技进步二等奖4项，三等奖1项，农业部科技进步三等奖1项，省农村技术承包三等奖1项。在《中国农业科学》等刊物上发表学术论文40余篇，其中2篇发表在《中国农业科学》2003年第6期和2010年第4期。

谷子杂种优势利用研究课题组主要从事谷子杂种优势利用研究与杂交种选育研究。目前承担省攻关项目"谷子杂种优势利用研究与强优势组合选育"，选育谷子品种6个，其中长0301通过国家鉴定，杂交种2个：长杂2号和长杂谷1205，长杂2号2012年获省科技进步二等奖。

课题组共承担国家级项目1项，省级项目9项、院级项目6项。在研的省级项目2项、院级项目4项。先后获省科技进步二等奖4项，三等奖1项，农业部科技进步三等奖1项，省农村技术承包三等奖1项；审（鉴）定品种6个：晋谷32号、长0301、长农0302、长杂2号、晋谷56号、长杂谷1205，其中国家鉴定品种1个，即长0301，省级品种5个；鉴定成果1个（国际先进）；发表论文40多篇，其中国家级论文2篇；作为编委编写专著1部。

四、谷子加工课题组

该课题组成立于2005年，2008年确定为国家谷子糜子产业技术体系产业化生产岗位，现有科研人员5人，张喜文研究员为课题组负责人。谷子加工课题组中有研究员1人、副研究员1人、助理研究员2人、研究实习员1人；50

岁以上 2 人、30~40 岁 3 人。

课题组负责人张喜文，研究员，曾任山西省农业科学院谷子研究所党委书记、副所长，兼任中国作物学会粟类作物专业委员会副主任委员、中国作物学会杂粮分会常务理事，国家谷子品种鉴定委员会副主任委员，农业农村部"全国农业机械化与设施农业工程技术专家库"成员。山西省作物学会、植物生理学会理事，山西省标准协会、科技成果鉴定专家库成员。1993 年被评为山西省优秀科技工作者。长期从事谷子栽培、育种及加工利用研究。"七五"至"十二五"期间，一直参加国家农业重大攻关项目的研究。近年来，共获得省部级重大科技成果 17 项，参加的"抗除草剂种质的创新与利用"项目获得 2012 年度国家科技进步二等奖。制定了山西省地方标准《谷子栽培技术规程》，参与制定了国家标准《原产地域产品沁州黄小米》。在国家及省级期刊上发表学术论文 48 篇，主编《谷子栽培生理》《小米传统食法》书籍 2 部、国家星火计划培训教材 1 部，参编学术著作 5 部。获国家专利 3 项。目前，主要从事国家谷子糜子产业技术体系产业化生产岗位的科研工作。产后加工岗位主要进行了谷糜主食化产品及高附加值产品的研发工作，研制了纯小米免煮面条、方便小米营养粉、小米面包、小米饼干、小米饮品、小米膨化食品等产品，进行了小米营养含量、谷子抗性淀粉以及重金属含量等方面的分析，为谷糜生产和消费提供了技术支撑。

谷子加工课题组主要从事谷子产后加工工作。课题组筛选出 1 个适合用于饮料及冷冻食品加工的品种；筛选出 5 个适合用于糖尿病等特殊人群食品生产的品种。研发新产品 6 个，包括方便小米干饭、小米馍片、小米豇豆营养挂面、小米免煮面条系列产品、速食米粉、发酵饮料，其中小米免煮面条系列产品实现产业化生产。获得国家发明专利 1 项，获得国家科技进步二等奖 1 项，制定山西省地方标准 1 项，发表论文 11 篇，出版著作 1 部。

谷子加工课题组承担国家项目 1 项、省级项目 6 项；获得国家科学技术进步奖二等奖 1 项（抗除草剂谷子新种质的创制与利用，2012 年）；取得发明专利 1 项；制定山西省地方标准 1 项；发表论文 9 篇（国家核心期刊 8 篇、其他 1 篇）、主编著作 1 部。

五、高产玉米研究课题组

该课题组 20 世纪 70 年代开始延续至今，先后更换 3 任课题组组长，2007 年确定为国家玉米产业技术体系长治综合试验站，现有科研人员 5 人，李洪研究员为课题组负责人。高产玉米研究课题组中有研究员 1 人、副研究员 2 人、

农业科技创新能力建设研究——以山西省农业科学院为例

助理研究员 2 人；50 岁以上 1 人、40~50 岁 2 人、30~40 岁 2 人。

项目组负责人李洪研究员，1985 年至今一直在山西省农业科学院谷子研究所从事玉米新品种选育与高产栽培技术推广工作。其中 2000 年 4 月至 2001 年 12 月赴美国佐治亚大学开展玉米育种合作研究，2007 年至今任国家玉米产业技术体系长治试验站站长，2008—2013 年连续任农业部科技入户项目示范县陵川县首席专家，2013 年任山西省第六届农作物品种审定委员会委员。主持和参加的研究项目有国家公益性行业科技专项、农业部 948 专项、山西省科技攻关项目和山西省归国留学人员等 20 余项，获得国家农业部丰收二等奖、山西省科技进步一等奖以及省市科技进步奖多项，发表学术论文 20 余篇，参加撰写了《农作物杂种优势》《山西省玉米新品种与优化栽培技术》等著作 4 部，育成长单 46 号等长单系列玉米新品种 10 余个。获得国务院政府特殊津贴专家、长治市直机关"巾帼建功"活动先进个人、山西农科院文明职工、山西农科院先进科技工作者、市直机关优秀共产党员等多项奖励。

高产玉米研究课题组主要从事"玉米遗传育种研究"和"玉米高产栽培技术研究"。"高产优质多抗广适玉米新品种长单 46 号及育种技术创新"由山西省农业科学院谷子研究所完成，2011 年获得山西省科技进步一等奖。该研究从干旱、病虫害等逆境胁迫十分严重的北美亚热带地区引进了具有广泛的遗传基础和抗旱、抗虫、抗黄曲霉等特殊抗逆性的玉米种质，以抗黄曲霉为核心性状进行驯化导入和选育研究，丰富了我国玉米基因库，填补了我国抗黄曲霉玉米育种的研究空白。通过南方北方穿梭育种，钝化亚热带种质的光周期敏感性，打破遗传连锁，使亚热带特异基因的表达不被适应性较强的温带种质基因所掩盖，使亚热带与温带种质的有利基因相互渗透，提高有利基因重组率，创制出兼具丰富的遗传变异性与特殊抗逆性的半外来种质"长 B57"。结合研究探索出"夏播与春播不同遗传模式背景下的杂种优势群划分"育种新技术，克服了我国玉米杂种优势类群多，实际工作中难以应用的缺点，探索出杂种优势模式利用的新途径。

玉米品种长单 46 号综合应用了植物病理学与作物育种学知识，通过多年目标基因的聚合累加，使品种具有较好的丰产稳产性能、抗病抗逆性能和广泛的适应性，具有抗黄曲霉的特性，是我国首个生产上大面积推广应用的抗黄曲霉玉米新品种。2016 年课题组工作亮点：长单 46 号玉米品种种植区域跨越我国华北、西北和西南玉米生产大区，累计推广面积千万亩。长单 510 于 2016 年通过山西省审定，长单 511 进入山西省区试生产试验，并通过品种审定委员会的田间考察，有待审定。

课题组先后获得山西省科技进步一等奖1项、三等奖2项，国家农业部丰收二等奖1项；育成品种长单43号、长单46号、长单48号、长单506等，分别在山西省、陕西省、四川省和重庆市通过审（认）定，生产推广区域跨越了我国华北、西北和西南三大玉米主产区。

六、早熟、抗病玉米育种课题组

该课题组成立时间为1962年，是原山西省农业科学院玉米研究室陈国基、苏书文等老先生由"六二压"整体迁移长治杂粮所（谷子所）后成立的，现有科研人员12人，李中青研究员为研究组负责人。早熟、抗病玉米育种课题组中有研究员1人、副研究员2人、助理研究员7人、研究员实习员2人；50岁以上2人、40~50岁4人、30~40岁5人、30岁以下1人。

课题组负责人李中青，研究员，主持与参加育成了长单525、德朗118、潞玉13、太育1号、晋单29号、晋单30号、长早7号、长单33 8个玉米新品种，获山西省科技进步等省级科技成果奖8项，在 Genetics and Molecular Research、《玉米科学》《湖南农业大学学报》等学术期刊上发表"Quantitative trait locus analysis for ear height in maize based on a recombinant inbred linepopulation""潞玉13号丰产性、稳产性及适应性分析"等学术论文30余篇。张文忠，1997年毕业于山西农业大学，本科学历，副研究员，现为谷子所玉米研究室抗病玉米育种课题组主持人。从事玉米育种工作19年，以第二完成人身份审定潞玉13、长玉16、长玉18、长玉19、潞玉5号玉米品种5个，取得农业部植物新品种保护权2个，主持省、院研究和推广项目4项，以第一作者身份发表学术论文11篇，获山西省科技进步二等奖1项，山西省农村技术承包二等奖1项。

早熟、抗病玉米育种课题组主要从事"早熟宜机收玉米种质材料的引进评价""抗病耐密玉米核心种质材料的创制"和"高配高抗高产玉米自交系及杂交种选育"3个方向研究。目前承担科技攻关与育种工程项目"早熟耐密机粒收玉米种质创制与新品种选育"和院级项目"耐密型玉米种质材料创新"。课题组自主选育的玉米新品种德朗118通过2016年山西省农作物品种审定委员会审定；德朗118经营权转让，取得成果技术转让费10万元；并在《中国农学通报》等学术刊物发表论文6篇；培育的潞玉13是中国稀植大穗的代表性品种，中国西南玉米区的核心品种，先后通过8省、市审定、认定。累计推广面积8 000多万亩，在山西自育品种中推广面积最大，在省外的影响力和认知度最高，曾经开辟了中国稀植大穗品种选育的时代。

课题组共承担国家级项目2项、省级项目12项、院级项目30项；先后获得国家级奖励1项，省级科技奖励7项；审（鉴）定玉米品种16项；鉴定国际领先成果1项；发表SCI、EI收录论文各1篇、国家核心期刊论文13篇。

七、旱地小麦研究课题组

该课题组成立于20世纪70年代，现有科研人员3人，张俊灵副研究员为课题组负责人。旱地小麦研究课题组中有副研究员1人、助理研究员2人；40~50岁1人、30~40岁2人。

项目组负责人张俊灵，谷子研究所小麦研究室副主任，副研究员。1997年2月到谷子所以来，一直从事小麦遗传育种与新品种示范推广工作。先后参加了国家"863"、国际挑战计划、国家农业科技成果转化、省院育种攻关以及省推广等30多个项目。参加育成国审品种6个，省审品种15个。先后获国家科技进步二等奖1项，省部级科技进步一等奖2项，二等奖2项。发表学术论文26篇。

旱地小麦研究课题组主要从事抗旱节水高产稳产广适小麦新品种选育与示范推广研究。目前承担省攻关项目"抗旱节水高产广适小麦新品种选育"，审定小麦新品种2个，目前有7个品种正在参加国家或省不同区组的区域试验，其中有4个品种在2015—2016年度表现突出，已进入生产试验。

课题组承担并完成的项目36项，其中国家级项目11项、省级项目15项、院级项目10项。在研项目5项，其中省级项目1项、院级项目4项；获国家科技进步二等奖3项，省科技进步一等奖2项、二等奖2项、三等奖1项；审（鉴）定品种18个，其中同时通过国审的品种7个。列入国家或省区域试验对照品种4个；获新品种保护权2项。申请品种保护权2项；鉴定成果数2项：其中，"抗旱优质高产稳产小麦新品种长6878推广"，通过了山西省科技厅组织的专家验收，该成果达国内领先水平；"中国北方抗旱节水冬小麦新品种筛选与利用"，通过了农业部组织的专家鉴定，该成果达国际先进水平；转让成果5个，获成果转让费64万元；发表论文39篇。

八、水地小麦研究课题组

该课题组成立于1957年，现有科研人员4人，常云龙研究员为课题组负责人。水地小麦研究课题组中有研究员1人、副研究员1人、助理研究员2人；50岁以上2人、40~50岁1人、30~40岁1人。

课题组负责人常云龙，本科学历，研究员。山西省现代农业产业技术体系小麦产业岗位专家,山西省第六届农作物品种审定委员会委员。自1985年参加工作至今,一直从事小麦新品种选育与小麦优质高产高效栽培技术研究,曾承担小麦国家科技支撑计划课题,主持国家农业综合开发粮食高产优质高效科技支撑行动计划项目、山西省小麦攻关项目、山西省财政支农项目、山西省农村集团承包项目、农科院重点攻关项目、农科院育种工程项目等,曾获山西省科技进步一等奖1项,山西省科技进步三等奖1项,山西省农村集团承包二等奖1项,获国家发明专利1项。主持选育并通过审定了晋麦53号、晋麦62号、长麦5973、长麦6135、长麦5079、长麦6686、长治5608、长麦251小麦新品种8个。在《华北农学报》《麦类作物学报》《作物杂志》《山西农业科学》《河北农业科学》等杂志发表论文30余篇。在小麦新品种选育、引种、品种评价、品种试验示范、种子法律法规、小麦优质高产栽培、小麦病虫草害防治等方面具有较高的理论水平与实践经验。

水地小麦研究课题组主要从事小麦遗传育种研究。目前承担省攻关项目"水旱兼用小麦种质创新与利用"和"山西中部水地小麦套种玉米一年两作高产关键技术研究"、院育种工程项目"水旱兼用型小麦新品种选育"、院重点项目"东南部小麦玉米一年两作高产栽培技术研究"、山西省粮食高产高效科技支撑计划行动项目"晋中长治小麦玉米一年两作机械化套种技术示范与推广"、山西省小麦产业技术体系项目"山西省小麦产业技术体系"。课题组培育的晋麦53号小麦新品种选育与推广获省科技进步三等奖;长治5608小麦新品种技术推广获省农村技术承包二等奖。审定小麦新品种8个:晋麦53号、晋麦62、长治5608、长麦6686、长麦5973、长麦5079、长麦6135、长麦251,其中长麦6135分别通过山西省中部旱地、水地同时审定,长麦251分别通过山西中部水地、南部旱地同时审定。获得国家发明专利1项——"小麦玉米一年两作机械化套种方法"专利号ZL 201410040428.9。发表省级期刊学术论文20余篇。

该课题组承担的国家级项目、省级项目、院级项目共72项,在研的国家级、省级、院级项目6项;先后获得奖励,晋麦53号小麦新品种选育与推广获省科技进步三等奖、长治5608小麦新品种技术推广获省农村技术承包二等奖;审(鉴)定省级品种数18个;专利"小麦玉米一年两作机械化套种方法",2016年8月17日授权国家发明专利;省级以上刊物发表论文30篇。

九、谷子基因组学研究课题组

该课题组成立于2010年,现有科研人员10人,王军、赵晋锋和余爱丽副

农业科技创新能力建设研究 ——以山西省农业科学院为例

研究员为课题组负责人。谷子基因组学研究课题组有副研究员3人、助理研究员7人；40~50岁4人、30~40岁6人、植物遗传育种博士1人、种子科学博士1人、作物栽培学与耕作学博士1人。

课题组负责人王军，副研究员，硕士生导师，长治市学术技术带头人，主要从事谷子种质创新，新品种选育，基因组学研究。

课题组负责人赵晋锋，农学博士，参加工作以来先后从事玉米遗传育种、作物抗逆分子生物学研究及谷子分子育种等基础工作。目前主攻方向为谷子重要农艺性状相关基因克隆与功能研究。工作期间参加选育品种潞玉13、长玉13、长玉18、长玉19等玉米品种；获山西省农村技术集体承包奖两项；获国家发明专利授权两项；主持与参加国家863、国家自然基金、国家"十二五"转基因重大专项、山西省自然科学基金、山西省农科院项目以及长治市科技项目等课题。工作期间先后在 *Plant Molecular Biology*、*The Plant Journal*、*Plant Cell Reports*、*Plant Science*、*Molecular Biology Reports*、*Planta*、《作物学报》《中国农业科技导报》《玉米科学》《生物技术进展》《中国农学通报》等国内外刊物上发表相关研究论文30余篇。

课题组负责人余爱丽，1998年7月毕业于山西农业大学，获农学学士学位；2001年6月于福建农林大学获得作物栽培学与耕作学专业硕士学位；2004年6月于福建农林大学获得作物栽培学与耕作学专业博士学位。2004年7月就职于河北农业大学生命科学学院；2004年11月评为副教授；2004年12月聘为副教授；主讲分子生物学、功能基因组学、生物信息学、分子生物学实验等课程；科研方面致力于植物抗逆性研究；2005年9月开始招收硕士研究生，累计培养硕士研究生6名。2012年10月调入山西省农业科学院谷子研究所；2013年12月转评副研究员；2014年4月聘为副研究员至今，专注于谷子抗逆特性及功能基因组研究。累计于 *Proc. Internl Symp.*、《作物学报》等发表论文20多篇，其中以第一作者发表6篇，获得省科技进步奖自然科学类二等奖及其他奖项5项，参与完成国家自然科学基金、国家"十二五"转基因重大专项横向课题等项目6项。

谷子基因组学研究课题组主要从事谷子新种质创制，新品种选育和基因组学研究。目前承担山西省农科院自主创新能力提升工程"谷子重要农艺形状基因定位"和山西省自然科学基金"谷子萌发耐旱关键基因挖掘与功能研究"。首先，课题组主要定位农艺性状控制位点，旨在解析谷子产量、品质遗传机理。目前，国内外重视谷子进化与C4途径机理研究，在农艺性状基因挖掘方面还显薄弱。通过本课题的研究，有望在与产量、品质相关性状方面定位一批重要位点，未来有望应用于谷子分子标记辅助选择和分子设计育种。其次，本课题研究试图发掘典型抗逆作物谷子的重要农艺性状及抗性基因，并为阐明其对逆境胁迫信号的应答和转导机制奠定基础；以期为培育高效抗逆作物新品种提供后备基因种质资源。最后，本课题组围绕谷子的抗旱性、抗逆性，结合生理生化和分子生物学实验技术进行相关研究，以期为提高植物抗非生物逆境胁迫能力、植物抗逆基因工程提供新的思路和素材。

课题组参加国家级项目1项，主持或参加省级项目5项、院级项目7项、参加在研的国家级项目1项、省级2项、院级4项；获国家发明专利1项；参加鉴定成果1个（国际领先）；发表论文包括SCI收录论文2篇、国家核心期刊论文8篇。

十、旱作农业及大豆育种课题组

该课题组成立于1985年，现有科研人员6人，刘永忠研究员为课题组负责人。旱作农业及大豆育种课题组中有研究员1人、副研究员1人、助理研究员3人、研究实习员1人；50岁以上1人、40~50岁1人、30~40岁3人、30岁以下1人。

课题组负责人刘永忠，男，硕士，研究员，参加工作以来一直从事旱地玉米栽培推广及大豆新品种选育工作。主持完成的旱地玉米整秆覆盖技术成果，树为山西省"六大"旱农典型技术之一；参加完成的山西省重大科技专项"山西旱作节水高效农业综合配套技术研究与示范"项目获山西省科技进步二等奖；主持育成大豆新品种5个。获省、部级科技成果奖13项，其中特等奖、一等奖5项，发表相关学术论文38篇。

旱作农业及大豆育种课题组主要从事"黄豆、黑豆种质资源创新；大豆主要性状遗传研究；大豆新品种选育"和"旱地玉米节水培肥简化关键技术及机理研究；玉米整秆全覆盖全程机械化技术研究及机具研制"。目前承担院育种工程"大豆新品种选育"和省重点研发及院重点项目"旱地玉米整秆全覆盖栽培技术研究及示范推广"。近年来，课题组培育出了黑色专用大豆新品种长豆006和高油专用大豆新品种长豆18；协作完成的"山西旱作农业高产高效技术体系及配套机具研究与示范"2011年获山西省科技进步二等奖；主持完成的旱地玉米少耕增密集成高产高效技术获2011年山西省农村技术承包一等奖；初步研制成功旱地玉米整秆全覆盖种药肥一体机。

旱作农业及大豆育种课题组承担国家级项目、省级项目、院级项目56项，在研的国家级、省级、院级项目4项；获得奖励13项、审（鉴）定品种包括国家级的、省级的品种 5 个;获得专利 1 项;鉴定 5 项成果数;制定地方标准 1 项;发表论文包括 SCI、EI、国家核心期刊 12 篇;"十二五"取得的成果:承担的所有的国家级项目、省级项目、院级项目共 22 项,在研 4 项;获得各类奖励 2 项;审(鉴)定省级品种 1 个;获得外观设计 1 项;鉴定 2 项成果为国际先进;制定地方标准 1 项;SCI 和 EI 收录、国家核心期刊论文 3 篇。

第四节 玉米研究所

玉米研究所有优势课题组 12 个,分别是抗虫抗除草剂转基因玉米新品种培育课题组,玉米高产课题组,健康食品安全研究课题组,玉米育种二室品质育种课题组,甜糯玉米材料创新与品种选育课题组,小杂粮课题组,玉米群体轮回选择改良及新品种选育课题组,玉米病虫害研究课题组,中试研究室小杂粮课题组,早熟玉米课题组,栽培生理研究室,以及玉米种质改良创新利用课题组。涉及农学、作物学、作物生理学、作物栽培学、作物耕作学、土壤耕作学、土壤肥料学、农业机械学、作物育种学、作物遗传学、生物技术育种和食品营养与安全科学 12 个学科。

一、抗虫抗除草剂转基因玉米新品种培育课题组

该课题组成立于 2002 年,现有科研人员 3 人,张红梅研究员为课题组负责人。抗虫抗除草剂转基因玉米新品种培育课题组中有研究员 1 人、助理研究员 2 人;50 岁以上 1 人、30~40 岁 2 人;农学博士 1 人。

课题组负责人张红梅,博士,研究员,山西大学硕士研究生导师,山西省生物化学与分子生物学学会理事。1987 年 7 月毕业于山西农业大学,获农学学士学位,2002 年 9 月获中国农业大学农学硕士学位,2010 年 7 月获山西农业大学农学博士学位。研究领域涉及植物种苗脱毒和组织培养,植物生物技术育种、玉米分子图谱的构建及 QTL 定位,分子生物信息学,中药材育种、栽培和规范化种植技术推广。主持承担过国家转基因生物新品种培育专项"抗逆、抗病转基因玉米新品种培育""抗虫、抗除草剂转基因玉米新品种选育",省攻关项目"非组培法的抗虫转基因玉米研究""利用转基因技术培育抗虫玉米新品种"等 10 多个科研项目。在 *African Journal of Agricultural Research*、*Genetics and Molecular Research* 等国际学术刊物以及国内学术刊物《植物遗传资源学报》《西北植物学报》《玉米科学》等发表学术论文 30 余篇,其中被 SCI 收

录的6篇。审定玉米品种2个，获国家发明专利3项，成果鉴定1项。

抗虫抗除草剂转基因玉米新品种培育课题组主要从事生物技术育种研究。目前承担"抗虫抗除草剂转基因玉米新品种培育"，超声波辅助花粉介导植物转基因方法获国家发明专利；获得抗除草剂和抗虫的转基因玉米株系；已转育获得6个优秀转基因自交系。

课题组承担过省级项目1项、院级项目2项；发表论文14篇，其中SCI收录4篇，EI收录1篇。

二、玉米高产课题组

该课题组成立于1979年，现有科研人员5人，白永新研究员为课题组负责人。玉米高产课题组中有研究员1人、副研究员1人、助理研究员1人、研究实习员1人、技师1人；50岁以上2人、40~50岁1人、30~40岁2人。

课题组负责人白永新研究员，自1984年以来一直从事玉米遗传育种研究与开发工作，先后主持和参加过国家、省"六五""七五""八五""九五""十五"玉米育种攻关研究，先后主持完成了国家科技部成果转化项目、农业部项目；省攻关课题等重大科研项目；主持完成了"十一五""十二五"院育种工程项目及省财政支农项目三项，国家星火项目课题，省科技攻关项目，省财政支农项目多项。现主持山西省科技攻关项目"春播中早熟抗丝黑穗病耐密玉米育种技术应用研究"和山西农科院重点项目"玉米抗倒伏鉴定技术及选择指标的研究"。多年来，获得国家科技进步一等奖1项，获山西科技进步一等奖1项、山西科技进步二等奖1项，山西省科技进步三等奖1项，获省星火特等奖1项。在学术刊物发表论文20多篇，撰写出版科技著作2部。培育并审定甘薯、玉米新品种6个。多次受到省、院、所的表彰和奖励，获得省"五一劳动奖章""全省农业科技入户先进个人"，院"科技创新模范工作者""优秀共产党员"，所"先进个人"等荣誉称号。

玉米高产课题组主要开展玉米耐密、高产、抗病、抗倒伏育种及推广工作。目前承担山西省农业科学院重点项目"玉米抗倒伏鉴定技术及选择指标的研究"，改良创新选育出耐密高配合力自交系10个；培育出了亩留苗4 500~5 000株，比对照增产5%新品种2个，已经进入生产试验阶段。培育并审定了玉米品种4个，分别是忻黄单78号、忻黄单84号、晋单45号、忻黄单85号，并在山西省春播区大面积推广，取得较好的经济和社会效益。

课题组承担主持"九五"至"十三五"玉米育种工程："高出籽、低含水、耐密植玉米种质的研究与创新""春播中早熟抗丝黑穗病耐密玉米育种技术应用研究""玉米抗倒伏鉴定技术及选择指标的研究""耐旱抗病高产新品种示范与推广"。获得国家科技进步一等奖1项,省科技进步一等奖1项,省星火特等奖1项,省科技进步二等奖、三等奖各1项;在《华北农学报》《玉米科学》《作物杂志》《山西农业科学》等刊物发表论文20多篇,撰写出版科技著作2部。

三、健康食品安全研究课题组

该课题组成立于2013年,现有科研人员5人,田怀泽研究员为课题组负责人。健康食品安全研究课题组中有研究员1人、副研究员1人、助理研究员1人、研究实习员2人;50岁以上2人、30~40岁1人、30岁以下2人;分子生命科学博士1人。

课题组负责人田怀泽研究员,山西省委联系的高级专家,山西省第6批"百人计划"长期引进海外高层次人才。在分子遗传学领域连续主持主导参与有关丝氨酸及健康分子生命科学研究工作30年以上,主持高丝氨酸玉米育种栽培工作共7年以上。首次发现了丝氨酸在细胞骨架的构造和功能上发挥着不可替代作用的重大原创成果。首次提出了"提高玉米(或其他作物)丝氨酸的育种目标"新理念。先后发表SCI收录论文(16篇)和ISTP论文30余篇,申请专利9个,学术会议发表27次。

健康食品安全研究课题组主要研究方向为:提高玉米作物丝氨酸含量的种质资源创新和新品种选育,开拓作物品质育种新领域,研究开发推广丝氨酸相关的功能性保健食品;开发有关食品安全细菌的新规分类鉴别法。目前承担"高丝氨酸玉米新育种体系的开发尝试",建立了玉米籽粒丝氨酸相对含量分析法;初步建立了玉米丝氨酸含量资源库;初步探寻了丝氨酸与部分植株性状间的关系;筛选出部分高丝氨酸玉米苗头组合。

健康食品安全研究课题组承担省级项目3项、院级项目2项,其中在研的省级项目3项、院级项目2项。

四、玉米育种二室品质育种课题组

该课题组成立于1956年,现有科研人员5人,樊智翔研究员为课题组负责人。玉米育种二室品质育种课题组中有研究员1人、副研究员1人、研究实习员1人、技师1人;50岁以上1人、40~50岁1人、30~40岁1人、30岁以下1人。

课题组负责人樊智翔研究员,主要从事普通玉米育种、栽培等技术研究。

先后主持部、省、院级科研项目30多项；主持的项目荣获山西省科技进步二等奖2项；合作二等奖4项、三等奖1项；育成并转让普通玉米品种5个，耐密、菜用大豆品种2个，获得国家发明专利2项。在国内外学术期刊发表学术论文40余篇。2008年个人荣获山西省科技奉献一等奖1项。育成转让开发的玉米、菜用大豆等品种，先后被省内外近十家种子公司开发，省内外推广累计千万亩以上，带动企业数十家，取得了较大的社会经济效益。

玉米育种二室品质育种课题组主要从事优异的"矮早密"种质资源创新及优质、高产、耐密广适新品种选育研究。目前承担农科院"十三五"玉米育种工程项目"玉米耐密种质材料创新及高产、优质、多抗新品种选育"，取得的成果有：中地88（原名：忻玉6028），耐旱瘠、耐盐碱、耐高密、耐高温、高抗倒伏、抗青枯、抗锈病、抗蜗牛等，适机收、高产、稳产、品质优、广适性强，黄淮海、东华北、西北及西南部分省生态区，覆盖地域范围极为广泛，从3年来综合表现、市场影响力及发展势头来看，将成为我国主产区玉米更新换代的主要大品种之一。

课题组曾主持承担农业部（跨越计划、948、产业结构调整）、山西省科技厅（归国、攻关、星火）等各类项目30余项，经费300余万元。荣获国家专利2项，山西省科技进步二等奖6项，三等奖1项，山西省星火科技特等奖、一等奖各1项，发表论文40余篇，转让并审定玉米新品种5个；产权直接转让7个（忻单221、晋单54、晋单66、晋单80号、中地88等及晋豆33、晋豆38号）；产权转让共创收400余万元；上述品种省内外已累计推广1 800余万亩，社会经济效益可观。主持的"高产、优质、高淀粉玉米新品种晋单54号的选育与应用"已荣获2010年山西省科技进步二等奖。中地种业（集团）等为主要合作企业。中地88参加国家西北组生产试验表现优异，现各生态区广适性很好，市场火爆。中地种业（集团）有限公司正大力开发，2014—2016年，已累计推广150余万亩，2017年推广上升到500余万亩。

五、甜糯玉米材料创新与品种选育课题组

该课题组成立于1994年，现有科研人员5人，陈永欣研究员为课题组负责人，山西省玉米产业体系岗位专家。甜糯玉米材料创新与品种选育课题组中有研究员1人、副研究员1人、研究实习员3人、技师2人；50岁以上2人、40~50岁2人、30岁以下1人。

课题组负责人陈永欣，1986年毕业于山西农业大学，学士学位，主要

农业科技创新能力建设研究——以山西省农业科学院为例

从事甜、糯玉米育种、栽培、保鲜加工技术研究工作。现为玉米研究所甜糯玉米室主任，二级研究员。全国鲜食玉米产业大会专家，山西省现代玉米产业体系岗位专家，山西省专业技术学术带头人，山西省农科院甜糯玉米专题负责人。先后主持国家、省、院科研项目40余项。致力从事的甜、糯玉米新品种的选育及栽培保鲜加工技术研究，对我国、特别是山西省、忻州市的甜糯玉米生产、加工、实现产业化作出了较大贡献。取得科研成果21项。其中山西省科技进步二等奖4项；制定山西省地方标准2个。实用新型专利1项；发明专利1项。选育成甜糯玉米新品种8个。晋单（糯）41号、鲜甜2号、鲜糯2号、晋糯5号、晋鲜糯6号、晋糯8号、晋糯10号、晋糯20号8个备受市场欢迎的甜糯玉米品种。在省级、国家级刊物发表学术论文50余篇。多次评为优秀共产党员、先进工作者；"五一劳动奖章"；三八红旗手、山西省科技奉献一等奖；全国鲜食玉米产业大会联盟产业贡献奖；带领的甜糯玉米研究室院、所先进集体；2007年评为山西省三八红旗集体；2009年评为全国三八红旗集体。

甜糯玉米材料创新与品种选育课题组主要从事甜玉米、糯玉米、甜加糯玉米品种选育与利用研究。目前承担"甜糯玉米优异种质材料创制与利用研究"，课题组培育的晋单（糯）41号（黄糯）具有甜、糯、香、穗型美观、风味独特。推广应用18年，全国黄糯玉米经典品种，已经进入第19年，很受市场欢迎，2004年获山西省科技进步二等奖；晋鲜糯6号（白糯）糯种带甜，柔软细腻，口感特好，市场前景好；晋糯8号、晋糯10号、晋糯20号（黑糯）全国领先；"速冻、真空包装甜、糯玉米栽培及保鲜加工技术研究与应用"、2003年获山西省科技进步二等奖；"晋鲜糯"系列甜糯玉米品种选育与栽培保鲜加工技术推广应用获忻州市科技进步一等奖（第一名）、"晋鲜糯"系列甜糯玉米品种选育与应用2013年获大北农科技促进奖；制定山西省地方标准2个：《山西省鲜食糯玉米栽培技术规程》和《鲜食糯玉米果穗等级划分》。

课题组共承担国家级项目、省级项目、院级项目共35项，其中在研3项；获山西省科技进步奖4项，山西省集团承包奖1项，忻州市科技进步奖1项，大北农科技促进奖1项；省级审定品种7项；鉴定国内领先成果1项；制定山西省地方标准2项；发表论文66篇。

六、小杂粮课题组

该课题组成立于2000年，现有科研人员4人，高克昌研究员为课题组负责人。小杂粮课题组中有研究员1人、副研究员2人、研究员实习员1人；50岁以上1人、40~50岁2人、30~40岁1人。

研究组负责人高克昌，研究员，参加工作以来获山西省科技进步二等奖2项、国家科技进步三等奖1项、山西省星火科技特等奖1项，获山西省农科院先进集体二等奖3项等8项科研成果；主持参与省院级科研项目20余项，主持育成了山西省第一个小扁豆新品种晋扁豆1号。"十二五"期间审定2个小扁豆品种：晋扁豆2号、晋扁豆3号。在国家级、省级刊物发表论文30余篇。并参加撰写《山西小杂粮》专著。

小杂粮课题组主要从事小杂豆新品种选育及高效配套栽培技术研究，目前承担"小杂豆新品种选育及理化诱变创新小杂豆新种质"，课题组通过传统育种手段育成小扁豆新品种；通过理化诱变创新育成一批小杂豆优良种质；示范推广小扁豆新品种，对晋北小扁豆产区产业发展起到了促进作用；研制生产小扁豆芽苗菜，初见成效。

小杂粮课题组成立以来共承担15项省级、院级科研项目，12项结题验收，3项在研。获农村技术承包集体一等奖2项，获农村技术承包集体二等奖1项。审定小扁豆新品种3个。国家级、省级刊物发表论文15篇。

七、玉米群体轮回选择改良及新品种选育课题组

该研究组成立于20世纪80年代，现有科研人员2人，王文彦副研究员为课题组负责人。课题组中有副研究员2人；50岁以上1人、30~40岁1人。

课题组负责人王文彦，1986年参加工作以来一直从事农业科研工作。主持参与省级项目5项，院级项目3项，市级项目1项，通过验收6项。取得科研成果12项，发表论文7篇（独立作者4篇），参加编写专著1部。通过成果转化，获得转让费187万元，增加社会效益1亿元以上。作为第一育种人，育成4个玉米新品种，通过9次省级审（认）定。

玉米群体轮回选择改良及新品种选育课题组主要对玉米群体组建、轮回选择改良，育种材料的创新及利用，选育优质、高产、抗病、耐密、宜机收的优良玉米新品种。目前承担玉米育种工程"玉米群体轮回选择改良及新品种选育"，课题组育成玉米新品种4个，通过9次省级审（认）定。

研究组主持省级项目4项，院级项目4项；获得实用新型专利4项；4个品种9次通过省级审（认）定；第一作者发表论文8篇；作为副主编出版专著1部。

八、玉米病虫害研究课题组

该研究组成立于1980年，现有科研人员6人，王建军副研究员为研究组负责人。玉米病虫害研究课题组中有研究员1人、副研究员1人、助理研究员4人；50岁以上1人、40~50岁2人、30~40岁3人；作物栽培与耕作博士1人。

研究组负责人王建军，博士。2001年获得山西农业大学农学学士学位，同年7月进入山西省农业科学院玉米研究所工作至今，主要从事玉米病害研究和抗病育种工作；期间于2006—2008年在山西农业大学农学专业学习，获硕士学位；2009年攻读山西农业大学博士学位，同年12月进入中国农业科学院作物科学研究所玉米抗逆课题组学习，进行玉米群体改良与种质创新研究工作，2012年获得博士学位。先后参加农业部玉米产业技术体系、山西省科技厅攻关项目、山西省财政支农项目等研究。主持省院攻关项目"优质特用玉米病虫害综合治理技术研究"。

玉米病虫害研究课题组主要从事玉米病害鉴定、玉米遗传、种质改良和抗病育种研究。目前承担院种业专项"抗病、耐密玉米种质资源鉴定、评价与优异品种选育"，主持育成玉米新品种"晋单74号"和"忻试8020"，参与育成"忻玉110"等7个玉米新品种；"早48自交系的选育与应用"获2016年山西省科技进步三等奖；发表30多篇文章，"Potential of tropical maize populations for improving an elite maize hybrid" Maydica（56）359-366，"Genome-wide association study identifies candidategenes that affect plant height in Chinese elite maize（Zea mays L.）inbred lines" PLoS ONE e29229，排名第四，《12个外来玉米群体与我国主要种质配合力效应和杂种优势分析》（作物学报，2012，38（12）：1-8）排名第一；植物病毒接种器获国家实用新型发明专利。

该研究组承担国家级项目2项、省级项目8项、院级项目8项，在研的院级项目8项；先后获国家级科技进步二等奖2项，省级科技进步二等奖4项，省级科技进步三等奖3项；省审品种10个；获得2项实用新型专利；鉴定成果6项，其中3项国内先进，3项国内领先；发表国家核心期刊论文5篇。

九、中试研究室小杂粮课题组

该课题组成立于2012年，现有科研人员4人，武忠副研究员为课题组负责人。中试研究室小杂粮课题组副研究员1人、助理研究员3人、技师1人；50岁以上1人、40~50岁1人、30~40岁3人。

研究组负责人武忠副研究员，玉米研究所党委书记，副所长，从事玉米、小杂粮育种和良种开发推广工作。参加了 15 项国家、部、省和院级科研与开发推广项目。获山西省科技进步二等奖 1 项、三等奖 3 项，山西省农村技术承包一等奖 1 项、二等奖 1 项。选育审定玉米新品种 2 个：荣鑫 338、瑞普 908。

中试研究室小杂粮课题组主要从事小杂粮新品种选育及栽培技术研究。目前承担院重点攻关项目"甘薯块根发芽特点研究及调控"研究，获得发明专利：一种甘薯育苗方法，专利号：ZL201310652743.2。

研究组承担院级项目 1 项；2016 年获山西省农村技术承包二等奖 1 项；审定品种：瑞普 908；获得发明专利 1 项，实用新型专利 1 项；发表论文 5 篇。

十、早熟玉米课题组

该课题组成立于 1997 年，现有科研人员 3 人，卢保红副研究员为课题组负责人。早熟玉米课题组中有副研究员 1 人、助理研究员 2 人；40~50 岁 2 人、30~40 岁 1 人。

课题组负责人卢保红，1997 年 7 月毕业于山西农业大学药用植物专业，获学士学位，同年进入山西省农业科学院玉米研究所工作，2005 年 3 月取得中国农业大学植物遗传育种专业硕士学位。参加工作以来承担、参与各级各类项目 23 项，发表论文 21 篇，获得各类奖励 5 项，审定品种 5 个，其中 1 个国审。一直在科研第一线从事玉米育种研究，坚持 10 多年的高密选育有了一定进展。近年来利用单倍体诱导快速化、工程化、规模化创新玉米自交系研究与利用平台有了一定收获。国家黄淮海审定的甜玉米新品种晋超甜 1 号填补了山西省历来没有国审品种的空白。

早熟玉米课题组主要从事利用单倍体诱导技术进行早熟玉米材料创制及新品种选育研究。目前承担"利用单倍体诱导技术进行早熟特早熟玉米种质创制及利用研究"，课题组选育的晋超甜 1 号早熟甜玉米 2014 年通过国家黄淮海审定，国审玉 2014022，目前正在参加国家西南区试验（第二年），有望在西南区审定；并构建了利用单倍体诱导快速化、工程化、规模化创新自交系研究与利用平台。

课题组承担的所有的省级项目 14 项、院级项目 9 项，在研的省级项目 2 项、院级项目 2 项；奖励情况：国家级（可以有协作奖）省级科技奖励情况："小麦组织器官氮素、果聚糖累积分布动态规律研究" 2006 年 2 月获山西省自然科学类三等奖；"水地玉米高产高效栽培技术" 2012 年 10 月获山西省农村技术承包二等奖；"玉米完整籽粒近红外品质分析模型的比较及改进" 2005 年度院级获奖论文;"近红外分析方法在玉米轮回选择中的应用" 2005 年度院级优秀学术报告三等奖;"玉米胚及胚乳双重优化种质创新研究" 2007 年度院级优秀学术报告三等奖;审(鉴)定品种包括国家的、省级的品种数 5 个,其中 1 个国审;发表论文包括 SCI、EI、国家核心期刊 25 篇。

十一、栽培生理研究室

该研究室成立于 2007 年,同年确定为国家玉米产业技术体系忻州综合试验站,现有科研人员 5 人,张中东副研究员为研究室负责人。栽培生理研究室中有研究员 2 人、副研究员 1 人、助理研究员 2 人;50 岁以上 1 人、40~50 岁 2 人、30~40 岁 2 人;作物栽培与耕作博士 1 人。

研究室负责人张中东,博士研究生学历,副研究员。现任山西省农业科学院玉米研究所副所长、栽培生理研究室主任、科研党支部书记。兼职山西农科 110 专家、山西省专家学者协会理事、山西省高层次人才朔州服务团成员。山西省五一劳动奖章获得者、第七届山西省优秀科技工作者、山西省科技传播标兵、山西省科普惠农五个一百服务基层行动优秀专家、品牌山西年度人物文化传播奖。获得中国科普作家协会优秀科普作品奖银奖 1 项、山西省科技进步二等奖、三等奖各 1 项,山西省农村技术承包奖一等奖 1 项。主持编制地方标准 2 个,取得国家发明专利 1 项,实用新型专利 5 项,合作出版专著 2 部、种植技术挂图 3 幅,主编专著 1 部,发表专业学术论文 20 余篇。

栽培生理研究室研究方向主要是玉米生长发育与调控,玉米高产、优质与抗逆栽培理论与技术,作物理化调控和测定,新技术的集成与推广,新型农机具开发等。承担农业部行业专项研究,现已拥有一系列技术:玉米耕层改良综合高产栽培技术,技术配套机械 1S-200 型土壤深松施肥机;玉米膜侧播种艺机一体化技术,技术配套机械玉米平铺膜侧播种机;玉米大斑病药剂防控前移技术。

栽培生理研究室共承担农业部行业专项 3 项,山西省农村技术承包项目 1 项,山西省专利推广项目 1 项,院重点项目 2 项等。在研 2 项。获山西省农村技术承包奖一等奖 1 项,忻州市科学技术奖二等奖 1 项,取得发明专利 1 项,实用新型专利 5 项;制定地方标准 2 个,主编出版著作 1 部,发表学术论文 8 篇。

十二、玉米种质改良创新利用课题组

该课题组现有科研人员 4 人,智建奇副研究员为课题组负责人。玉米种质改良创新利用课题组中有副研究员1人、助理研究员2人、研究实习员1人；40~50岁1人、30~40岁3人。

课题组负责人智建奇，本科学历，毕业于西北农业大学农学，同年到玉米研究所就职，2013年取得副研究员资格，共主持完成山西省攻关、山西省推广项目2项，主持完成院级项目3项。现正在主持山西省支持种业发展项目1项，院育种工程项目1项。撰写发表论文20余篇，取得山西省审定品种4个，获山西省科技进步三等奖1项，忻州市科技进步一等奖2项，忻州市科技进步三等奖1项。

玉米种质改良创新利用课题组研究方向主要是抗旱、耐密、中早熟玉米种质创新及新品种选育。承担山西省财政支持种业发展项目"抗旱性种质资源征集、整理和鉴定"和院育种工程项目"耐密、抗旱、中早熟玉米种质创新及新品种选育"，现筛选出高抗旱自交系5个，抗旱苗头组合1个，高产组合2个。

玉米种质改良创新利用课题组共承担国家级项目5项、省级项目5项、院级项目10项，在研省财政支持种业发展项目1项、院育种工程项目1项；获得国家科技进步一等奖1项（协作），省科技进步一等奖1项、三等奖1项，忻州市科技进步一等奖1项；审定甘薯品种2个；审定玉米品种4个；发表国家核心期刊论文5篇。

第五节 旱地农业研究中心

旱地农业研究中心有优势科研团队5个，分别是旱作节水农业技术研究创新团队、玉米种质资源创制及新品种诱导课题组、杂豆高效生产关键技术研究与示范课题组、晋中平川区春玉米增产增效技术集成示范与产业化课题组、华北西部补灌区春玉米密植高产宜机收品种筛选及全程机械化高效生产技术课题组。涉及旱作节水栽培、育种学、作物栽培学和耕作栽培学4个学科。

一、旱作节水农业技术研究创新团队

该团队成立于2006年，现有科研人员8人，王娟玲研究员为团队负责人。旱作节水农业技术研究创新团队中有研究员2人、副研究员2人、助理研究员4人；50岁以上2人、40~50岁2人、30~40岁4人；农业工程、作物栽培与耕作学博士1人、土壤与肥料学博士1人。

农业科技创新能力建设研究——以山西省农业科学院为例

课题组负责人王娟玲研究员，先后主持国家及省部级重大科技项目15项，获得奖励8项，其中有：国家科技进步二等奖1项；第八届中国青年科技奖；山西省科技进步奖3项；农业部技术进步奖3项。选育了"晋麦72号""晋麦36号""晋麦73号"3个小麦新品种；"艺机一体化"系列成果获国家专利13项（其中发明专利5项）；发表第一作者论文35篇，出版著作6部。

旱作节水农业技术研究创新团队针对山西省干旱少雨、水资源量不足且水资源利用率低下等问题，以提高"水分利用效率"为核心，开展生物节水、农艺节水、化学节水技术的基础理论及应用研究，重点开展"艺机一体化"技术研究及配套产品研发与应用。目前承担公益性行业（农业）专项"黄土高原小麦玉米油菜田间节水节肥节药综合技术方案"。旱作节水技术的艺机一体化研究是时代发展的需求，也是农村经济发展的需求。近几年研究提出的系列化抗旱（补水）播种保苗艺机一体化技术，在干旱情况下，可大幅提高作物的出苗率及成苗率，为实现作物稳产提供了良好的基础，该系列技术适合长城沿线区域应用。

团队承担国家级项目6项、省级项目3项、院级项目6项，在研的国家级项目1项、院级项目1项；先后获得国家级奖励1项、省级科技奖励2项；审（鉴）定品种包括国家的、省级的品种数3个；申请发明专利4项、实用新型15项；鉴定成果1项（国际领先）；制定地方标准3项；发表论文SCI收录5篇，国家核心期刊论文36篇；出版论著2部。

二、玉米种质资源创制及新品种诱导课题组

该课题组成立于2004年，现有科研人员6人，翟广谦研究员和董春林副研究员为课题组负责人。玉米种质资源创制及新品种诱导课题组中有研究员2人、副研究员2人、助理研究员2人；50岁以上3人、40~50岁1人、30~40岁2人。

课题组负责人董春林，副研究员。2000年7月毕业于山西农业大学农学系，2005年7月毕业于四川农业大学农学院，获硕士学位，同年进入山西省农业科学院工作。近年来先后主持省、院级课题7项，参与省、部级课题研究4项；获山西省科技进步一等奖1项，获山西省农村技术承包一等奖3项，山西省农村技术二等奖2项；鉴定成果2项，2项均具有"国家先进水平"；主持选育出"丰乐742"玉米新品种、参与选育"晋单75号""晋单87号"2个玉米杂交新品种；获国家发明专利2项，实用型专利3项，第一作者发表学术论文12篇，其中SCI收录1篇，国家一级学报2篇；以副主编撰写专著

2部。

玉米种质资源创制及新品种诱导课题组主要从事玉米新种质诱导研究。目前承担玉米育种工程"玉米种质资源创制及新品种诱导",开展构建EMS诱变创新平台和构建抗旱种质资源筛选平台的工作。

课题组承担国家项目4项,省、院级项目7项;获得省级科技进步奖1项,农村技术承包一等奖3项,农村技术二等奖2项;审定品种1个,参与审定品种2个;申请6项专利,2项发明专利;鉴定成果数2项,具有国内先进水平;发表学术论文8篇。

三、杂豆高效生产关键技术研究与示范课题组

该课题组成立于2013年,现有科研人员4人,晋凡生副研究员为课题组负责人。杂豆高效生产关键技术研究与示范课题组中有副研究员2人、助理研究员2人;50岁以上2人、40~50岁1人、30~40岁1人。

课题组负责人晋凡生,1984年8月毕业于山西农业大学土壤农化专业,大学本科,学士学位;同年被分配到山西省农业科学院参加工作。参加工作以来,共主持和参加国家和省部级科技攻关项目12项;获得国家和省部级成果奖9项;在《农学学报》《中国农业大学学报》《生态农业研究》《干旱地区农业研究》《水土保持研究》等国家级和省级学报和学术刊物上共发表论文36篇。

杂豆高效生产关键技术研究与示范课题组主要研究方向为:(1)品种筛选及推广应用:针对生产需要,筛选出适合当地种植的高产杂豆品种进行示范和推广,在生产上发挥了增产增收的作用。(2)研究集成标准化栽培技术:研究集成与新品种相配套的技术措施,使新品种发挥本身的增产潜力,实现良种良法相配套的一体化栽培技术措施。(3)农艺与农机一体化配套:研究和改进现有农业机械,制定农艺农机相结合的配套技术,针对农村劳动力缺乏和土地流转规模经营趋势,在关键技术和关键环节研发集成农艺农机相配套的机械化配套技术,实现高效作业。(4)实现生产、经济与生态协调:根据不同区域的资源潜力、产量水平和生态状况,提出稳产增效、增产增效、高产高效等不同目标,既要提高资源的利用效率,增加农民经济效益,又要强调生产与经济、生态的协调,实现杂豆产区可持续发展。承担"十二五"国家科技支撑项目"杂豆高效生产关键技术研究与示范",课题组培育了直立型、高结荚位、抗逆性强等适合晋北杂豆主产区种植的杂豆专用新品种;集成抗旱节水、优化施肥、病虫草害防治等关键技术的杂豆全程机械化种植技术。

课题组"十二五"期间,承担科技部"十二五"国家科技支撑计划"杂豆高效生产关键技术研究与示范"的课题;获得发明专利2项,实用新型专利6项;制定地方标准3项;发表论文8篇。

四、晋中平川区春玉米增产增效技术集成示范与产业化课题组

该课题组成立于2015年,现有科研人员1人,池宝亮研究员为课题组负责人。池宝亮,土壤学博士,现任山西省农业科学院旱地农业研究中心研究员,主要研究方向为水土资源高效利用。

晋中平川区春玉米增产增效技术集成示范与产业化课题组主要从事作物水肥高效利用研究。目前承担"晋中平川区玉米增产增效集成技术"研究。本课题属于玉米产业链的产前和产中环节。受土壤条件、气候因素和管理水平的影响,玉米生产在区域上和年度间均表现出极大的产量差和收益差。本课题试图通过土壤耕作、水肥管理和栽培等技术改进,集成本区玉米增产增效轻简管理模式。

五、华北西部补灌区春玉米密植高产宜机收品种筛选及全程机械化高效生产技术课题组

该课题组成立于2016年,现有科研人员7人,翟广谦研究员为课题组负责人。课题组中有研究员2人、副研究员2人、助理研究员3人;50岁以上2人、40~50岁2人、30~40岁3人。

课题组负责人翟广谦,1986年7月毕业于山西农业大学。现为山西省农业科学院旱地农业研究中心主任,研究员,中国糯玉米协会副理事长、"忻州市甜糯玉米系会"技术总监、"忻州市标准化协会"副理事长,参加工作以来,一直从事农业新技术研究与开发,先后主持了20多项国家、省、院科技攻关、星火、成果推广项目。

华北西部补灌区春玉米密植高产宜机收品种筛选及全程机械化高效生产技术课题组主要从事玉米品种筛选及栽培研究。目前承担科技部项目"华北西部补灌区春玉米密植高产宜机收品种筛选及全程机械化高效生产技术"。针对山西补灌区春玉米生产面临的农业用水资源紧缺、土壤肥力下降、宜机收品种缺乏、机械化程度低、生产效率与种植效益偏低等问题,从挖掘宜机收品种的生物学潜力和机械化收获条件下关键栽培技术的宜机收特性着手,通过生产调研和田间试验筛选出高水效、耐密植、宜机收玉米品种,形成华北西部补灌区高水效、耐密植、宜机收春玉米品种技术评价标准;在品种与栽培技术互作和

适应机制上，开展耕层改良、探墒播种、中耕培土、适宜播期密度等关键技术研究，制定山西补灌区春玉米密植高产全程机械化生产技术规程，实现玉米生产机械化、标准化和规模化。初步筛选出高水效、耐密植、宜机收玉米品种 2 个：金科玉 3306 和先玉 1622。

第三章

山西农业经济作物研究科研创新

第一节 经济作物研究所

经济作物研究所有优势课题组13个，分别是花生课题组、药用植物课题组、大豆课题组、蓖麻课题组、国家麻类产业技术体系汾阳大麻试验站、高粱课题组、谷子课题组、核桃栽培育种课题组、黑豆课题组、食用豆课题组、食用向日葵研究课题组、芝麻课题组和向日葵课题组。涉及农学、作物学、作物种质资源学、作物遗传学、作物栽培学和林学6个学科。

一、花生课题组

该课题组成立于1980年，2011年进入国家试验站，现有科研人员6人，白冬梅副研究员为课题组负责人。花生课题组中有副研究员1人、助理研究员4人、研究实习员1人；40~50岁2人、30~40岁3人、30岁以下1人。

研究组负责人白冬梅，副研究员，先后毕业于山西农业大学植保系和农学系，硕士研究生。1997年7月到山西省农业科学院经济作物研究所工作至今，2009年从事花生遗传育种及栽培技术研究工作至今。现任国家花生产业技术体系山西综合试验站站长。先后主持和参与院级以上项目10余项，育成通过省级审定品种3个，获科技进步奖1项，农村承包技术奖1项，在省级以上刊物发表学术论文10余篇。

花生课题组主要研究方向为：花生种质资源的评价、创新与遗传育种。目前承担国家花生产业技术体系山西综合试验站，在山西省汾阳、运城、襄汾、原平、平遥建立了花生新品种新技术试验与示范基地。

课题组先后承担国家级项目1项、省级项目3项、院级项目3项、在研的国家级项目1项、院级项目2项；获得科技承包奖2项；审（鉴）定品种包括国家的省级的品种数7个；获得实用新型1项；发表国家核心期刊论文1篇。

二、药用植物课题组

该课题组成立于1997年，现有科研人员9人，田洪岭助理研究员为课题组负责人。药用植物课题组中有助理研究员4人、高级工程师1人、研究实习员3人；40~50岁2人、30~40岁6人、30岁以下1人；农业昆虫与害虫防治博士1人。

研究组负责人田洪岭，副所长。2003年7月毕业于山西农业大学农学院，农学学士，同年分配到山西省农业科学院经济作物研究所，从事药用植物资源、育种及栽培技术研究工作。2010年10月主持药材课题。2010年11月获得助理研究员任职资格，2012年11月加入中国共产党，2013年7月获山西大学生命科学院生物工程硕士学位。

药用植物课题组主要从事药用植物品种选育、资源开发及栽培技术研究。承担"晋产黄芩种质资源品质评价及规范化栽培技术研究"和"远志种质资源库创建及良种选育研究"。经调查，远志、黄芩、柴胡等山西道地药材，生产中存在种源混杂、种质退化、野生资源减少、种植及采收技术不规范、缺乏种子种苗及产品质量标准、缺少中药材包装及仓储规范等系列问题。开展种质资源及规范化栽培技术研究，对于提升山西省道地药材质量、产量，引领中药材产业整体提质增效具有重要意义。

课题组共承担国家级、省级、院级项目15项，在研的国家级、省级、院级项目5项；先后获得山西省农村技术承包二等奖2项；山西省认定2个远志品种；获得发明专利4项；鉴定成果国际先进1项；制定地方标准1项；发表论文30余篇，SCI收录2篇、国家核心期刊10余篇。

三、大豆课题组

该课题组成立于1980年，2007年确定为国家汾阳大豆综合试验站，现有科研人员12人，其中科研人员8人，刘学义研究员为课题组负责人。大豆课题组中（8名科研人员）有研究员2人、副研究员3人、助理研究员2人、研究实习员1人；50岁以上2人、40~50岁5人、30~40岁1人；在读博士1人。

课题组负责人刘学义，现任山西省农业科学院经济作物研究所副所长，研究员，硕士生导师。获得山西省劳动模范荣誉称号，山西省大豆生产首席顾问，享受国务院政府特殊津贴专家。1982年1月毕业于山西农业大学，同年在山西省农业科学院经济作物研究所从事大豆研究工作至今。先后主持选育成功大豆品种27个，累计推广面积5 000万亩，累计社会效益16亿元。其中晋豆14号、晋豆21号、晋豆23号的抗旱性达到一级强抗，在晋西黄土丘陵区普遍种植，填补了国内空白，技术水平达到国内先进；晋豆15号推广面积累计1 400余万亩，是山西省第一个早熟大豆品种，促进了山西中南部地区麦豆两熟制的健康发展。先后获得科研成果17项，其中国家科技进步三等奖1项，山西省科技进步一等奖1项，省部级二等奖6项，省级三等奖6项，得奖成果4项。先后发表研究论文57篇，出版专著2部。"九五"以来主持有国家"863"研究项目3项，以大豆第一大病害大豆胞囊线虫病为研究目标，已研究出大豆可用于现代育种的DNA分子标记6个，选育460份抗大豆胞囊线虫的基础材料，技术达到国际同类研究先进水平。

大豆课题组主要从事大豆遗传育种及工程栽培技术研究。目前承担汾阳大豆综合试验站建设，已审定大豆新品种1个，获得植物新品种保护2个，发表专业学术论文5篇，获得实用发明专利1项。

大豆课题组作为第一完成单位第一完成人共承担国家级项目29项、省级项目15项、院级项目7项，在研的国家级项目4项、省级2项、院级2项；先后获国家科技进步三等奖1项，省级科技奖励16项；审（鉴）定品种包括国家级的、省级的品种27个；发表论文包括SCI、EI、国家核心期刊论文16篇，作为主编或副主编出版论著6部。

四、蓖麻课题组

该课题组成立于1981年，现有科研人员9人，郭志强研究员为课题组负责人。蓖麻课题组中有研究员1人、副研究员3人、助理研究员2人、技师2人、研究实习员1人；50岁以上3人、40~50岁3人、30~40岁2人、30岁以下1人。

课题组负责人郭志强，1982年毕业于山西大学生物系，获学士学位，同年分配到山西省农业科学院经济作物研究所工作，一直从事蓖麻科研和开发工作，现任经作所所长、党委书记、研究员，硕士生导师，全国蓖麻学会副理事长。

蓖麻课题组主要从事蓖麻育种及高产栽培配套技术研究，目前承担课题"高产多抗蓖麻杂交种选育"，通过对国内外蓖麻种质资源的观察、鉴定，发掘与品质、产量等关键性状相关的基因源，以期获得最大的遗传多样性。筛选极有经济价值的特殊基因源，选择创造蓖麻种质资源的创新和扩增途径，拓宽蓖麻遗传基础。通过创新、扩增资源，为今后的蓖麻育种工作提供丰富的种质资源和背景资料。

蓖麻课题组承担"山西油料作物种质资源创制与利用研究"（山西省财政厅）、"高产多抗蓖麻杂交种选育"（山西省农科院）、"汾蓖11号在吕梁山旱作农业区的推广与示范"（山西省财政厅）；发表论文有《汾蓖11号杂交种的创制及制种技术研究》（王宏伟）、《农杆菌介导萌动种胚转化法将抗草甘膦基因导入蓖麻》（杨俊芳）。培育品种汾蓖11号生育期88天，叶色深绿，花色红色，果穗极长，主穗位高50.8厘米，主穗长37厘米，一级分枝数3~4个，一级分枝穗长49厘米，果穗塔形，蒴果排列紧密，种子椭圆形，主穗蒴果数48.6个，单株蒴果数157.8个，单果粒数3个，蒴果圆球形，蒴果中等大小，种子大小中粒，百粒重38.9克，种皮灰色，种皮花纹密，耐旱性好，抗病性强，适应性广。

五、国家麻类产业技术体系汾阳大麻试验站

该试验站成立于2001年，2008年确定为国家麻类产业技术体系汾阳大麻试验站，现有科研人员7人，康红梅副研究员为课题组负责人。国家麻类产业技术体系汾阳大麻试验站中有副研究员2人、助理研究员3人、研究实习员2人；40~50岁4人、30~40岁3人；作物栽培学与耕作学博士1人。

课题组负责人康红梅，1990年毕业于山西农业大学，同年分配到山西省农业科学院经济作物研究所工作，先后从事花生、大麻新品种选育及技术推广工作，2008年被聘为国家麻类产业技术体系汾阳大麻试验站站长，获得山西省科技进步二等奖1项、三等奖1项，山西省农村技术承包奖4项，国家发明专利1项，审定品种7个，发表学术论文20余篇。

试验站主要从事工业大麻新品种新技术试验示范。目前拥有籽用工业大麻旱作高产栽培技术和晋麻1号、汾麻3号2个大麻品种。试验站共承担国家级项目1项、省级项目1项、院级项目1项；获山西省农村技术承包二等奖1项；审（鉴）定品种3个；获国家发明专利1项；制定地方标准1项。

六、高粱研究组

该研究组成立于2008年，同年确立为国家高粱产业技术汾阳综合试验站。现有科研人员5人，曹雄副研究员为研究组负责人。试验站中有副研究员1人、助理研究员3人、研究实习员1人；40~50岁1人、30~40岁3人、30岁

以下1人。

试验站负责人曹雄，副研究员，研究室主任，1993年毕业于山西农业大学农学系，同年分配到山西省农业科学院经济作物研究所，主要从事大豆育种工作，2009年从事高粱遗传育种和高产栽培工作。参与育成大豆品种8个，获科技进步奖3项，农业部奖1项，承包奖1项，发表第一作者论文17篇。

国家高粱产业技术汾阳综合试验站主要研究方向为：高粱杂交种选育；新品种试验示范；新技术、新成果的推广和高产栽培技术集成。试验示范成功3套高产栽培技术：山西中部"两增两防"高产轻简栽培技术；盐碱地"压碱增墒、培肥地力、适时播种、中耕提温"为主的配套栽培技术；丘陵旱地"秋深耕辅助施肥、春免耕耙耱保墒、看温度适时播种、保全苗关键镇压、防蚜虫点片最佳"为主的栽培技术。试验站承担国家科技支撑计划子课题；获农村技术承包二等奖1项；发表国家核心期刊论文2篇。

七、谷子课题组

该课题组成立于1963年，2008年参与国家谷子糜子产业技术体系汾阳综合试验站，现有科研人员8人，杨成元副研究员为研究组负责人。谷子课题组中有副研究员2人、助理研究员5人、研究实习员1人、技师1人；50岁以上1人、40~50岁4人、30~40岁3人，30岁以下1人。

课题组负责人杨成元，1996年毕业于沈阳农业大学，同年分配到山西省农业科学院经济作物研究所工作，一直从事新品种选育及技术推广工作，现为国家谷子糜子产业技术体系汾阳谷子试验站团队成员，获得山西省科技进步三等奖1项，山西省农村技术承包奖1项，国家实用专利1项，审定品种6个，发表论文10余篇。

谷子课题组主要从事优质谷品种选育及高产高效栽培技术示范推广，"十二五"育成晋谷54号、晋谷57号、晋汾02、晋谷61号和晋汾106 5个一级优质米品种；获得实用专利"一种新型谷子免间苗精量穴播机"。

课题组育成晋谷21号、晋谷29号、汾选3号、晋谷40号、晋谷54号、晋谷57号、晋汾02等品种，育种水平在全国同行中居前列，在山西谷子播种面积占50%以上。

八、核桃栽培育种课题组

该课题组成立于2008年，共8人，其中科研人员6人，李建副研究员为研究组负责人。核桃栽培育种课题组中有副研究员4人、助理研究员2人；50

岁以上2人、40~50岁2人、30~40岁2人。

研究组负责人李建，1996参加工作。1996—1999年参加省直工委驻临县扶贫工作，2000—2010年从事特种经济苗木品种选育与栽培技术研究工作，2010年组建核桃研究课题组。工作期间获山西省科技进步二等奖1项，农村技术承包二等奖1项、三等奖1项，鉴定成果2项，参与科研课题16项，主持课题5项。2001年晋升助理研究员，2015年晋升副研究员。

核桃栽培育种课题组主要研究方向为：大果优质新品种选育；核桃高产优质栽培技术研究；核桃高油品种选育；核桃抗晚霜早期鉴定技术研究。目前承担"核桃丰产优质栽培技术"研究，选育出核桃品系4个，其中3个参加区试。选育的品种汾州2号果个特大，品相美观，品质优良。总结出一套核桃丰产栽培技术申报发明专利已进入实审阶段。

该课题组承担省级项目1项，院级项目5项，在研院级项目3项；发表国家核心期刊论文2篇；目前有1项发明专利进入实审阶段。

九、黑豆课题组

该课题组成立于2003年，现有科研人员6人，张小虎研究员为课题组负责人。黑豆课题组中有研究员1人、副研究员4人、技师1人；50岁以上3人、40~50岁1人、30~40岁2人。

研究组负责人张小虎，1984年7月毕业于山西农业大学农学系，并获农学学士学位，同年8月分配到山西省农业科学院经济作物研究所至今，一直从事大豆科研工作。先后担任大豆研究室副主任、主任、科研党支部书记等职务。目前担任山西省农业科学院经济作物研究所副所长、党委委员，研究员。从事大豆科研工作以来，先后承担过国家"863"项目2项；农业部黄淮海大豆种质资源抗旱性鉴定、全国食用豆抗旱性鉴定2项；山西省攻关项目：优异黑豆新品种选育及种质创新、早熟高产优质大豆新品种选育等省级项目15项。选育大豆新品种11个。获得省科技成果进步二等奖1项、三等奖4项，省农村技术承包二等奖1项。合编著作2部，发表研究论文20余篇。

黑豆课题组主要从事大豆种质资源创新及新品种选育。目前承担"优异黑皮大豆种质创新及新品种选育"研究。黑皮大豆在山西省品种类型多数量大，具有丰富的种质资源优势。为了很好地开发利用山西省多种多样、丰富多彩的黑皮大豆资源，开展黑皮大豆种质创新及新品种的研究选育工作已成为大豆育种的又一新领域。本项目的研究将对山西省黑皮大豆新品种相关选育工作有较强的促进作用，可以增强山西省大豆科研的后劲，是改变山西省大豆生产现状的有效方法之一。

课题组先后承担省级项目9项，院级项目5项；先后获得"早熟抗病优质高产大豆新品种晋豆25号的选育"2005年科技进步三等奖；"国审早熟高油大豆新品种汾豆60号的选育与应用"2012年山西省科技进步三等奖，"贫困区玉米新品种种植生产技术"2006年山西省农村技术承包二等奖；审定大豆品种6个；发表学术论文20余篇。

十、食用豆课题组

该课题组成立于1998年，2017年纳入国家试验站，现有科研人员4人，王彩萍副研究员为课题组负责人。食用豆课题组中有副研究员1人、助理研究员2人、高级技师1人；40~50岁3人、30~40岁1人。

课题组负责人王彩萍，1990—1994年就读于山西农业大学农学系，获农学学士学位；1994年至今，在山西省农业科学院经济作物研究所从事作物遗传育种、栽培技术及推广工作；2001—2006年，就读于中国农业大学同等学历研究生，获农学硕士学位；1999年晋升助理研究员；2012年晋升副研究员。

食用豆课题组主要从事绿豆小豆遗传育种及栽培生理研究。目前承担农业部"高产、耐瘠绿豆类杂粮新品种选育"研究，课题组选育的晋绿豆6号，2012年通过国家鉴定，在陕西、内蒙古、吉林等地大面积推广。

食用豆课题组共承担国家级、省级、院级项目8项，在研1项；发表非国家核心期刊文章11篇。

十一、食用向日葵研究课题组

该课题组成立于2006年，现有科研人员8人，郑洪元研究员为研究室负责人。食用向日葵研究课题组中有研究员1人、副研究员2人、助理研究员4人、研究实习员1人；50岁以上1人、40~50岁4人、30~40岁3人。

课题组负责人郑洪元，先后主持国家级、省级科研项目14项，主持选育出晋葵7号、晋葵10号、晋葵11号，其中晋葵7号食用向日葵品种获山西省进步二等奖。2006年"山西中部麦茬复播食葵高产、高效综合栽培技术"获农村技术承包一等奖。在《华北农学报》等省级以上学术期刊发表论文20余篇。

食用向日葵研究课题组主要研究方向为：大粒食用向日葵杂交新品种选育；抗（耐）菌核病新品种选育；食用葵栽培技术研究。目前承担"晋葵11号配套简约化栽培技术示范"和"食用葵抗（耐）菌核病种质资源创新及杂交种选育"研究。选育出晋葵7号、晋葵10号、晋葵11号3个食用向日葵品种，其中晋葵7号获山西省科技进步二等奖；"山西中部麦茬复播食葵高产、高效综合栽培技术"获农村技术承包一等奖；"食用向日葵综合简约化栽培技术"获山西省农村技术承包二等奖。

食用向日葵研究课题组作为第一完成单位第一完成人共承担国家级项目1项、省级项目8项、院级项目14项，在研的国家级项目1项、省级项目1项、院级项目3项；省科技进步奖二等奖1项、省农村技术承包奖一等奖1项、二等奖1项；省级审定品种3个；发明专利2项；制定地方标准1项；发表论文13篇，其中国家核心期刊1篇。

十二、芝麻课题组

该课题组成立于1982年，2008年9月纳入国家芝麻产业技术体系汾阳综合试验站，现有科研人员7人，刘文萍研究员为课题组负责人。芝麻课题组中有研究员1人、副研究员1人、助理研究员4人、技师1人；40~50岁3人、30~40岁3人、30岁以下1人。

课题组负责人刘文萍研究员，1991年毕业分配至山西省农业科学院经济作物研究所，一直从事作物育种栽培等研究。1997年8月聘为助理研究员，2000年开始主持芝麻课题至今，2001年任命为所办副主任，2010年11月取得副研究员任职资格，2012年8月聘为副研究员。2008年被农业部任命为试验站站长至今，2014年任命为综合实验室主任，2016年晋升为研究员。

芝麻课题组主要从事芝麻常规育种、分子育种，种质资源收集整理鉴定，山西芝麻高产栽培技术研究、旱地保苗栽培技术研究、芝麻套种栽培技术研究、芝麻机械化研究。课题组收集了国内适宜西北干旱地区种植的芝麻种质资源1 000余份，进行提纯、鉴定、建立数据库信息；首次从分子水平对山西省资源进行研究；对100份抗旱资源表型数据与分子标记进行成株期抗旱性关联分析，业内专家评价为国内领先水平；抗旱研究方面得到国内公认。

芝麻课题组作为第一完成单位第一完成人主持12项（国家级项目4项，省攻关项目4项，院育种工程4项）；在研项目3项（国家试验站、省攻关、院育种）；审定品种7个（国审2个，省审5个）；获奖4项（2项科技进步三等奖，2项承包二等奖）；专利4项（发明专利1项，实用专利3项）；制定地方标准1项；发表论文18篇，其中EI收录2篇，国家核心期刊发表5篇。

十三、向日葵课题组

该课题组成立于1980年，2008年纳入国家试验站，现有科研人员6人，杨新元副研究员为课题组负责人。向日葵课题组中有副研究员4人、助理研究员1人、技师1人；50岁以上3人、40~50岁3人。

课题组负责人杨新元，副研究员，1982年7月毕业于山西农业大学，同年8月分配到山西省农业科学院经济作物研究所工作。参加工作以来一直从事向日葵遗传育种及栽培技术研究工作。第三届中国作物学会油料作物专业委员会委员，向日葵学组成员。先后主持和参加省科委重点课题"向日葵杂种优势利用研究""食用向日葵杂交种选育"、省科技厅攻关项目"向日葵抗列当种质创新及杂交种选育"、省财政厅成果转化工程项目"特油作物产业化开发""食用向日葵杂交种的开发""高产高油向日葵杂交种晋葵8号推广应用"、主持"九五"农业部向日葵抗病新品种选育课题。主持育成汾葵杂3号、汾葵杂4号、晋葵2号、晋葵5号和晋葵8号油葵杂交种，晋葵3号、晋葵4号和晋葵7号食用向日葵新品种。其中汾葵杂3号、汾葵杂4号油葵杂交种的育成填补了省内空白，跨入国内同类研究的先进行列。获山西省科技进步三等奖三项。发表学术论文20余篇，2008年入选农业部现代产业技术体系建设"国家向日葵现代产业技术体系汾阳综合试验站站长"。

向日葵课题组主要从事向日葵育种与栽培研究，种质资源的评价、创新，向日葵病虫草害研究。在山西省闻喜、石楼、忻府区、原平等地建立了向日葵新品种新技术试验与示范基地。

向日葵课题组共承担国家级项目2项、省级项目5项、院级项目10项，在研的国家项目1项；先后获得科技承包奖4项；审（鉴）定品种包括国家级的、省级的品种数7个；发表2篇国家核心期刊论文。

第二节 棉花研究所

棉花研究所有优势课题组10个，分别是棉花遗传育种研究课题组，棉花生理栽培课题组，玉米遗传育种课题组，棉花基因工程课题组，果蔬新品种选育及配套栽培技术研究课题组，甘薯课题组，油料研究课题组，小麦抗旱节水高产优质专用育种与示范推广组，植物保护课题组，农业资源与环境课题组。涉及园艺学、作物育种学、良种繁育学、植物保护学、作物栽培学、栽培耕作学、作物遗传育种、小麦育种学和基因工程9个学科。

一、棉花遗传育种研究课题组

该课题组成立于1960年，现有科研人员14人，姜艳丽研究员和李朋波副研究员为课题组负责人。棉花遗传育种研究课题组中有研究员2人、副研究员2人、助理研究员10人；50岁以上2人、40~50岁7人、30~40岁5人；作物栽培学与耕作学博士1人。

课题组负责人李朋波，副研究员，1997年7月毕业于山西农业大学，获学士学位，2005年获得中国农业大学农学硕士学位，2008年毕业于中国农业大学，获农学博士学位。自1997年工作以来，主要从事棉花遗传育种研究，主持或参与国家级和省级项目20余项，选育棉花品种5个，获得山西省科技进步一等奖1项、二等奖1项、三等奖1项。获得国家发明专利3项，实用新型专利3项，制定山西省地方标准1项。在 Genet Resour Crop Evol、PLoS ONE、《西北植物学报》《棉花学报》等期刊发表论文35篇，其中SCI收录5篇，参与译著2部。

棉花遗传育种研究课题组主要从事培育高产优质抗逆并适宜机械化种植的棉花新品种（杂交种）研究。目前承担"中熟棉花新品种培育"和"早熟棉花新品种培育"课题研究。课题组培育的新品系运H13参加2016年山西省棉花新品种区域试验及河南省棉花新品种比较试验；W1268参加黄河流域棉花新品种测试体系试验。三系杂交组合"运S1505"在2016年中熟棉品比试验中表现丰产、抗病虫，品质较好，拟申请参加2017年山西省棉花品种区域试验；适宜我省南部麦后复种的优质早熟棉"运早391"新品系在连续2年的早熟棉品比试验中稳产质优，品质达到Ⅱ型棉花标准。"棉花抗旱性鉴定评价技术规程"和"棉花不育系网室制种蜜蜂授粉技术规程"申报山西省地方标准，正在进行修改完善。9个棉花品系（杂交种）申请转基因抗虫棉生产应用安全评价，其中5个品系经检测抗虫性优于对照中棉所45，已申请安全证书。

课题组自2000年以来，共承担国家级项目15项、省级19项、院级17项，在研国家级项目4项、省级2项、院级6项；获省科技进步一等奖1项、二等奖4项、三等奖2项，省农村技术承包二等奖1项；审（鉴）定省级品种12个；获得发明专利4项，实用新型6项，外包装专利3个；鉴定国内先进成果数1项；制定地方标准2项；发表国家核心期刊论文12篇。

二、棉花生理栽培课题组

该课题组成立于2003年，现有科研人员8人，2007年确定为国家棉花产业技术体系运城棉花综合试验站，杨苏龙研究员为课题组负责人。棉花生理栽培课题组中有研究员2人、副研究员1人、助理研究员3人、研究实习员2人；50岁以上2人、40~50岁4人、30~40岁1人、30岁以下1人。

课题组负责人杨苏龙，1982年7月毕业于山西农业大学农学专业，获学士学位。1982年7月至今在山西省农业科学院棉花研究所从事棉花栽培及作物节水技术研究，现任棉花生理与栽培研究室主任，研究员。工作期间，承担国家、省（部）、市级科研项目20余项；获山西省科技进步奖4项，技术承包奖1项；获国家发明专利3项，实用新型专利3项；发表科技论文30余篇，其中第一作者10余篇；合著著作12部。曾赴美国夏威夷农业培训中心、加拿大农业及农业食品温室加工作物研究中心学习工作2年，赴马达加斯加担任中国公司植棉技术总监1年。

棉花生理栽培课题组主要从事山西棉区棉花生产栽培技术创新与棉花生理研究。课题组制定山西省地方标准DB14/T 521—2009《地膜覆盖春棉优质、高产、高效栽培技术规程》；完成山西省第一次棉花机械化采收；连片棉田创山西省50亩以上连片高产纪录；首次将山西省植棉密度提高到10 000株/亩以上。

课题组共承担国家项目1项，省级项目5项，院级项目1项，在研的国家级项目1项，省级项目2项；2012年"优质棉花丰产技术"获山西省技术承包二等奖；发明专利2项，实用新型专利3项；制定山西省地方标准DB14/T 521—2009《地膜覆盖春棉优质、高产、高效栽培技术规程》。

三、玉米遗传育种课题组

该课题组成立于1970年，现有科研人员4人，陈朝辉副研究员为课题组负责人。玉米遗传育种课题组中有副研究员2人、助理研究员2人；40~50岁4人。

课题组负责人陈朝辉副研究员，1996年毕业于山西农业大学农学系农业推广专业，同年分配到山西省农业科学院棉花所从事玉米遗传育种及栽培技术研究至今。参与育成晋单39号、晋单46号、运单19号、运高油1号、晋单64号、运单668和晋单82号，主持育成晋单56号玉米新品种。作为骨干参加完成省科技攻关项目3项，主持省科技攻关课题2项，参与院级研究课题11

项,其中主持两项。主持编制山西省地方标准一套。以第一作者发表论文7篇,其中核心期刊4篇。获山西省科技进步二等奖2项、三等奖1项,运城市科技进步奖1项。

玉米遗传育种课题组主要从事早熟、耐密、耐热玉米种质创新利用及宜机收复播新品种选育研究。目前承担省攻关项目"早熟耐密高配合力玉米种质创制利用研究",省攻关项目"耐密优质夏玉米新品种选育"和院育种工程"早熟耐密宜机收复播玉米品种选育"。课题组培育的德力666通过山西省品种审定委员会审定;编制的《复播玉米轻简化栽培技术规程》通过山西省质量技术监督局审核并发布实施;运单71参加省复播区试,运单72、运单74参加省复播品比试验;新选育组合N4×N339春播、夏播产量均超对照品种5%以上。

课题组先后承担省级课题15项,院级课题30项;获得省科技成果三等奖3项、四等奖1项,推广奖1项,星火三等奖1项,科技进步二等奖2项、三等奖1项,运城市科技进步一等奖1项;通过山西省审认定品种12个;制定山西省地方标准1套;发表论文31篇,其中核心期刊12篇,国家级期刊2篇。

四、棉花基因工程课题组

该课题组成立于1987年,现有科研人员17人,吴慎杰副研究员为课题组负责人。棉花基因工程课题组中有副研究员6人、助理研究员5人、研究实习员3人、技术工人1人、待聘人员2人;50岁以上2人、40~50岁6人、30~40岁5人、30岁以下4人;作物遗传育种博士1人、生物化学与分子生物学博士1人、植物学博士1人。

课题组负责人吴慎杰,副研究员,博士。1991年9月至1995年6月于兰州大学生态学专业获理学学士学位;2000年9月至2003年7月在山西农业大学遗传育种专业获农学硕士学位;2003年9月至2006年11月于南京农业大学遗传育种专业获农学博士学位;2007年4月至2009年12月于南京农业大学生科院植物学博士后流动站出站。2010年11月获得副研究员任职资格,现任棉花所学委会办公室主任和生物技术研究室副主任。

棉花基因工程课题组主要从事棉花抗旱、耐盐、抗虫、抗除草剂、纤维品质改良和高产等基因工程工作。课题组目前承担国家转基因专项项目"黄河流域棉区耐旱、耐盐碱、耐病、抗虫等转基因棉花新品种培育"、农业部部级项目"转基因专项子课题:新型抗除草剂抗虫棉培育(拟延续)"、院重点项目"棉花新型抗蚜基因的筛选及利用研究"、院重点项目"棉花新型抗蚜基因的筛选及利用研究"和横向合作研究"棉花生理测定和转基因棉花材料研究"。"十一五"及以前，本抗虫棉的研制成为了基因工程的典范，为我国棉花生产作出了巨大贡献，先后获得农业部一等奖 2 项，山西省科技进步奖一等奖 2 项、二等奖 3 项、三等奖 2 项。"十二五"以来广泛开展了新型抗虫、抗旱耐盐、抗除草剂、纤维品质改良等转基因研究，均有材料进入转基因安全评价中间试验阶段，转 $edt1$ 基因耐旱棉花是转基因专项的标志成果之一；获得山西省自然科学奖二等奖 1 项；获得发明专利 4 项，其他专利 6 项；发表研究论文 17 篇，其中 SCI 论文 6 篇，学报级论文 7 篇，国家级期刊论文 4 篇，省级期刊论文 9 篇。

棉花基因工程课题组承担国家级项目 11 项、省级项目 21 项、院级项目 12 项，目前课题主持农业部国家转基因专项研究子课题 2 项、在研省级项目 4 项、院级项目 3 项；获得农业部一等奖 2 项，山西省科技进步奖一等奖 2 项、二等奖 3 项、三等奖 2 项，山西省自然科学奖二等奖 1 项；审（鉴）定棉花品种 5 个；申报专利 20 余项；鉴定成果 8 个；制定标准 1 个；发表相关论文 100 余篇，并合作撰写《棉花转基因》等专著 4 部。

五、果蔬新品种选育及配套栽培技术研究课题组

该课题组成立于 1995 年，现有科研人员 11 人，雷逢进研究员为课题组负责人。果蔬新品种选育及配套栽培技术研究课题组中有研究员 1 人、副研究员 3 人、助理研究员 5 人、技师 2 人；50 岁以上 5 人、40~50 岁 2 人、30~40 岁 4 人；蔬菜学博士 1 人。

项目组负责人雷逢进，1989 年 7 月毕业于山西农业大学蔬菜专业，获学士学位，同年 7 月分配到山西农业科学院棉花研究所工作至今。2003 年获管理学硕士学位，2009 年获蔬菜学博士学位。主要从事西葫芦种质资源创新与新品种选育及蔬菜栽培技术示范推广。现担任中国南瓜研究分会常务理事和山西农业大学硕士生导师。

果蔬新品种选育及配套栽培技术研究课题组主要从事"西葫芦新品种选育"和"甜柿栽培技术研究及示范推广"，目前承担课题"果蔬新品种选育与配套技术研究"。2015 秋季、2016 年，课题组培育的春季西葫芦新品种东葫 31 号、东葫 38 号、东葫 43 号在中国园艺学会主办的寿光设施蔬菜品种展上被选为推荐品种。

课题组先后承担省级项目 15 项，院级项目 6 项，在研省级项目 3 项，院

级项目2项；获得山西省科技进步二等奖2项；通过山西省农作物品种评审委员会审定定品种11个；获得国家发明专利4项，外观设计专利2项；12项研究通过结题验收，1项通过省级科技成果鉴定，1项鉴定达国内领先成果；发表相关论文40多篇，其中核心期刊25篇；甜柿研究总体达国内领先水平。

六、甘薯课题组

该课题组成立时间为1994年，2011年确定为运城甘薯试验站，现有科研人员7人，武宗信研究员为研究组负责人。甘薯课题组中有研究员3人、助理研究员3人、待聘1人；50岁以上2人、40~50岁3人、30~40岁1人、30岁以下1人。

课题组负责人武宗信研究员，多年来主持国家、省部级项目30余项，选育甘薯品种5个，选育的甘薯品种及甘薯、地黄脱毒技术及轻简化高产栽培技术先后获得省科技进步奖等奖项7项，获得国家发明专利及其他专利13个，制定山西省甘薯无公害栽培技术等地方标准3项。

甘薯课题组主要从事"遗传育种及栽培"研究。目前承担省自助创新项目"甘薯种质资源创制及品种选育"、农业部产业技术体系"甘薯试验站"和省重大专项"甘薯产业化关键技术开发"。课题组主要从甘薯脱毒技术的研究及推广、甘薯轻简化高产栽培技术的研究及推广和甘薯新品种的选育及国内优良品种的引进及推广这3个方面开展研究并取得了一定进展。

课题组共承担国家项目有科技厅、农业部、国家自然基金项目3项、省级项目31项、院级项目8项，在研的国家级项目1项，省级项目2项，院级项目1项；获得省级科技进步奖项、技术承包奖项2项；获得发明专利及实用新型专利13项；鉴定成果2项；制定山西省地方标准3项；在国家级专业期刊发表论文100余篇。

七、油料研究课题组

该课题组成立于1988年，现有科研人员10人，黄增强、杜春芳和咸拴狮副研究员为课题组负责人。油料研究课题组中有副研究员3人、助理研究员3人、中级技术工人2名、研究实习员2人；50岁以上3人、40~50岁2人、30~40岁3人、30岁以下2人；作物遗传育种博士1人。

项目组负责人黄增强，1985年自山西农业大学毕业后一直从事向日葵栽培育种工作；项目组负责人杜春芳，1997年自山西农业大学毕业后一直从事油菜遗传育种与推广工作。

油料研究课题组主要从事向日葵、油菜新品种选育研究。目前承担院育种工程"油料新品种选育",自课题组成立以来,国审6个、省审5个向日葵品种、省审油菜品种6个。

课题组作为第一完成单位先后承担国家项目4项、省级项目8项、院级项目9项;目前在研的国家二级项目1项、院级项目2项。获省科技进步二等奖3项、三等奖1项;国审品种6个,省审品种11个;获得发明专利2项,实用新型专利7项,并制定了2个山西省油菜地方标准。在 *Molecular & General Genetics*、《作物学报》《西北植物学报》《遗传》等国家级学报及核心期刊上发表论文20余篇。

八、小麦抗旱节水高产优质专用育种与示范推广组

该课题组成立于20世纪70年代,只有小麦研究课题组,至1979年,研究所正式改名为"山西省农业科学院棉花研究所"时,设立粮食作物研究室,并根据不同育种目标成立小麦抗旱节水高产优质选育研究与应用课题组。课题组现有15人,李秀绒、柴永峰研究员和谢三刚、宋昱副研究员为课题组负责人。小麦抗旱节水高产优质专用育种与示范推广组中有研究员2人、副研究员3人、助理研究员5人、高级技工2人、研究实习员3人;50岁以上2人、40~50岁1人、30~40岁1人。

课题组负责人李秀绒,从事抗旱高产优质小麦育种32年,先后主持了省小麦育种攻关、推广、财政支农、高新技术和院育种工程课题多项,协作主持和参加了农业部小麦育种后补助项目课题、科技部重大成果推广课题、国家"863"项目抗旱育种课题和节水专项课题、农业部成果转化课题,国际合作项目课题等,作为主要参加人育成晋麦47、晋麦54等小麦品种,作为育种主持人育成运旱22-33、运旱20410、运旱618、运旱115四个国审中强筋、强筋小麦新品种和运旱21-30、运旱早23-35、运旱719、运旱102等7个省审小麦品种,先后荣获国家科技进步二等奖2项,省科技进步一等奖2项,二等奖1项,三等奖2项。发表有关选育研究论文30多篇。

小麦抗旱节水高产优质专用育种与示范推广组主要从事适应山西省干旱缺水的生态环境,满足食品加工业和消费者对高品质小麦的快速增长需求,以降成本、补短板、调结构、提品质为指导,以抗旱节水、高产稳产、优质专用为目标,选育适应山西省南部麦区和黄淮麦区旱地及节水种植的小麦新品种,并进行示范推广和专用加工开发。目前承担"小麦抗旱节水高产优质专用特色新品种选育与应用"研究。

课题组开展的抗旱高产优质专用小麦新品种选育与应用研究,"八五"至"九五"期间,育成以晋麦47号为首的晋麦54号等小麦品种,较好实现了抗旱高产的有机结合;晋麦47的育成推广,是我国黄淮麦区旱地小麦育种的一个突破,将我国旱地小麦育种和生产提高到一个新水平;先后成为农业部黄淮麦区旱地重点推广品种和后补助品种,国家重大科技成果推广品种,在黄淮麦区的晋、陕、豫、冀、鲁5省得到大面积推广应用;自1996年审定至今,20年生产应用,誉满黄淮麦区;20年作为国家黄淮旱地、山西省和陕西省旱地区试对照品种,表现优良,前所未有。先后获国家科技进步二等奖和省科技进步选育研究与推广应用两项一等奖。"十五"期间,运旱21-30(省审)、运旱22-33(国审)等品种的选育应用,是继晋麦47之后,以增穗增粒高产、降高抗倒提质为主要目标而育成的较晋麦47显著增产品种;运旱21-30成为山西省南部旱地主导推广品种并引种示范到陕、豫两省,荣获山西省科技进步一等奖。"十一五"至"十二五"期间,育成以运旱20410、运旱618、运旱115 3个国审品种为代表的运旱系列中强筋、强筋优质专用品种,较好实现了抗旱高产优质专用的有机结合;运旱20410成为2016年黄淮旱地唯一主导推广品种,运旱618为黄淮旱地首次育成的强筋小麦新品种,以稳定的强筋品质可兼用加工面包粉、饺子粉、优质面条机馒头粉,颇受市场欢迎好评,正在省内外大面积推广应用,专用加工开发前景良好。

开展的高产优质节水多抗小麦新品种选育与应用研究,20世纪80年代育成审(认)定的以晋麦21为代表的78号系列小麦新品种,大幅提高了山西省水地小麦的产量水平,也是山西省第一个打出娘子关在省内外大面积推广应用品种,于1985年和1990年先后荣获农业部新品种选育和山西省新品种推广科技进步一等奖,"九五"期间,育成审定了晋麦56、晋麦61等节水高产品种,晋麦61荣获2001年度山西省科技进步二等奖。"十五"至"十一五"期间,育成审定的舜麦1718(国审)和晋麦84"省审"等高产优质节本增效小麦品种,推广应用成为山西省南部麦区高、中水肥地小麦生产主导推广品种,特别是舜麦1718先后通过山西省南部、山西省北部,国家黄淮北部审定,表现高产优质,不但在山西省得到大面积推广应用,而且在黄淮麦区的河南、河北等省得到成果转化和大面积推广应用,2015年荣获省科技进步二等奖。

开展的优质、特色小麦种质资源创新与利用研究;先后育成审定了河东乌麦526、运黑28两个黑小麦品种,创新育成运黑161、运黑14207、运糯32号、舜麦186 4个优质新品种,并已参加省区试。黑小麦特色产品加工开发,受到市场欢迎,前景看好。

农业科技创新能力建设研究——以山西省农业科学院为例

该课题组自"十五"以来，先后承担和协作承担国家级研究项目16项。国际合作挑战计划项目1项。省级连年攻关、推广、财政支农、高新技术等主要小麦研究项目和院级主要研究项目课题及多项横向研究课题等；先后荣获国家科技进步二等奖3项、三等奖1项，省级科技进步一等奖5项、二等奖4项、三等奖4项；先后育成审定（认定）小麦新品种30个，其中国家审定9个；申请获得专利2件，品种权5项；"十五"以来，先后发表有关新品种选育研究论文50多篇。

九、植物保护课题组

该课题组成立于1986年，是农业部药效试验资质单位，现有科研人员9人，张丽萍研究员为课题组负责人。植物保护课题组有研究员2人、副研究员1人、助理研究员4人、技师1人、研究实习员1人；50岁以上3人、40~50岁4人、30~40岁2人；农药学博士1人、植物营养博士1人、在读博士1人。

课题组负责人张丽萍，博士，研究员。1986年，毕业于山西农业大学植物保护专业，同年被分配到山西省农业科学院棉花研究所工作至今；1998—2002年，中国农业大学农药学专业获理学硕士学位；2002—2005年，中国农业大学农药学专业获理学博士学位。2009—2012年，赴美国德州农工大学、路易斯安那州内大学做访问学者，从事有害生物综合治理国际合作研究。现为"国家自然科学基金"同行评审专家；农业部"农药登记田间药效试验"杀虫剂负责人；棉花所"农药新技术室"主任；美国昆虫学会、中国植保学会、昆虫学会会员；山西昆虫学会理事；*Pest Management Science*、*Journal of Apllied Entomolog*、*Journal of Entomolog and Nematology*及《昆虫学报》等国内外刊物专家审稿人。1998以来，多次被省（院）、所授予"优秀党员""先进工作者""知识创新模范""科技贡献奖"等荣誉称号；2002年荣获"第八届中国农学会青年科技奖"；2008年荣获山西省运城市"五一"劳动奖章；2014年被授予"山西省学术技术带头人"称号；2015年被授予"运城市拔尖人才"。工作以来，曾主持、参加国家科技攻关（支撑计划）重大课题、国家"973"、国家自然科学基金、国家（农业）科技行业项目、省科技攻关、省自然科学基金、省院博士基金等科研项目25项，获科研成果18项；获省部级以上科技成果奖励6项，其中国家科技进步二等奖1项、省科技进步二等奖4项（均为第1名）、三等奖1项；获国家发明专利和实用新型专利11项，在审专利3项；国内外刊物发表学术论文近40篇，其中SCI收录文章9篇；参编科普书篇 2 部。主持研发新农药产品 5 个，在全国累计推广面积达 1 亿余亩，获得了显著的社会、经济和生态效益。

植物保护课题组主要从事"外来有害生物入侵机理及其控制技术""有害生物生物学、种群生态学及其绿色控制技术"和"有害生物防治新农药及新技术研究"3 个方向的研究。目前承担省留学项目"高硫苷油菜的生物熏蒸作用及其应用技术研究"、院重点项目"棉蚜高效环保型控制新技术研究与示范"和省国际合作项目"棉蚜关键控制技术研究与应用"。

课题组近 5 年，共发表学术论文 22 篇，其中 SCI 收录论文 6 篇。获国家授权发明专利和实用新型专利 9 项，在审专利 4 项；获得科技成果 1 项，"棉蚜可持续治理关键技术"科技成果达"国际领先水平"。主持的省攻关项目"棉蚜可持续治理关键技术"，2015 年 12 月通过成果鉴定，科研成果在同类研究中达"国际领先水平"。

课题组共承担科研项目 25 项，其中国家级项目 9 项、省级项目 9 项、院级项目 7 项；在研的省级项目 3 项、院级项目 2 项；共获得省级以上科技成果奖励 6 项。其中国家级 1 项，省级 5 项；共获得国家授权专利 11 项，其中发明专利 2 项，实用新型专利 9 项。另有在审专利 4 项；共鉴定科技成果 9 项，其中国际领先水平 3 项、国际先进水平 4 项、国内领先水平 2 项；共发表学术论文 40 篇。其中 SCI 收录论文 9 篇，国家核心期刊论文 20 篇。

十、农业资源与环境课题组

该课题组成立于 2001 年，现有科研人员 12 人，李永山、张贵云研究员和梁哲军副研究员为课题组负责人。农业资源与环境课题组中有研究员 2 人、副研究员 3 人、助理研究员 5 人、研究实习员 2 人；50 岁以上 6 人、40~50 岁 3 人、30~40 岁 2 人、30 岁以下 1 人；作物栽培学与耕作学博士 1 人、农业资源利用博士 1 人、植物营养博士 1 人。

课题组负责人梁哲军，博士，副研究员，主要从事作物高产与资源高效利用研究。

农业资源与环境课题组主要从事"主要农作物节水抗旱技术""作物抗逆减灾技术"和"有机肥与土壤微生物"3 个方向研究。目前承担省攻关项目"小麦/玉米一体化高效管理技术"、农业部公益性行业项目"主要农作物抵御季节性干旱技术与示范"和国家自然科学基金项目"连续多年种植转基因棉花对土壤微生物多样性及生态功能的影响"。

农业资源与环境课题组先后参加、主持国家级、省部级各类项目 32 项，发表科研论文 30 多篇，其中 3 篇被 SCI 收录，获得省科技进步一等奖 1 项、二等奖 2 项，实用新型专利 21 项。

第三节　高寒区作物研究所

作物科学研究所有优势研究组 11 个，分别是谷子课题组、胡麻课题组、牧草课题组、国家马铃薯产业技术体系大同综合试验站、马铃薯育种课题组、黍子课题组、燕麦课题组、玉米课题组、油菜课题组、荞麦课题组和豆类研究课题组。涉及农学、草原学和饲料学 3 个学科。

一、谷子课题组

该研究组成立于 1949 年，2008 年确定为国家谷子糜子体系大同综合试验站，现有科研人员 6 人，任月梅副研究员为课题组负责人。谷子课题组中有副研究员 2 人、助理研究员 3 人、研究实习员 1 人；50 岁以上 2 人、40~50 岁以上 3 人、30 岁以下 1 人。

研究组负责人任月梅副研究员，1991 年到现在一直从事谷子遗传育种栽培研究及推广工作；1998 年被山西省农业科学院高寒所聘为助理研究员；2011 年被山西省农业科学院高寒所聘为副研究员；2010 当选为山西省农业科学院高寒区作物研究所学委会委员；2011 年 10 月被任命为杂粮研究室副主任；2012 年被河北省科技厅推选为河北省科学技术奖励评审委员会委员；2007 年到现在负责谷子课题组的全面工作，"十一五"负责院育种工程项目工作，"十二五"主持院育种工程项目工作，为农业部"十一五"国家谷子产业技术体系大同综合试验站站长，"十二五"国家谷子糜子产业技术体系大同综合试验站站长，现参加山西省科技攻关项目，山西省成果推广项目，山西省留学办资助项目；曾参加国家科技支撑计划项目，山西省科技攻关项目，院育种工程项目，山西省财政支农项目等。获山西省科技进步三等奖 1 项；山西省农村技术承包一等奖 3 项、二等奖 1 项、三等奖 1 项；获大同市科技进步一等奖 1 项、二等奖 3 项、三等奖 1 项；大同市农技承包二等奖 2 项。育成谷子新品种 11 个，其中通过国家审定品种大同 34 号、大同 32 号、大同 29 号等 6 个，通过省审定品种大同 36、晋谷 33 等 8 个。在《作物杂志》等国家级刊物发表论文 2 篇，《杂粮作物》等省级刊物发表论文 10 余篇。

谷子课题组主要从事谷子新品种选育及栽培技术研究。目前开展的工作有：根据晋北的特殊气候开展改进播种机并进行农机农艺配套研究；2016年大同40号完成国家区域试验，大同41号参加全国联合试验；"春播早熟区谷子高产栽培技术规程"2015年12月20日发布，2016年1月20日实施；大同29号从2007年到2016年一直是国家区试的对照。

研究组先后主持国家级项目3项、省级项目16项、院级项目7项，在研的国家级1项、省级1项、院级1项；先后获得国家级奖励1项，省级科技奖励9项；审（鉴）定品种包括国家的、省级的品种17个；获得实用新型专利1项；制定地方标准2个；发表国家核心期刊论文5篇。

二、胡麻课题组

该课题组成立于1950年，2008年确定为国家胡麻产业技术体系大同综合试验站，现有科研人员6人，杨建春副研究员为课题组负责人。胡麻课题组中有副研究员3人、助理研究员2人、技师1人；40～50岁5人、30～40岁1人。

研究组负责人杨建春，副研究员，大学本科学历。主持或参与各级各类项目20多项，主持院育种工程项目4项，主持山西省科技攻关项目3项，大同市科技攻关项目1项，任国家胡麻产业技术体系大同综合试验站站长。国家胡麻品种鉴定委员会委员，农业部黄土高原农作物基因及种质创制重点实验室固定成员。育成胡麻新品种6个，向日葵新品种1个。获山西省科技进步二等奖2项；山西省农村技术承包一等奖1项、二等奖3项、三等奖1项。

胡麻课题组主要从事胡麻育种、栽培技术研究及示范推广工作。胡麻品种选育研究从抗病高产型向优质抗病高产专用型转变，育种技术从常规育种发展到常规育种、杂种优势利用、轮回选择育种等多途径发展；栽培技术方面，从单项技术向集成技术发展，胡麻全程机械化综合生产得到较大范围的普及，抗旱增产综合技术是山西省旱作区胡麻首选技术；高亚麻酸、高木酚素等胡麻营养物质的研究及加工技术研究越来越深入及广泛；开展高值化品种选育及轻简栽培技术、抗旱增产综合技术成为了胡麻研究的首选，具有非常重要的意义。

胡麻课题组承担山西省科技攻关项目多项，山西省农科院育种工程项目，山西省财政支农项目，同时课题组开展了胡麻抗病鉴定、优种推广、科学施肥、综合栽培技术研发推广等省级以上项目20多项，承担国家胡麻产业技术体系大同综合试验站工作。培育的雁杂10号、晋亚1号、晋亚2号、晋亚3号获全国科学大会奖；晋亚4号获山西省科学研究成果二等奖；晋亚6号、晋亚7号、晋亚5号分获山西省科技进步奖一、二、三等奖；"山西省农村技术承包等栽培技术的示范与推广"先后获得山西省科技成果推广三、四等奖，山西省科技进步二等奖，农牧渔业部技术改进一等奖，山西省农村技术承包一、二、三等奖多项。审（鉴）定胡麻新品种16个、引进鉴定3个（其中晋亚8号、晋亚9号、晋亚12号通过国家审鉴定。获得实用新型专利2项。发表论文40篇以上，其中国家核心期刊15篇，副主编出版论著1部。

三、牧草课题组

该课题组成立于2004年，现有科研人员10人，梁秀芝研究员为课题组负责人。牧草课题组有研究员2人、副研究员3人、助理研究员5人；50岁以上4人、40~50岁2人、30~40岁2人。

课题组负责人梁秀芝，1986年毕业于山西农业大学，学士学位，副研究员，任科研办公室主任兼所办副主任，负责全所的科研管理工作。2008年聘为大同大学副教授。主要从事农作物分子技术育种、牧草研究、马铃薯和小杂粮栽培技术研究及其成果推广工作。2005—2007年主持完成山西省科技攻关项目"无公害小杂粮标准化综合配套栽培技术研究及生产基地建设"，成果获得山西省农村技术承包一等奖；2007主持发展中国家技术培训班项目"北非干旱生态区农业综合发展模式"培训北非6个国家15名学员。2003年以来，先后主持农科院高新技术项目1项，大同市科技项目3项；参与国家农业综合开发项目、山西省科技攻关、星火计划、财政支农项目等多项。"十五"以来，育成农作物新品种5个，"同引苜蓿1号"和"同引苜蓿2号"苜蓿、"晋苜1号"和"高油9号"油菜，"晋黍6号"和"雁黍7号"黍子；获得全国农牧渔业丰收计划奖一等奖1项（第六名），山西省科技进步二等奖2项（均为第五名），山西省农村技术承包一等奖1项（第一名）、二等奖3项（第一名2项，第二名1项），大同市农技承包一等奖2项（第一名）、二等奖2项（第一名）；发表学术论文10余篇。多次受到农业部、山西省科技厅、山西省农科院、大同市及高寒所的表彰与奖励。2009年获山西省五一劳动奖章；2008年成为山西省农科院党委联系专家；2007年大同市委、市政府命名为"大同市青年人才"，表彰为"大同市劳动模范"；2006年，山西省科技厅表彰为"山西省农村科技先进工作者"，山西省农科院表彰为"2005年度科研管理先进工作者"；2001年度、2002年度、2005年度被山西省科技厅三次表彰为"科技统计工作先进个人"。

牧草课题组主要从事牧草育种、牧草栽培、草地生态、草地保护等方面的研究。承担"紫花苜蓿生产关键技术研究及产业化"和"优质高产紫花苜蓿新品种选育"研究。开展牧草种质资源评价和繁殖特性研究，可深入了解种质材料的特性并获得优异的基因资源，是牧草育种工作的首要任务。紫花苜蓿是一种优良的豆科多年生栽培牧草，具有许多优良性状，因其品质好，富含蛋白质，成为山西省雁门关畜牧经济区牧草良种工程中种植面积最大的草种，为促进该区域畜牧业的发展，需要建设优质草籽繁育基地35万亩。同时，紫花苜蓿是苜蓿育种和品种改良的重要基因源，山西省中北部地区拥有较丰富的野生紫花苜蓿种质资源，有利于野生紫花苜蓿种质资源的考察搜集和利用。因此，采集和培育适宜当地生态条件的紫花苜蓿种质（或新品系），研究野生种群的遗传结构和遗传变异的分布格局、主要农艺性状、抗逆性等，对我国紫花苜蓿种质资源的保护、创新和利用具有重要意义，为生态建设和社会生产中草种的选择提供重要参考。目前选育出适合高寒区种植的新品种晋苜1号，制定了紫花苜蓿种植的技术规程，并获得授权国家实用新型专利5项。

牧草课题组先后共承担省级项目9项、院级项目5项，在研项目省级1项、院级3项；先后获省农技承包奖1项，大同市进步奖1项；审（鉴）定品种包括省级4个品种；获得实用新型专利5项；制定地方标准3个；发表论文包括国家核心期刊3篇。

四、马铃薯课题组（国家马铃薯产业技术体系大同综合试验站）

该课题组成立于1952年，2008年确定为国家马铃薯产业技术体系大同综合试验站，现有科研人员8人，白小东副研究员为课题组负责人。马铃薯课题组中有研究员1人、副研究员5人、助理研究员1人、研究实习员1人；50岁以上1人、40~50岁5人、30~40岁2人。

课题组负责人白小东，山西天镇人，1994年山西农业大学农学系作物专业毕业。2005年山西大学生命科学与技术学院植物学研究生班毕业，2006年至今担任山西省农业科学院高寒区作物研究所马铃薯研究室主任。多年来一直从事马铃薯科研工作，先后主持山西省科技攻关、成果推广项目等5项，负责、参与国家级项目9项，省级科研项目8项，目前负责国家马铃薯产业技术体系大同综合试验站工作。获得山西省科技进步二等奖2项、山西省农技承包二等奖；选育出同薯23号、同薯20号、同薯22号、晋薯15号、晋薯24号等马铃薯新品种10个，累计在省内外推广应用300多万亩，先后在《中国马铃薯》《作物杂志》《华北农学报》等学术刊物发表论文20余篇，其中第一作者9篇，参与编写马铃薯专著2部，参与制定山西省地方技术规程3项。

国家马铃薯产业技术体系大同综合试验站主要从事马铃薯新品种选育、栽培、脱毒技术研究。马铃薯是山西省的第四大粮食作物，近年来播种面积在300万亩左右，平均亩产在900千克左右，低于全国平均水平。生产区以大同、朔州、忻州、吕梁较为集中，脱毒种薯推广率由过去的26%以下提高到30%以上，加工业发展相对滞后，大型企业的辐射带动力不强，难以起到提升产业水平的作用，全省马铃薯储藏能力可达到305万吨。随着国家实施马铃薯主粮化战略，为山西省马铃薯产业发展带来了新的机遇。开展马铃薯产业技术研究，对于实现马铃薯品种更新换代、提高良种覆盖率、提高马铃薯产后增值效益、保障山西省马铃薯产业经济可持续发展，将提供强有力的科技支撑。

"北方抗旱系列马铃薯新品种选育及繁育体系建设与应用"获2009年国家科技进步二等奖；晋薯11号、同薯20号、同薯23号获山西省科技进步二等奖；晋薯16号高产、抗病，亩产可达万斤，推广面积日益扩大，目前在山西省种植面积达到70多万亩。近年来审定2个高淀粉品种：大同里外黄、晋薯28号，淀粉含量分别达到19.1%、19.8%。国家马铃薯产业技术体系大同综合试验站先后承担联合国项目、国家项目、省级项目共计100多项，目前在研项目22项。获得国家科技进步二等奖1项，国家农业部奖励、科技奖励7项，省级奖励30项，市级奖励5项。共审定品种38个，占全省马铃薯审定品种数量的60%以上。其中国审品种3个（同薯20号、同薯22号和同薯23号），省审品种35个。获得专利3项（发明专利1项、实用新型2项）。参与制定国家标准1项，制定山西省地方标准6项，制定大同市地方标准10项。在《植物病理学报》《作物杂志》《中国农学通报》《中国马铃薯》《华北农学报》等国家核心期刊、省级期刊共发表马铃薯相关论文100多篇。出版《马铃薯大全》《北方旱地主要粮食作物栽培》《北方旱地主要粮食作物优良品种》《山西小杂粮》《小杂粮营养价值与综合利用》等专著5部。

五、马铃薯育种课题组

该课题组成立于建所时期，王春珍研究员于1999年接任主持人，现有科研人员6人。马铃薯育种课题组中有研究员1人、副研究员1人，助理研究员3人、研究实习员1人；50岁以上1人、40~50岁1人、30~40岁4人；在读博士1人。

课题组负责人王春珍研究员，获山西省科技进步二等奖3项、三等奖2项；省技术承包一等奖2项，二等奖3项；大同市科技进步一等奖6项。选育出马铃薯品种11个：晋薯8号、晋薯11号、晋薯13号、晋薯14号、晋薯16号、晋薯18号、晋薯21号、晋薯23号、晋薯27号、系薯1号和国审品种同薯23号。在《中国马铃薯》《作物杂志》等刊物上发表论文20余篇。

马铃薯育种课题组主要从事马铃薯新品种选育、马铃薯脱毒扩繁、马铃薯微型薯生产等方面研究。目前承担"马铃薯优异资源创制及抗病新品种选育"研究,课题组选育的马铃薯新品种"晋薯16号"比山西省现有的马铃薯主干品种品质、产量和抗性指标都有所突破和提高。种植面积每年都在增加,有效地提高了单位土地面积的产量,极大地调动了广大薯农的种植积极性。

马铃薯育种课题组承担国家项目1项、省级项目5项、院级项目6项,在研的省级项目1项、院级项目1项;先后获得山西省级科技进步二等奖2项、三等奖2项,大同市科技进步奖5项;国家级品种1个,省级品种数6个;8项成果鉴定为国内先进;制定大同市地方农业标准4项;发表论文20余篇,论著2部。

六、黍子课题组

该课题组成立于1981年,2012年确立为国家谷子糜子产业技术体系右玉综合试验站。现有科研人员8人,李海副研究员为课题组负责人。黍子课题组中有研究员1人、副研究员1人、助理研究员6人;50岁以上1人、40~50岁3人、30~40岁3人、30岁以下1人。

研究组负责人李海副研究员,主攻方向为黍子新品种鉴选和丰产高效栽培技术研究。获山西省科技进步二等奖2项,获山西省科技进步三等奖1项。此外,还获得山西省农技承包二等奖4项,大同市科技进步二等奖2项,大同市农村技术承包一等奖1项。选育黍子新品种9个。

黍子课题组主要研究方向为黍子育种、栽培及推广,目前承担国家科技支撑项目"华北区糜黍丰产关键技术研究集成与示范"。课题组审定黍子新品种3个。制定地方标准4项,山西省地方标准2项,大同市地方标准2项。获得山西省科技进步奖2项。发表相关论文7篇。2014年课题组被大同市总工会授予"晋黍创新工作研究室"和"工人先锋号"。

黍子研究组作为第一完成单位第一完成人共承国家级项目、省级项目、院级项目7项,在研的国家级的、省级的、院级的项目3项;先后获得省级科技奖3项;审(鉴)定品种12项;制定地方标准4项;发表论文国家核心期刊12篇。

七、燕麦课题组

该课题组成立于1961年,2009年确定为国家燕麦荞麦产业技术体系大同综合试验站，现有科研人员13人，李荫藩研究员为研究组负责人。燕麦课题组中有研究员3人、副研究员4人、助理研究员6人；50岁以上5人、40~50岁4人、30~40岁4人。

研究组负责人李荫藩研究员，育成省审"晋燕14号"等莜麦新品种；获国家星火科技三等奖1项，省星火科技特等奖1项，山西省科技进步二等奖2项，山西省农技承包二等奖3项。主编专著《山西小杂粮》，参加编写著作多部。发表论文30余篇。

燕麦课题组的主要研究方向有：燕麦资源征集、创新及利用；燕麦新品种选育；燕麦栽培技术及农机农艺研究；燕麦病虫害防治技术；燕麦综合利用技术研究；燕麦产品开发。目前承担"中晚熟优质高产莜麦新品种选育"研究，从事加工专用系列燕麦新品种选育与繁种，展示新育成新品种11个，新增左云郭家坪原种生产基地1个，新增原种生产基地500亩；"燕麦轻简高效栽培技术集成研究与示范"在左云郭家坪、西碾头、山阴玉井示范燕麦免中耕示范田600亩；"燕麦优质专用品种高效生产技术研究应用"进行的燕麦生物菌肥试验：在不同氮肥梯度下探究生物菌肥对燕麦生育状况及产量的影响。

课题组承担国家级项目9项、省级项目5项、院级项目8项，在研的国家级项目1项、院级项目1项；获得国家科技进步一等奖1项、二等奖1项；部级科技进步二等奖1项，三等奖3项；山西省科技进步一等奖1项、二等奖7项、三等奖8项；山西省级优秀论文一等奖1项、二等奖7项、三等奖7项；山西省农技承包二等奖1项；审（鉴）定品种（省级）30个；获得发明专利1项、实用新型3项；制定的地方标准3个；发表核心期刊1篇，国家级3篇。

八、玉米课题组

该课题组成立于2004年，现有科研人员12人，郭凤琴研究员为研究组负责人。玉米课题组中有研究员1人、副研究员2人、助理研究员5人、研究实习员1人；50岁以上5人、40~50岁3人、30~40岁3人、30岁以下1人。

课题组负责人郭凤琴，1986年毕业于山西农业大学土化专业，2004年中国农业大学遗传育种研究生班结业，研究员，大同大学生命科学院教授。从事玉米育种与栽培研究30年，主持和承担国家和省级各类项目共17项。荣获国家科技进步一等奖1项；中国农业部中华农业科技一等奖1项；获中国农业科学院科技成果特等奖1项；曾获山西省科技进步二等奖2项；获山西省农村技术承包集体二等奖4项；省科技进步转化推广一等奖1项；大同市科技进步一等奖1项；二等奖多项；国审春小麦品种1个；省审春小麦品种4个；省审玉米品种1个；获山西省第十二届优秀学术论文二等奖1项。在《麦类作物学报》《作物杂志》等国家核心刊物上发表论文15篇。李洪1996年毕业于山西农业大学，2009年晋升为玉米研究二室主任，2014年6月晋升为高寒作物研究所副所长。参加工作以来，共审定玉米新品种3个，完成科研项目16项，获省、市奖励5项，国家实用新型专利1项，参与编写专业著作3部，第一主编完成著作1部。

玉米课题组主要研究方向为：选育适宜山西北部春播区种植的早熟、特早熟玉米新品种；优质、早熟、抗旱玉米新品选育玉米蔬菜立体高效种植模式研究。目前承担"高寒冷凉区玉米抗寒高产新品种选育"和"玉米、高菜套种高产栽培技术示范推广"研究。审定新品种1个，参加区试品种1个，形成苗头性组合2个；2014年获科技成果鉴定1项。

玉米课题组承担省级项目13项、院级项目7项，在研的省级项目1项、院级项目1项；先后获得山西省科技进步二等奖1项、科技进步三等奖1项；获农业农村部科技进步一等奖1项、中国农业科学院科技成果特等奖1项；山西省农技承包一等奖6项，山西省农村技术承包集体二等奖6项；审定玉米品种4个；获发明专利1项；获科技成果鉴定1项；获国家使用新型专利一项；发表国家核心期刊论文3篇；参与编写专业著作3部，主编完成专业著作1部。

九、油菜课题组

该课题组成立于1950年，现有科研人员6人，王瑞霞副研究员为课题组负责人。油菜课题组中有研究员1人、副研究员3人、助理研究员2人；50岁以上2人、40~50岁2人、30~40岁2人；作物栽培学与耕作学博士1人。

课题组负责人王瑞霞，副研究员，学委会委员。1996年毕业于山西农业大学，获学士学位；2005年获得硕士学位；2010年7月获得作物栽培学与耕作学博士学位。在《植物病理学报》《华北农学报》等刊物上发表论文10余篇；获得山西省科技进步二等奖1项；农技承包二等奖1项；审定油菜品种2个；获得发明专利2项；实用新型专利5个；制定大同市地方农业标准3个。

油菜课题组主要研究方向为芥菜型春油菜种质资源收集、鉴定与新材料创制；芥菜型春油菜抗旱优质品种选育与遗传规律研究；芥菜型春油菜旱作高产与农机农艺融合技术研究；芥菜型春油菜良种繁育生产技术流程研究；芥菜型春油菜系列产品深加工品质技术研究和芥菜型春油菜病虫害综合防控技术研究。课题组目前承担"优质抗旱芥菜型春油菜新品种选育"研究。课题组

农业科技创新能力建设研究——以山西省农业科学院为例

1992年转育成山西省首个芥型春油菜低芥酸细胞质雄性不育三系配套的杂交种，并于1996年通过审定。"晋油3号"芥酸含量为0.06%，达到低芥酸优质杂交种的水平，油酸+亚油酸含量比当地品种黄芥提高46%，"晋油3号"无芥酸优质杂交种的育成填补了山西省油菜无芥酸三系和杂交种的空白。芥型春油菜低芥酸杂交优势利用的研究，创建了山西省芥型油菜育种的技术和方法，居同类研究国际领先地位。之后分别育成晋油5号、晋油6号、晋油8号、高油9号和晋油12号。

课题组先后承担项目20个；其中在研国家级项目1个，省级项目1个，院级项目1个。获得国家科技进步一等奖1个，省级科技进步一等奖1个，二等奖2个，三等奖2个。审定品种数7个（省级）；获得发明专利2个，实用新型5个；制定的地方标准3个；发表国家核心期刊论文2篇。

十、荞麦课题组

该课题组成立于1988年，现有科研人员7人，李占成研究员为课题组负责人。荞麦课题组中有研究员2人、助理研究员4人、技师1人；50岁以上3人，40~50岁以上1人，30~40岁3人。

课题组负责人李占成研究员，先后获得山西省科技进步三等奖1项、山西省农技承包集体二等奖6项，参与审定品种1个，在《作物杂志》《山西农业科学》等刊物上发表学术论文10余篇。

荞麦课题组主要从事育种、栽培方式研究及推广工作。现承担"晋北优质荞麦新品种的筛选及利用"研究，审定品种2个，其中1个通过国家级审定；制定地方标准1项；累计推广面积达30万亩。

课题组共承担国家级项目3项、省级项目5项、院级项目5项；在研项目国家级1项、省级1项、院级2项；获得山西省农村技术承包奖二等奖1项；审（鉴）定品种包括国家品种1个、省级品种2个；制定地方标准1项；发表论文包括SCI、EI、国家核心期刊3篇；作为主编或副主编出版论著2部。

十一、豆类研究课题组

该课题组成立于1994年，2008年确定为国家食用豆产业技术体系大同综合试验站，现有科研人员11人，邢宝龙副研究员为课题组负责人。豆类研究课题组中有副研究员2人、助理研究员9人；40~50岁5人、30~40岁5人、30岁以下1人。

课题组负责人邢宝龙，副研究员，1998年毕业于西南农业大学农学及生命科学院，2007年取得山西农业大学农业推广硕士学位，2011年任山西省农业科学院高寒区作物研究所副所长，2015年任党委书记。主持"十二五"国家科技支撑计划子项目1项，省、院、市各级各类项目11项。育成农作物新品种11个，其中绿豆新品种1个，晋绿9号；红小豆新品种2个，晋小豆6号和京农8号；豌豆新品种1个，晋豌7号；大豆新品种2个。获山西省科技进步二等奖2项；山西省农技承包一等奖1项；山西省农技承包二等奖4项；大同市科技进步二等奖1项、三等奖1项。取得国家实用新型专利1项。主编《黄土高原食用豆类》专著1部，副主编其他专著2部。在《作物杂志》《山西农业科学》等国家和省级刊物上发表论文30多篇。省农科院优秀共产党员，大同市百佳优秀共产党员，山西省杂粮学会理事，大同市学术技术带头人。

豆类研究课题组主要从事豆类遗传育种、栽培技术研发、成果转化及推广工作。现承担"早熟优质大豆新品种选育"和"优质多抗食用豆新品种选育"研究。共征集、引进食用豆品种资源300余份；选育审定大豆新品种6个；制定大同市地方标准2项；获山西省农技承包二等奖1项；研发新品种配套栽培技术1套；发表相关学术论文30多篇。同时，征集、引进食用豆品种资源800余份；建立新品系同步异地鉴定点6个；选育审定豆类新品种11个，其中主持选育审定食用豆新品种5个；制定山西省地方标准2项，大同市地方标准3项；申请实用新型专利6项，发明专利2项；研发新品种配套栽培技术2套，参编专著1本；发表相关学术论文十多篇。

豆类研究课题组共承担国家级项目4项、省级项目5项、院级项目12项、大同市项目8项；获山西省农村技术承包奖2项；山西省审（鉴）定大豆品种6个，食用豆品种5个；申请发明专利2项、实用新型专利8项；鉴定成果1项，属国内领先；制定的山西省地方标准2项，大同市地方标准5项；在国家级期刊发表论文3篇。

第四节　农作物品种资源研究所

农作物品种资源研究所有优势课题组6个，分别是谷子糜子课题组、食用豆课题组、燕麦荞麦课题组、玉米种质创新研究课题组、杂交大豆课题组、种质资源收集保存与评价利用课题组。涉及农学、作物种质资源学、农作物杂种优势学和作物学4个学科。

农业科技创新能力建设研究 ——以山西省农业科学院为例

一、谷子糜子课题组

该课题组2011年确定为现代农业产业技术体系糜子栽培岗位，现有科研人员10人，乔治军研究员为课题组负责人。谷子糜子课题组中有研究员1人、副研究员1人、助理研究员8人；50岁以上1人、40~50岁2人、30~40岁7人；蔬菜学博士1人，作物栽培学与耕作学博士1人、在读作物遗传育种博士1人、在读发酵工程博士1人。

课题组负责人乔治军，研究员，多年来从事农作物品种资源及遗传育种的研究工作。培育品种8个，编写著作1部，发表论文40余篇，获得省级科技进步奖7项，农村技术承包奖7项。"十二五"山西省农业技术推广示范行动首席专家；"十二五""十三五"国家谷子糜子现代农业产业体系糜子栽培岗位科学家；农业部黄土高原作物基因资源与基因创制重点实验室副主任，杂粮种质资源发掘与遗传改良山西省重点实验室主任。主持和参加"973"前期项目、科技部成果转化项目、农业部948项目、国家863项目、国家科技基础条件平台建设项目、农业部保种课题、农业部谷子糜子产业技术体系等项目。被聘为中国农学会遗传资源分会第五届理事会理事；中国农学会遗传资源分会第六届理事会常务理事；山西省作物学会第十届理事会副理事长；第六届山西省农作物品种审定委员会委员；被山西省人力资源和社会保障厅批准为"山西省学术技术带头人"；山西大学和山西农业大学硕士生导师。

谷子糜子课题组主要研究方向为：糜子栽培、生理研究；谷子、糜子资源的收集、保护、创新与利用；糜子黄酒中营养成分和功能性成分的研究；糜米酸粥中微生物多样性和营养成分研究。

目前从事的研究工作有：(1)研究不同生态条件下糜子轻简栽培关键技术，进行农机农艺相结合，为糜子轻简栽培、精准栽培提供理论依据。(2)糜子种质资源的繁殖鉴定。(3)开展糜子轻简栽培的水分生理、光合生理的栽培生物学研究，进行糜子抗旱机理和生理研究。(4)以山西省丰富的糜子资源为基础，从表型、分子、品质等方面研究糜子的遗传多样性；建立糜子骨干亲本和育成品种DNA指纹数据库。(5)黄酒中营养成分和功能性成分的研究。(6)糜米酸粥中微生物多样性和营养成分研究，探究糜米酸粥这种传统发酵食品中的微生物菌群结构及发酵作用带来的营养成分的改变。(7)收集并更新繁殖山西谷子、糜子、食用豆、大豆、燕麦、高粱等100份种质资源入国家库保存。(8)持续引进与更新现有库存种质资源，实现资源实物和数据信息的共享；为技术研发服务项目提供支持、进行技术与成果推广服务、培训服务等。发表论文10余篇，其中发表SCI 3篇，接收1篇，发表EI 1篇，一级学报2篇；通过5年对糜子的深入研究和积累，糜子栽培岗位的研究越来越深入，2016年课题成员成功申报国家青年基金1项；自主创新任务不断深入。谷子糜子的优异资源挖掘及分子辅助育种正不断夯实基础；目前进行糜子黄酒功能成分的研究正在展开，与产业的结合越来越紧密。

谷子糜子课题组承担国家级项目5个、省级7个、院级5个；获得省级科技进步奖2项；审（鉴）定4个品种；鉴定1项成果；制定地方标准3个；发表论文包括SCI收录2篇，EI收录1篇，一级6篇，国家核心期刊10篇。

二、食用豆课题组

该课题组成立于1984年，2008年确定为国家食用豆产业技术体系太原综合试验站，现有科研人员6人，畅建武研究员为课题组负责人。食用豆课题组中有研究员1人、副研究员1人、助理研究员4人；50岁以上3人、30~40岁3人；植物学在读博士1人。

课题组负责人畅建武，研究员，主要从事食用豆种质资源创新利用研究。1984年至今，在山西省农科院农作物品种资源研究所工作。截至目前，获得省部级奖励共7项，其中国家科技进步三等奖1项，农业部科技进步二等奖1项，省科技进步一等奖1项、二等奖2项、三等奖2项。发表论文10余篇，主编及参加编写了7部著作；制定山西省地方标准2项。

食用豆课题组主要从事食用豆种质资源研究，围绕种质资源开展资源收集、鉴定、评价、种质创制和新基因挖掘工作。课题组集成了"品协豌1号窄行密植高产栽培技术"，通过利用品协豌1号品种，并进行机械化播种、窄行密植和适期病虫害防治获得高产；集成了"红芸豆地膜覆盖宽窄行穴播高产栽培技术"。通过红芸豆地膜覆盖宽窄行穴播高产栽培技术通过轮作倒茬、早春耙糖、合理施肥、地膜覆盖、宽窄行穴播、种子包衣、适期防病虫来提高产量；构建了山西省普通菜豆初级核心种质，从农艺、品质和分子水平三方面进行了综合评价。其中，"优质抗倒密植型无叶豌豆品协豌1号"获山西省科技进步二等奖。

三、燕麦、荞麦课题组

该课题组成立于2004年，2007年确定为燕荞麦分子育种岗位（国家岗位)，现有科研人员6人，崔林研究员为课题组负责人。燕麦荞麦课题组中有

农业科技创新能力建设研究——以山西省农业科学院为例

研究员2人、副研究员3人、助理研究员1人；50岁以上3人、40~50岁3人；作物遗传育种学博士2人、作物遗传育种学在读博士1人。

课题组负责人崔林，研究员。1982年毕业于山西农业大学农学专业，获农学学士学位。参加工作以来一直从事燕麦育种与栽培的研究工作。现为中国农学会会员、山西省作物遗传学会理事、中国杂粮学会副理事长。

发现了国内首例燕麦雄性不育材料并进行了相关研究，初步形成用该材料作为杂交工具进行轮回选择的技术程序，为燕麦常规育种方法的技术改进奠定了基础，并利用不育材料做母本选育燕麦新品种2个。

主持承担了农业部重点项目、省科技厅攻关项目"燕麦新品种选育"的研究工作。先后育成9个莜麦新品种，这些品种与配套的"标准化栽培技术规程"在生产上推广，取得了很好的增产效果。

主持"十一五""十二五""十三五"农业部燕麦荞麦产业技术体系育种岗位，并任育种研究室主任。在山西省燕麦产业布局、新品种新技术利用、企业新产品研发等方面提供支撑。

主持"十一五"国家科技支撑项目"功能型燕麦新品种选育与新型健康食品开发及产业化示范"，提高了我国燕麦育种技术水平和主产区燕麦生产水平，产业化生产水平和经济效益显著提高，增强了我国燕麦产业市场竞争力。

主持承担了山西省自然科学基金项目"莜麦体细胞无性系变异研究""莜麦细胞悬浮培养及植株再生技术研究"，开展了体细胞培养诱导变异与莜麦常规育种结合应用的研究。对外源基因转移、细胞突变选择等生物工程技术在燕麦上应用，具有重要的价值。

共获得国家级、部级、省级科技进步奖10项，其中国家科技进步二等奖1项，省级、部级二等奖3项；共发表学术论文50余篇和参著著作5部，有15篇被评为省优秀论文。曾被山西省劳动竞赛委员会荣记三等功一次，2002年荣获第四届"山西省青年科技奖"并获得"山西省优秀青年科技工作者"称号。

燕麦荞麦课题组主要从事燕麦荞麦种质创新及育种方法研究。课题组承担国家级项目5项、省级项目7项、院级项目2项，在研的国家级项目2级、省级项目2级、院级项目2级；获得山西省科技进步二等奖1项，山西省农村技术承包二等奖1项；审（鉴）定品种包括国家的、省级的品种数4个，分别是品燕2号、品燕3号、品燕4号、品甜荞1号；鉴定成果数1个（国际先进）"燕麦核不育材料创新及杂交育种技术改进"；制定地方标准4

个；发表论文数23篇，包括SCI收录1篇，国家核心期刊4篇。

四、玉米种质创新研究课题组

该课题组成立于2002年，现有科研人员4人，田齐建研究员为课题组负责人。玉米种质创新研究课题组中有研究员2人、副研究员1人、助理研究员1人；50岁以上3人、30~40岁1人。

课题组负责人田齐建研究员从事玉米种质资源创新与新品种选育工作25年，先后主持和参加选育了品玉598、品玉1号、品玉3号、品玉8号、晋单40等玉米新品种5个；主持完成省科技攻关、成果转化、育种工程等科研项目10余项；获得省星火特等奖1项、省科技进步推广转化一等奖1项、省国家科技进步二等奖1项，山西省科技进步三等奖1项，山西省农村技术承包奖1项；在《玉米科学》《华北农学报》学术刊物上发表研究论文20余篇；出版合著学术论著3部。

玉米种质创新研究课题组主要从事玉米种质资源创新研究。目前承担"耐密、宜机收玉米种质创新改良研究"和"富含花青素黑糯玉米种质"研究。共审定5个品种：品玉1号、品玉3号、品玉8号、品玉598和品糯100。

课题组承担省级项目5项、院级项目6项，在研的国家级项目1项、省级项目3项、院级项目1项；先后获得山西省科技进步二等奖1项，省科技进步三等奖1项，省技术承包二等奖1项；审定省级玉米新品种5个；发表论文国家核心期刊5篇；参加编写出版著作1部。

五、杂交大豆课题组

该课题组成立于1982年，现有科研人员5人，卫保国研究员为课题组负责人。杂交大豆课题组中有研究员1人、副研究员1人、助理研究员3人；50岁以上1人、40~50岁1人、30~40岁3人；作物遗传育种学博士1人。

课题组负责人卫保国研究员，从1982年开始致力于杂交大豆的研究，34年攻坚克难，在大豆"光敏不育""繁种制种技术"研究方面处于国际领先水平；育成山西省第1个大豆杂交种晋豆48号，获得山西省科技进步一等奖1项。主持国家"863"重大专项4项，主题项目1项；国家自然科学基金3项，国家科技成果转化项目1项；国家科技攻关项目2项，获得具有自主知识产权的国家发明专利4项。为国家培养硕士研究生5名，输送博士研究生4名；国家自然科学基金面上项目评议人。发现的大豆光温敏雄性不育系1999年通过鉴定，唯一能开展大豆光温敏雄性不育"两系"育种单位。繁制种技术2014、

2015年经专家鉴定全国领先，对繁制种起了引领作用。制种技术的4个专利，为开发利用传粉媒介、恢复系选育提供了技术支撑。

杂交大豆课题组主要从事强优势杂交种的选育研究，现承担国家重点研发项目"大豆杂交种育种技术研究与强优势杂交种创制"。本课题属于国家产业化突破项目，课题组经过研究，完成了大豆严格自花受粉作物高效异交率技术的创制和强优势杂交大豆品种的创育。

课题组共承担国家级项目11项、省级项目9项、院级项目4项，其中在研的国家级项目1项、省级的6项、院级的2项；获得山西省科技进步一等奖1项；审（鉴）定品种省级的品种1个；获得发明专利4项；制定地方标准3项；发表论文包括SCI、EI、国家核心期刊数篇。

六、种质资源收集保存与评价利用课题组

该课题组成立于2012年，现有科研人员4人，穆志新副研究员为课题组负责人。种质资源收集保存与评价利用课题组中有副研究员1人、助理研究员3人；40~50岁1人、30~40岁2人、30岁以下1人。

课题组负责人穆志新，从事农作物种质资源专业，参加工作以来，一直从事农作物种质资源的收集、保存、鉴定与评价工作，主要从事高粱种质资源创新研究。先后主持及参加各级科研项目30余项，审（认）定高粱、玉米、大豆、荞麦新品种4个，其中高粱品种晋杂20号通过国家高粱品种鉴定委员会鉴定。获国家科技进步一等奖1项；山西省科技进步二等奖1项；山西省科技进步三等奖1项；山西省农村技术承包一等奖1项；山西省农村技术承包二等奖2项。在《山西农业科学》《华北农学报》《中国种业》等国内学术刊物上发表研究论文10余篇，合作出版《杂交高粱遗传改良》《全国高粱品种资源目录》《小杂粮良种引种指导》等著作3部。

种质资源收集保存与评价利用课题组主要从事种质资源收集鉴定、保存监测和分发利用的研究，现承担山西省科技基础条件平台"山西省农作物种质资源共享服务平台"。课题组成立以来，收集农作物种质资源2 403份，其中获取入库编号保存1 403份，鉴定资源数据库1 403份。对外免费储存18 599份，其中2016年新增10 816份。2016年新增对外服务1家单位和新增8个课题组。资源服务利用提供7 000余份。

课题组共承担国家级项目1项，省级项目3项，院级项目1项，在研的国家级项目1项，省级项目1项，院级项目1项；获国家科技进步一等奖1项、山西省科技进步二等奖1项、山西省科技进步三等奖1项、山西省农村技术承

包一等奖1项、山西省农村技术承包二等奖2项；审（鉴）定品种包括国家品种1个，省级品种2个；发表论文15篇，国家核心期刊1篇，SCI收录3篇。

第五节 高粱研究所

高粱研究所有优势课题组12个，分别是：分子育种研究室，高粱品种资源研究课题组，酿造高粱育种课题组，荞麦课题组，杂粮加工课题组，玉米遗传育种课题组，甜糯玉米课题组，生物技术研究室，甜高粱研究课题组，饲料高粱课题组，杂粮（荞麦、谷子、杂豆）课题组，高粱高产高效优质生态栽培技术。涉及农学、遗传育种学、作物种质资源学、作物生理学、作物栽培学、作物育种学、良种繁育学等12个学科。

一、分子育种研究室

该研究室成立于20世纪70年代，2006年确定为晚熟（粳）及饲草用品种选育岗位，现有科研人员10人，平俊爱研究员为课题组负责人。分子育种研究室中有研究员2人、副研究员2人、助理研究员5人、研究实习员1人；50岁以上2人、40～50岁1人、30～40岁6人、30岁以下1人。

研究室负责人平俊爱，女，山西运城人，中共党员，1991年从山西大学生物系毕业分配到山西省农业科学院高粱研究所，2001年7月获得山西大学生物系植物学理学硕士学位。2003年被聘为副研究员，2004年10月赴澳大利亚昆士兰大学进行为期1年的访问学习，2010年4月赴加拿大圭尔夫大学做高访6个月，2016年8月赴美国农业部高访3个月，2010年11月被聘为研究员。毕业以来，一直从事高粱遗传育种、高粱无融合生殖及饲草高粱、饲草玉米的选育研究和开发工作。现任山西省农科院高粱所分子育种研究室主任，研究员；"酿造专用高粱育种与利用山西省科技创新重点团队"带头人；第三届山西省学术技术带头人；国家高粱产业体系晚熟（粳）及饲草用品种选育岗位专家，中国农学会杂粮分会理事、中国草学会能源草类专业委员会常务理事。2004年荣立晋中市"五一"劳动竞赛个人一等功、中国农学会第九届"东营杯"青年科技奖。2007年被评为晋中市优秀党员。2009年被评为"晋中市劳动模范"。多次被评为山西省农科院先进工作者、院科技创新模范工作者。

农业科技创新能力建设研究——以山西省农业科学院为例

工作以来,获得科研成果9项,审定新品种27个,获得实用专利3个,制定地方规程1个,发表论文70余篇,参与编写论著5部。先后主持并承担完成国家"863"、科技支撑子课题、成果转化及省、院级等项目40余项。育成新型A3细胞质饲草高粱"晋草1号",成果达国际领先水平。该项成果解决了我国种草养畜,快速发展畜牧业的重大难题,在国内产生较大影响。育成高粱及饲草杂交种在全国20余个省区推广,创社会效益8亿元。育成了高频率无融合生殖系2083,其理论水平创新得到了国内外同行的高度重视。育成的饲草高粱、饲草玉米新品种的推广为山西雁门关畜牧经济生态区建设提供了重要的技术支撑。

分子育种研究室主要从事机械化酿造高粱、饲草高粱遗传育种,杂种优势利用及分子辅助育种研究。研究室开展一系列具有针对性的良种选育工作,高消化率饲草高粱杂交种选育:将原有的饲草高粱亲本系中导入BMR高消化基因,选育出一批BMR的新种质材料。新选育出的BMR种质材料组配的杂交种消化率提高了8%~10%;生物产量比原有品种提高5%左右;机械化栽培高粱新品种选育:"十二五"期间育成山西第一批适宜机械化栽培的高粱杂交种晋杂33、晋杂34等,株高130厘米左右,密度由原来的7 000株增加到11 000株,适宜全程机械化作业,大大节约了劳动力开支,增产增收;酿造专用高粱新品种选育:"十一五"期间选育出一批酿造专用品种,如"晋杂22号""晋杂23号",被汾酒厂定名为"汾酒1号""汾酒2号"。酿造品质好,出酒率高。目前承担农业部现代农业产业技术体系建设专项"晚熟粳及饲草用品种选育"。

分子育种研究室共承担国家级项目、省级项目、院级项目37项,在研的国家级的、省级的、院级的项目8项;先后获得国家发明三等奖1项,山西省科技进步一等奖2项、二等奖7项、三等奖1项,农村技术承包一等奖1项、二等奖3项;审(鉴)定品种35个;获得实用新型专利3项;鉴定成果3个(国际先进);制定地方标准1个;发表论文数包括SCI、EI、国家核心期刊47篇;主编或副主编出版论著5部。

二、高粱品种资源研究课题组

该课题组成立于1974年,现有科研人员5人,张桂香研究员为课题组负责人。

课题组负责人张桂香,1982年毕业于山西农业大学农学专业,从事高粱品种资源及逆境生理研究。涉及高粱种质资源的收集、保存和抗性资源的鉴定评价及改良利用。主持参加农业部作物种质资源保护子项目、省自然基金项目及院级课题，发表论文20余篇。

高粱品种资源研究课题组主要从事高粱品种资源的繁殖保存、鉴定筛选及改良利用；优良品质材料的改良利用；耐冷种质的鉴定评价、遗传改良及耐冷性生理机制研究。目前承担"提高高粱耐冷性研究"，收集了高粱各种类型种质资源1 200份；培育了高粱芽期、苗期耐冷种质；建立了高粱耐冷评价体系。

课题组承担农业部攻关子项目4项、科技支撑子项目1项、省基金2项、院育种1项、院育种基础1项、院攻关2项，在研项目：农业部作物种质资源保护子项目1项、院攻关1项；2003年获得国家科技进步集体一等奖（协作奖）1项；获得实用新型专利2项；发表国家核心期刊6篇。

三、酿造高粱育种课题组

该课题组成立于2006年，现有科研人员5人，程庆军研究员为课题组负责人。酿造高粱育种课题组中有研究员1人、助理研究员4人；40~50岁1人、30~40岁4人。

课题组负责人程庆军研究员，一直从事高粱遗传育种工作，育成审定高粱杂交种23个，获科技进步一等奖1项，科技进步二等奖6项，科技进步三等奖1项，农村技术承包奖2项，在《作物学报》等刊物发表研究论文60篇。

酿造高粱育种课题组主要从事机械化酿造、食用高粱新品种选育研究。目前承担院育种工程"机械化酿造高粱种质创新及新品种选育"，取得的成绩有：①育成高配合力恢复系15593R、15626R；②育成高配合力不育系15517A、15548A、15526A、15533A；③育成机械化食用高粱品种晋粱白1号、晋粱白2号；④育成机械化酿造高粱晋粱210，育成机械化早熟酿造高粱品种ZZ10、H3-2，中早熟品种ZHZ5、ZHZ11。

酿造高粱育种课题组2006年以来，承担项目12项，获得奖项2项，审（鉴）定品种11个，发表论文15篇。

四、荞麦课题组

该课题组成立于2005年，现有科研人员5人，吕慧卿研究员为课题组负责人。荞麦课题组中有研究员1人、副研究员2人、研究实习员2人；50岁以上1人、40~50岁2人、30~40岁2人。

课题组负责人吕慧卿，审定荞麦新品种2个，获省科技进步二等奖3项，省农村技术承包奖一等奖2项、二等奖1项,鉴定成果4项,国家发明专利6项。发表论文20余篇,参与编写论著4部。

荞麦课题组主要从事高产优质荞麦新品种选育研究。目前承担国家科技支撑计划子课题"晋东荞麦高效生产技术研究与推广"、省留学办项目"磷、钾、硼、锌、硒肥与苦荞麦籽粒黄酮及蛋白的相关性研究"和院育种项目"高产、优质杂粮新品种选育"。已选育出的晋荞麦(苦)5号,晋荞麦(甜)8号对山西杂粮的产业化发展具有积极的推进作用,目前已通过EMS化学诱变方法筛选出一批高黄酮的优良突变后代材料。

荞麦课题组承担国家级、省级、院级项目20余项,获山西省科技进步二等奖3项,山西省农村技术承包一等奖2项、二等奖1项,鉴定成果4项,获国家发明专利6项,审定品种3个,在省级以上刊物发表论文20余篇。参与编著《中国小杂粮产业发展指南》《黄土高原主要农作物的需水规律》《小杂粮营养价值与综合利用》等著作4部。

五、生物技术研究室

该研究室成立于1990年,现有科研人员7人,王良群研究员为课题组负责人。生物技术研究室中有研究员2人、副研究员1人、助理研究员3人;50岁以上3人、40~50岁1人、30~40岁3人。

研究室负责人王良群,主要从事高粱新技术育种工作,获得省科技进步奖二等奖2个,育成审定品种3个,发表第一作者论文30余篇。

生物技术研究室主要从事高粱新技术育种研究。目前承担院育种工程"高粱新技术育种"研究,课题组育成高粱品种晋杂18号、25号、26号,建立了组培育种、航天育种、化学诱变育种技术体系,初步建立了农杆菌介导高粱转基因技术体系。

课题组承担过国家项目1项、省级项目6项、院级项目数个,在研的国家级的、省级的、院级的项目10项;获得省科技进步奖二等奖3项,三等奖1项;国审品种1项,省审品种3项;获得实用新型专利1项;发表论文50余篇。

六、饲料高粱课题组

该课题组成立于20世纪70年代,现有科研人员10人,柳青山研究员为研究组负责人。饲料高粱课题组中有研究员2人、副研究员2人、助理研究员5人、研究实习员1人;50岁以上1人、40~50岁1人、30~40岁8人;作物遗传育种博士1人。

研究组负责人柳青山，研究员，主要从事饲料高粱和糯高粱新品种选育及示范推广工作，获国家发明三等奖1项、省科技进步二等奖4项、省科技进步三等奖2项。育成高粱新品种15个，发表研究论文60多篇。现主持国家科技支撑计划、省科技攻关、院种业专项等科研项目5项，2005年获山西省农林水气"五一劳动奖章"，2012年获"晋中市劳动模范"。

饲料高粱课题组主要从事饲料高粱、糯高粱新品种选育及示范推广研究，分为"饲料高粱研究""糯高粱研究"2个方向。目前承担院种业发展专项"饲料高粱种质资源创新及杂交组合选育"、院育种工程"饲料高粱种质资源创新及高消化率新品种选育"和"丰产稳产优质糯高粱新品种选育"，本课题组一直从事高粱新品种选育工作，育成的新型细胞质不育系A2V4A在1998年获国家发明三等奖，其育成的杂交种"晋杂12号"，累计全国推广1 200万亩；"十五"以来，课题组以改善高粱籽粒饲喂品质、降低单宁含量为突破口，成功选育了"晋杂21号""晋杂24号""晋杂32号"等饲料专用品种，这些品种籽粒蛋白质含量均达到10%以上，单宁含量显著降低，有效地解决了高粱饲用适口性差、消化率低的问题。同时，我们针对南方的糯高粱品种在北方种植存在着生育期长、产量低、抗病性差等问题，利用自选的骨干亲本系改良南方糯高粱亲本系，成功选育了适合在山西省及我国北方种植的"晋糯"系列糯高粱新品种，这些品种产量达到了北方普通高粱的产量水平，抗丝黑穗病的能力显著提高，淀粉含量高，因此受到广大种植户和南方酒厂的青睐。

饲料高粱课题组承担国家项目10余项、省级项目10余项、院级项目30余项；在研国家级项目1项、省级项目1项、院级项目5项；获国家发明三等奖1项、省科技进步二等奖4项、省科技进步三等奖2项；审（鉴）定品种15个，其中国审品种4个；申请实用新型专利1项；发表国家核心期刊20余篇，省级期刊30余篇。

七、甜高粱研究课题组

该课题组成立于2006年，现有科研人员7人，赵威军副研究员为研究组负责人。课题组中有副研究员2人、助理研究员5人、研究实习员1人；40~50岁2人、30~40岁5人、30岁以下1人。

课题组负责人赵威军，甜高粱研究室主任，1996年毕业于南京农业大学植物保护专业。工作以来，一直从事高粱遗传育种研究工作，主持承担国家科技支撑项目、山西省科技厅攻关项目等研究项目。获山西省科技进步三等奖1

项，鉴定科技成果2项，都达到国际先进水平。在作物杂志、植物遗传资源学报等期刊上发表"A3CMS在甜高粱育种中的可行性研究""甜高粱品系的抗倒伏性评价及相关分析"等论文共30余篇，合著"甜高粱""中国甜高粱研究与利用"等2部专著。育成晋杂22号、晋杂23号、晋甜杂1号、晋甜杂2号、晋甜杂3号5个品种审定推广。

甜高粱研究课题组主要从事甜高粱遗传育种及推广。目前承担院育种工程项目"机械化酿造高粱种质创新及新品种选育和甜高粱光敏品系创制及新品种选育"，1个品种参加国家区试；选育2个甜高粱光敏品系；1个品种参加品比试验，表现优良，已制种，2017年进行品种登记。

甜高粱研究课题组承担的国家级项目1项、省级项目1项、院级项目6项，在研的院级项目2项；审（鉴）定国家级品种3个；鉴定成果（国际先进）1项；发表论文14篇，包括国家核心期刊12篇。

八、甜糯玉米课题组

该课题组成立于2004年，现有科研人员6人，王俊花副研究员和闫建宾助理研究员为课题组负责人。甜糯玉米课题组中有副研究员1人、助理研究员4人；40~50岁2人、30~40岁3人、30岁以下1人。

研究组负责人闫建宾，男，1981年4月出生，助理研究员，2005年7月毕业于山西农业大学农艺教育专业，同年入职高粱研究所。获得省农村技术承包奖集体一等奖1项，省科技进步奖二等奖1项。品种审定4个，鉴定成果2项，发表论文10篇。

甜糯玉米课题组主要从事甜糯玉米遗传育种及推广。目前承担院育种工程项目"甜糯玉米种质资源创新及新品种选育"，课题组审定山西省省审品种3个，国审甜糯玉米品种1个；撰写地方标准1个。

该课题组承担已结题省级项目8项，院级项目2项；在研省级项目2项，院级项目1项。"甜糯玉米高优配套栽培技术"获2011年度山西省农村技术承包一等奖；"甜糯玉米新品种'迪糯278'选育与推广"获2014年度山西省科技进步奖二等奖。省审西瓜新品种1个；甜糯玉米新品种3个。国审甜糯玉米新品种1个。鉴定成果2项（国际先进）。制定地方标准1项。发表国家核心期刊论文1篇。

九、玉米遗传育种课题组

该课题组成立于2000年，现有科研人员16人，郭建文副研究员为课题组负责人。玉米遗传育种课题组有研究员 1 人、副研究员 6 人、助理研究员 6 人、技师 1 人、研究实习员 1 人；50 岁以上 1 人、40~50 岁 6 人、30~40 岁 7 人、30 岁以下 2 人。

研究组负责人郭建文副研究员，先后承担省科技攻关、主持院攻关、院育种等项目，获省科技进步二等奖 1 项，参与审（鉴）定两个青贮玉米品种、五个高粱品种；第一作者发表论文 5 篇。合著发表论文 20 余篇。

玉米遗传育种课题组主要从事早熟玉米、中晚熟玉米、青贮玉米、甜糯玉米遗传育种及推广。目前承担院育种工程项目"优质、高产青贮玉米及早熟玉米新品种选育"研究和"甜糯玉米种质资源创新及新品种选育"，获得国审甜糯玉米品种 1 个；撰写地方标准 1 个；参加省特早熟玉米品比试验 1 个；早熟玉米品比试验 1 个；获得早熟单倍体群体 C2；选育出 300 余份优质青贮玉米材料，筛选出 3 个优良青贮玉米组合准备区试。

课题组承担省级项目 16 项，院级项目 14 项；获得山西省科技进步奖 2 项、农村技术承包奖 5 项；国审玉米品种 1 项，省审玉米品种 5 项；鉴定成果 2 项为国际先进；制定地方标准 1 项；发表研究论文 52 篇。

十、杂粮加工课题组

该课题组成立于 2014 年，现有科研人员 5 人，杨玲副研究员为课题组负责人。杂粮加工课题组中有副研究员 1 人、助理研究员 4 人；40~50 岁 1 人、30~40 岁 4 人。

课题组负责人杨玲，女，副研究员，现任山西省农科院高粱研究所杂粮及加工研究室主任，1995 年山西大学毕业后一直从事杂粮加工研究工作，主持和参与不同高粱品种酿造清香型白酒效果研究、山西老陈醋专用高粱品种发掘与利用研究等省部级项目 30 余项，获得糯高粱酿造清香型大曲白酒的制作方法、甜型糯高粱黄酒的制作方法等国家专利 5 项，荣获省农村技术承包一等奖 1 项，二等奖 1 项，出版专著《新农村种养实用技术》一部，《设施蔬菜栽培技术问答》《畜禽养殖关键技术问答》中任编委，省级以上期刊发表论文 20 余篇。

杂粮加工课题组主要从事高粱酿造、饲料、杂粮食品以及深加工研究。目前承担科技自主创新能力提升工程"不同高粱品种酿造清香型白酒效果研究"，课题组通过不同高粱品种酿造清香型白酒实验，确定适合酿造品种，试验结果表明糯高粱酿造清香型大曲白酒出酒率比粳高粱酿造清香型大曲白酒高 3%，但糯高粱酿造过程中出现蒸粮后黏软，结块现象，影响发酵，针对这一问题改进了糯高粱酿造清香型大曲白酒工艺，并申报发明专利一项；"甜型糯高粱黄酒的制作方法"申报发明专利一项。

课题组承担省财政1项；发明专利申请2项；制定标准1个；发表论文4篇，其中核心期刊1篇。

十一、杂粮（荞麦、谷子、杂豆）课题组

该课题组成立于2005年，现有科研人员10人，吕慧卿研究员为研究室负责人。杂粮（荞麦、谷子、杂豆）课题组中有研究员1人、副研究员3人、高级工程师1人、助理研究员3人、研究实习员1人；50岁以上3人、40~50岁2人、30~40岁5人；在读博士1人。

研究室负责人吕慧卿研究员（介绍同前）。

杂粮（荞麦、谷子、杂豆）课题组主要从事高产优质杂粮新品种选育，谷子杂种优势利用研究。承担院育种项目"高产、优质杂粮新品种选育"、所级项目"高异交结实谷子中晚熟高度雄性不育系的选育"和院育种项目"高产、优质杂粮新品种选育（绿豆）"，课题组现已选育出晋荞麦（苦）5号，晋荞麦（甜）8号为山西晋中杂粮的发展有很大的推进作用，而且现已筛选出一批高黄酮的优质资源；选育中晚熟不育系，提高谷子中晚熟杂种优势利用研究奠定基础，使其种植区域生产规模化；选育豆象抗性强的品种和适宜机械化一次性采收的品种。

杂粮（荞麦、谷子、杂豆）课题组先后承担"高淀粉酿造高粱生产基地建设（汾阳点）"（国家科技支撑）；"晋东荞麦高效生产技术研究与推广"（国家科技支撑）；"P、K、Be、Zn、Se肥与苦荞籽粒黄酮及蛋白含量的相关性研究"（省留办）；"高黄酮荞麦的诱变育种"（院育种）；"高产、优质杂粮新品种选育"（院育种）；"利用ENS对荞麦种质资源的创制"（院攻关）；承担"十一五""十二五"国家科技支撑计划；"高产、优质杂粮新品种选育"（院育种）。审定品种4个：晋荞麦（苦）5号，晋荞麦（甜）8号，晋谷50号（2010年，山西省作物委员会审定品种），特红2号（红小豆）。发表论文30余篇，其中核心期刊论文1篇。

十二、高粱栽培课题组

该课题组成立于2007年，现有科研人员15人，白文斌副研究员为课题组负责人。高粱栽培课题组中有副研究员4人、助理研究员8人、研究实习员3人；40~50岁3人、30~40岁10人、30岁以下2人；在读博士1人。

课题组负责人白文斌副研究员，主要从事高粱高产高效优质栽培技术研究，是高粱遗传与种质创新山西省重点实验室副主任，近年来主持和参与国家级项目 5 项，主持和参与省级项目 5 项，主持院级项目 3 项。获农村技术承包一等奖 2 项，二等奖 2 项。鉴定成果 5 项，发表论文 46 篇，发明专利 2 项，实用新型专利 6 个，制定山西省地方标准 4 个，获软件著作权 3 项。

高粱栽培课题组研究方向主要是高粱高产高效优质生态栽培技术。现承担省攻关项目"水地粒用高粱调亏灌溉技术研究"、院攻关项目"高粱叶部病害智能识别、分析及决策系统"、院攻关项目"山西省高粱田杂草化学防除关键技术研究"和所级项目"粒用高粱耐盐种质资源鉴选研究"。课题组取得的成绩：①明确了高粱水分适宜调亏的时期、亏缺度及亏缺历时；明确指出高粱水分适宜亏缺时期为苗期，适宜亏缺度为中长历时的中轻度亏缺和短历时的重度亏缺；拔节期只能承受轻度亏缺，灌浆期能承受中轻度亏缺；②明确山西省不同生态区杂草的种类、优势种群及发生动态；筛选出能够有效防除高粱田优势种杂草的环保型除草剂 4 种，助剂 1 种；制定高粱田杂草化学防治技术 1 套；③筛选出适宜于盐渍土壤上种植的高粱育种材料，研究了高粱耐盐生理生化响应机制；④通过对高粱叶部主要病害的图像采集，采用计算机视觉技术进行智能识别模型构建，开发出高粱叶部病害自动识别及防治措施的系统软件，识别准确率达 95.50%，达到国际先进水平。

高粱栽培课题组共承担国家级项目 4 项，省级项目 5 项，院级项目 5 项；在研国家级项目 1 项，省级项目 3 项，院级项目 2 项；获省科技进步奖 1 个；授权 4 项，其中发明专利 2 项，实用新型专利 5 项；获得软件著作权 1 个；鉴定成果 2 个，均达国际领先水平；制定地方标准 2 项；在国家核心期刊发表论文 2 篇。

第四章

山西农业果蔬研究科研创新

第一节 果树研究所

果树研究所有优势科研团队8个,分别是枣种质资源创新与利用团队、梨种质资源与育种团队、苹果砧木种质创制创新团队、果树病虫害防控团队、国家葡萄产业技术体系太谷综合试验站、葡萄加工品种选育岗位、小杂果种质资源与育种课题组、樱桃种质资源与育种创新团队。涉及园艺、植物保护学和果树学3个学科。

一、枣种质资源创新与利用团队

该团队成立于1959年,现有科研人员7人,李登科研究员为课题组负责人。枣种质资源创新与利用团队中有研究员1人、副研究员2人、助理研究员4人、研究实习员3人;50岁以上3人、40~50岁1人、30~40岁3人;果树学博士1人。

课题组负责人李登科,副所长,二级研究员,国家枣种质资源圃负责人,国务院政府特殊津贴和山西省五一劳动奖章获得者,山西省学术技术带头人,果树种质创制与利用山西省重点实验室主任,山西省干果产业技术体系首席专家,中国经济林协会枣专业委员会副主任。主要从事枣种质资源和遗传育种及生态调控等领域的研发工作,主持承担国家级和省部级课题10项,获科研成果奖励7项,发表论文16篇,出版著作3部,制定标准规范4个。

枣种质资源创新与利用团队主要从事枣种质资源、新品种选育、关键栽培技术研究。目前承担国家科技支撑计划"山西省鲜食枣和干制枣高效生产共性关键技术研究与示范",获山西省科技进步一等奖1项,审定新品种3个,其中 2 个通过国审。制定行业标准 2 个，地方标准 2 个。

枣种质资源创新与利用团队先后承担国家级项目 6 项、省级项目 10 项、院级项目 4 项。在研的国家级项目 6 项、省级 6 项、院级 1 项；获得国家科技进步二等奖 4 项，省科技进步一等奖 2 项，科技承包一等奖 1 项；审定品种 7 个（冷白玉枣、金谷大枣、晋赞大枣、临黄 1 号、金昌 1 号、早红蜜枣、早脆蜜枣），其中国审 2 个（金谷大枣和金昌 1 号）；制定行业标准 2 个和地方标准 2 个；发表论文 56 篇，其中国家核心期刊论文 23 篇；主编或副主编出版论著 5 部。

二、梨种质资源与育种团队

该团队成立于 1956 年，现有科研人员 7 人，郭黄萍研究员为课题组负责人。梨种质资源与育种团队中有研究员 1 人、助理研究员 3 人、技师 2 人、研究实习员 1 人；50 岁以上 1 人、40~50 岁 4 人、30~40 岁 1 人、30 岁以下 1 人；果树学博士 1 人。

课题组负责人郭黄萍，现任国家梨产业技术体系太谷综合试验站站长。先后主持科技部、农业部等研究项目 10 余项，获科技进步奖 2 项，鉴定成果 8 项，审定品种 3 个，撰写论文 30 余篇。主持选育和示范推广的"玉露香梨"是目前国内外综合性状优良的中熟、耐藏梨新品种，已成为山西省及省外调整品种结构、提高果品质量和市场竞争力的首选品种。

梨种质资源与育种团队主要从事梨种植资源收集、育种与栽培研究。目前承担省攻关项目"玉露香梨密植省力栽培技术研究"，2003 年成功培育出优质耐藏中熟梨新品种"玉露香梨"，截至 2015 年，栽培面积发展到 15 万亩以上，为山西省梨果品质和产业升级提供了强有力的技术支撑。

梨种质资源与育种团队共承担项目 35 个；获得奖励 6 项；审（鉴）定品种 7 个；申请专利 1 个；鉴定成果 1 个；制定地方标准 2 个；发表论文 27 篇。

三、苹果砧木种质创制创新团队

该团队成立于 2002 年，2008 年确定为国家苹果产业技术体系晋中综合试验站，现有科研人员 6 人，杨廷桢副研究员为课题组负责人。苹果砧木种质创制创新团队中有副研究员 3 人、助理研究员 3 人；50 岁以上 2 人、40~50 岁 1 人、30~40 岁 3 人。

课题组负责人杨廷桢，大学本科学历，副研究员，山西省学术技术带头人，现任苹果砧木种质创制团队带头人，兼仁果研究室主任。自参加工作以来，先后获得国家科技进步二等奖1项、教育部科技进步一等奖1项，其他省、部级奖励4项，主持审定苹果砧木新品种4个、苹果观赏品种2个，参与审定果树新品种3个，发表学术论文38篇，参与编写论著1部，主持和参与各类课题27项，现为国家苹果产业技术体系晋中综合试验站站长，主要从事苹果砧木资源的收集、筛选、利用及苹果矮化砧木新品种的选育与示范推广等工作。

苹果砧木种质创制创新团队主要从事苹果砧木种质资源收集、评价、选育及配套栽培技术、苹果砧木无性繁育、苹果砧木抗逆性、致矮性、早花性等机理研究。目前承担山西省农科院"十三五"育种工程"苹果砧木种质资源创新与新品种选育"。团队收集、保存苹果属砧木资源178份；累计配置杂交组合113个，保存杂交苗共计15 194株；获国家科技进步二等奖1项，获教育部科技进步一等奖1项；审定苹果砧木新品种4个，观赏苹果新品种2个；制定山西省地方标准1个。

苹果砧木种质创制创新团队主持、参与国家级项目10项、省级项目14项、院级及所级项目20项；获国家科技进步二等奖1项、教育部科技进步一等奖1项、山西省科技进步一等奖1项、山西省科技进步二等奖7项、山西省科技进步三等奖5项、山西省农村技术承包二等奖1项；鉴定苹果矮化砧木3个，审定苹果砧木新品种4个，观赏苹果新品种2个；制定山西省地方标准1个；核心期刊发表论文9篇，国家期刊发表论文9篇，省级期刊发表论文26篇。

四、果树病虫害防控团队

该团队成立于2015年，现有科研人员11人，李捷副研究员为课题组负责人。果树病虫害防控团队中有研究员1人、副研究员3人、助理研究员7人；50岁以上4人、40~50岁2人、30~40岁5人；农业昆虫与害虫防治博士3人。

课题组负责人李捷副研究员，一直从事农业害虫防治的科研和技术推广工作，对应用害虫种群生态调控技术、新型防治手段和化学调控等方法防治害虫进行了积极有效的尝试，并致力于枣树害虫无公害综合防治的理论和工程技术应用推广，累计获得山西省科技进步二等奖3项，三等奖1项，通过审定"金昌一号"枣树新品种1个。目前，作为山西省首次承担的国家公益性行业科研专项"北方果树食心虫监测和防控新技术研究与示范"项目首席专家，已经列入国家"十二五"滚动支持计划，开创山西农业重大研究领域全国领军团队地位。在国内外学术刊物上发表专业论文59篇，累计主持或参与课题30余项，研究成果多次被研究单位引用和生产单位应用。

果树病虫害防控团队主要从事果树病虫害的综合防控技术研究，植物抗逆境的生理生化研究。目前承担国家自然基金"不同枣树品种叶片光合作用对绿盲蝽为害的差异响应及机制研究"，本项目属于交叉学科研究，通过果树学、植物与昆虫互作生理与现代分子生物学和生物信息学的结合，发展并丰富绿盲蝽与枣树互作理论研究的新方法。具有潜在的研究应用前景：绿盲蝽目前已经成为我国枣树上的一个主要害虫，严重影响枣的产量，研究绿盲蝽为害对枣树光合作用的影响机制，能够为发掘植物抗性资源和害虫种群的人为调控，培育开发抗虫品种提供重要的理论基础和技术支撑。

果树病虫害防控团队先后承担院重点项目"梨树主要刺吸害虫生态调控技术"、山西省攻关项目"枣绿盲蝽综合防控技术研发与集成示范"、国家自然基金项目"不同枣树品种叶片光合作用对绿盲蝽为害的差异响应及机制研究"、山西省科技重点研发（指南）项目"苹果主要病虫害综合防控技术研究"、山西省自然基金"绿盲蝽为害诱导枣树防御反应的生化及分子机制"、山西省科技重点研发（指南）项目"枣树重大病虫害防控技术研发"、院博士基金"绿盲蝽代谢及生殖相关基因研究"、院博士基金"梨园授粉昆虫和其他功能性昆虫的生态学研究"。获得山西省科技进步一等奖：国审"金昌1号"枣树新品种选育及示范推广。

五、国家葡萄产业技术体系太谷综合试验站

葡萄试验站成立于1959年，2011年确定为国家葡萄产业技术体系太谷综合试验站，现有科研人员4人，马小河研究员为课题组负责人。葡萄试验站中有研究员1人、副研究员1人、助理研究员2人；50岁以上1人、40~50岁1人、30~40岁2人。

课题组负责人马小河研究员，长期从事葡萄种质资源、育种和栽培等研究工作，先后主持或参加完成30余项省级及以上研究课题。多年来，共取得9项科技成果，培育葡萄新品种8个，获山西省科技进步一等奖、二等奖各1项，山西省农村技术承包一等奖、二等奖共4项，山西省地方标准1个，编写出版《中国葡萄品种》《葡萄种质资源描述规范和数据标准》等著作，发表相关科技论文50余篇。

在资源研究方面，收集葡萄种质资源270余份次，负责国家种质太谷葡萄圃530余份资源的保存与维护，鉴定评价390余份种质材料，为国家及山西省

自然科技资源平台建设、数据库建立提供了大量的数据信息,筛选优异种质40余份,为生产、教学、科研提供应用材料。

在葡萄育种领域,采用常规杂交育种和化学诱变育种相结合的育种方法,实现了杂种优势利用和多倍体生物学效应超量表达的核心技术集成与创新,提高了育种效率,培育出早黑宝、秋红宝、早康宝、秋黑宝、丽红宝、无核翠宝、晶红宝、晚黑宝等葡萄新品种。

在葡萄栽培方面,结合本区域风土条件,开展了鲜食、酿酒葡萄核心技术与配套技术的标准栽培技术试验、示范,制定了葡萄主要病虫害防控技术规范,为本地区葡萄产业的健康发展提供了技术支撑。

葡萄试验站主要从事葡萄资源收集、编目、更新与利用;葡萄栽培研究。试验站建设核心技术与配套技术集成试验示范园1个,50亩,示范基地1个,500亩;筛选建立香味葡萄商业化生产基地1个,200亩;新引制汁葡萄品种20个;葡萄病虫害绿色防控技术示范100亩;建设优质葡萄砧穗组合示范园1个,5亩;开展3个主要酿酒葡萄成熟特征分析;开展山西区域葡萄产业基础数据调研。

试验站承担各类项目总计30项,在研的国家级项目3项、省级1项、院级1项;先后获得奖励:1995年国家科技进步二等奖1项,1990年农业部科技进步一等奖1项,1993年农业部科技进步二等奖2项,1991年山西科技进步二等奖1项,2010年山西省农村技术承包二等奖1项;审(鉴)定品种9项;制定行业标准1项、地方标准1项;发表国家核心期刊论文8篇;作为主编出版论著1部。

六、葡萄加工品种选育岗位

该课题组成立于1962年,2008年确立为葡萄加工品种选育岗位(国家岗位)。现有科研人员4人,唐晓萍研究员为岗位负责人。葡萄加工品种选育岗位中有研究员1人、副研究员3人;50岁以上1人、40~50岁2人、30~40岁1人;生物化学与分子生物学博士1人、葡萄与葡萄酒学博士1人。

岗位负责人唐晓萍,研究员,1982年1月毕业于山西大学植物生理专业,理学学士学位。现在山西省农业科学院果树研究所工作,主要从事葡萄育种、栽培及设施栽培技术研究,目前从事酿酒葡萄新品种选育、栽培及酿酒技术研究,国家葡萄产业技术体系葡萄加工品种选育岗位科学家,山西农业大学硕士生导师。先后主持参与了30余项省部级课题的研究工作。多年来先后获得4项科研成果,2项获奖,2项待评。"欧亚种四倍体葡萄新品种'早黑宝'选育研究及示范推广"2004年获山西省科技进步一等奖;"多倍体化学诱发育种方法"2001年获山西省科技进步二等奖;"酿酒葡萄基地建设技术承包"项目,2001年获山西省农村技术承包一等奖,"戎子酒庄酿酒葡萄基地建设"获山西省2010年农村技术承包二等奖,"葡萄新品种秋红宝示范基地建设"获山西省2011年农村技术承包一等奖,先后培育了8个葡萄新品种,撰写学术论文25篇。

葡萄加工品种选育岗位主要从事葡萄育种与栽培研究,目前承担山西省农科院院攻关项目"设施无核翠宝葡萄优质高效栽培模式研究",研究设施条件下'无核翠宝'不同栽培管理措施对设施'无核翠宝'葡萄植株生长发育[花芽比率(不同枝条粗度、不同节位)]的影响。

葡萄加工品种选育岗位承担国家级项目9项、省级项目33项、院级项目8项,在研的国家级项目2项、省级项目2项、院级项目4项;先后获得山西省科技进步奖4项、山西省农村技术承包奖3项、其他省级奖励2项;审(鉴)定品种省级的9个;鉴定成果国际先进2项、国内领先2项;制定2项山西省地方标准;发表论文52篇,包括SCI收录4篇,国家核心期刊18篇;主编论著2部,副主编论著1部。

七、小杂果种质资源与育种课题组

该课题组成立于2014年,现有科研人员9人,吕英忠副研究员为研究组负责人。小杂果种质资源与育种课题组中有副研究员3人、助理研究员4人、高级农艺工1人、农艺工技师1人;40~50岁8人、30~40岁1人。

课题组负责人吕英忠副研究员,工作以来,先后获得农村技术承包一等、二等奖各1项,审定品种4项,鉴定成果1项,主持省科技厅课题3项,参与课题13项,其中科技部课题1项,省科技厅课题8项,财政支农专项4项,发表相关专业论文12篇。并获农科院奖励3次,县先进个人1次,所先进个人1次,所优秀党员1次。

小杂果种质资源与育种课题组主要从事果树控根育苗技术研究。目前承担"果树控根育大苗技术研究与示范"工作,经过近3年的时间项目先后开展了育苗基质配方筛选试验,育苗容器种类规格的选择,控根容器保水试验,适合控根容器栽培的树形培养试验,病虫害综合防控试验,控根容器果树根系、枝条生长与大田果树比较试验,控根容器果树的越冬保护试验,不同基质、不同树龄土壤条件变化规律研究,容器苗与露地苗光合日变化规律研究等。通过各项试验的开展,确定了适宜樱桃、葡萄、苹果、梨等容器苗生长发育的轻基质配方，初步摸清了控根容器条件下不同果树树种的生长结果习性，总结出果树控根苗适宜的容器规格以及苗期整形修剪和配套栽培管理技术体系，以及控根容器育苗无损伤大田建园技术，实现控根容器苗当年建园、当年挂果的建园目的。

八、樱桃种质资源与育种创新团队

大樱桃、杏、李课题组自1987年成立以来一直从事大樱桃、杏、李的栽培、育种研究与技术推广工作；1987年建立杏资源圃；1994年开始甜樱桃的资源收集整理与研究工作；2016年成立樱桃种质资源与育种创新团队。现有6人（其中科研人员3人，科研辅助工3人），聂国伟副研究员为研究组负责人。樱桃种质资源与育种创新团队有副研究员1人、助理研究员1人、研究实习员1人；30~40岁2人、30岁以下1人。

团队负责人聂国伟，副研究员，核果研究室主任，任职以来主持参与科研项目20余项，果树新品种审定7个，获山西省科技进步二等奖和农村技术承包二等奖各1项，参与完成山西省科技厅成果鉴定1项，制定山西省地方标准1项。

樱桃种质资源与育种创新团队主要从事大樱桃育种和栽培技术研究。目前承担山西省农科院育种基础项目"杏抗裂种质资源筛选及裂果机理研究"。团队育出优质、抗裂杏新品种"晋梅杏"；"杏优质丰产栽培技术示范推广"获山西省农村技术承包二等奖；项目对现有杏品种抗裂性能进行了鉴定评价，并明确了裂果与气候因素、果实的水分、糖分和矿质元素含量，以及解剖结构的关系；并在《农学学报》发表1篇相关论文。

樱桃种质资源与育种创新团队先后承担省级项目3项、院级项目3项，其中在研的省级项目2项、院级项目2项；获山西省农村技术承包二等奖1项；审（鉴）定品种1个；制定山西省地方标准1项；在国家核心期刊发表论文8篇。

第二节 蔬菜研究所

蔬菜研究所有优势课题组5个，分别是大白菜新品种选育课题组、西葫芦种质改良与育种技术创新课题组、辣椒资源创新及遗传育种课题组、萝卜资源创新及遗传育种课题组和设施蔬菜栽培课题组。涉及蔬菜学1个学科。

一、大白菜新品种选育课题组

该课题组成立于1980年,2009年确定为国家大宗蔬菜产业体系太原综合试验站,现有科研人员7人,巫东堂研究员为课题组负责人。大白菜新品种选育课题组中有研究员2人、副研究员2人、助理研究员2人、研究实习员1人;50岁以上3人、40~50岁1人、30~40岁3人;植物学博士1人、在读博士1人。

课题组负责人巫东堂,研究员,主要从事大白菜育种工作。工作多年来主持国家、省部级项目十几项。目前主持农业部国家蔬菜产业体系太原综合试验站项目、山西省科技创新团队项目等4个项目。先后获省部级科技进步二等奖5项、三等奖3项、省农村技术承包一等奖2项、二等奖5项。其中以第一完成人身份取得省科技进步二等奖2项。选育出大白菜新品种9个,小白菜品种2个。在《园艺学报》《农业工程学报》等刊物发表论文30余篇。

大白菜新品种选育课题组主要研究方向:大白菜种质资源创新;大白菜新品种选育;大白菜育种技术研究。目前承担院育种工程"大白菜资源创新与品种选育",筛选出多份耐抽薹材料、耐热材料、抗根肿病材料,丰富了大白菜种质资源;开展大白菜雄性不育育种技术研究,进行不育系转育;开展生物技术辅助育种工作,筛选与重要性状相关基因并深入研究。选育出抗病性强、品质优、适应性好的优良大白菜新组合。

课题组共承担国家级项目4项、省级项目26项、院级项目7项,目前在研的国家级项目1项,省级项目8项,院级项目3项;获得山西省科技进步一等奖1项、二等奖1项、三等奖3项,获得农村技术承包一等奖3项、二等奖3项;选育出大白菜新品种9个,包括国审品种2个、省审品种7个;申请专利1项;鉴定成果1项,达国际领先水平;制定地方标准1项;发表国家核心期刊4篇,省级期刊30余篇;大白菜课题组选育出多个自交不亲和系用于育种;选育出的"太原二青""晋菜三号"在全国大面积推广,是全国著名品种。

二、西葫芦种质改良与育种技术创新课题组

该课题组成立于1972年,现有科研人员6人,武峻新研究员为课题组负责人。西葫芦种质改良与育种技术创新课题组中有研究员1人、副研究员1人、助理研究员4人;50岁以上2人、40~50岁2人、30~40岁2人;在读博士2人。

农业科技创新能力建设研究——以山西省农业科学院为例

课题组负责人武峻新研究员，获山西省科技进步二等奖2项（排名第1的1项），审（认）定品种9个（排名第1的6个），多个品种填补了山西省空白。发明专利1项（排名第1）。发表论文40余篇，其中SCI核心期刊收录1篇（第1作者）。独著作品3部，合著1部。

西葫芦种质改良与育种技术创新课题组以收集的南瓜属种质资源材料等为基础，利用单倍体、分子标记等方法，创新材料及育种技术，选育出适应性强的西葫芦新品种并推广。目前承担农业部子项目"南瓜产业技术研究与示范""一种南瓜矮生植株薄种皮杂交种选育方法"专利号：ZL 201410759840.6，基本确定蜜本类型南瓜品种榆次区可种植，蔓生、青皮、耐低温、多抗等西葫芦材料增多。

课题组自1972年以来承担完成省级项目10余项，院级项目10余项。获得过国家科技进步三等奖1项、国家技术发明四等奖1项、山西省科技进步二等奖5项，山西省科技推广四等奖1项；成果具国内领先水平2项。山西省审（认）品种或鉴定10余个；获得发明专利3项；出版西葫芦著作3部；发表论文30余篇。SCI核心期刊收录论文1篇。处于我国同类研究前列。此外还连续多年被评为院先进课题组。

三、辣椒资源创新及遗传育种课题组

该课题组成立于1996年，现有科研人员4人，马蓉丽研究员为课题组负责人。辣椒资源创新及遗传育种课题组中有研究员2人、助理研究员2人；50岁以上2人、30~40岁2人；蔬菜学博士2人。

课题组负责人马蓉丽，1982年1月毕业于山西农业大学蔬菜专业，获农学学士学位，同年分配到山西省农业科学院蔬菜研究所工作至今。期间，于1991—1992年赴日本崎玉县研修设施蔬菜技术。现任山西省农业科学院蔬菜研究所副所长、研究员，兼任山西农业大学硕士生导师，山西省蔬菜产业技术体系建设副首席专家，山西省园艺学会副秘书长，山西省"12316"专家咨询服务热线专家等。曾获山西省"三八"红旗手、山西省五一巾帼奖、山西省科技奉献奖先进个人一等奖、山西省百名优秀女知识分子等荣誉奖。研究成果：参加工作以来主要进行蔬菜新品种选育及蔬菜栽培技术研究，先后主持和参加过黄瓜、南瓜、西葫芦、辣椒、洋葱等蔬菜的育种和品种资源收集整理及利用研究工作，获科研成果10多项，育成品种10余个，发表学术论文40余篇，出版编著5部。主要获奖成果：主持的"晋尖椒1号、晋尖椒2号、晋尖椒3号系列辣椒品种推广"获山西省科技进步二等奖，"晋黄瓜1号等系列黄

瓜新品种推广"获山西省科技进步三等奖,"节能日光温室与大棚蔬菜生产及综合配套技术"获山西省农村技术承包一等奖;主要育成品种:晋黄瓜1号、少刺1号等黄瓜品种,晋尖椒2号、晋尖椒3号及晋椒202、晋椒501等辣椒品种。

辣椒资源创新及遗传育种课题组主要从事辣椒新品种、新技术研究。针对山西省辣椒生产的发展现状,开展优质、抗病、高产辣椒新品种的选育和配套栽培技术研究,为生产提供更新换代辣椒品种和栽培管理技术。目前承担院育种工程"辣椒新品种选育",课题组培育的"晋尖椒1号、晋尖椒2号、晋尖椒3号系列辣椒品种推广"获山西省科技进步二等奖。

课题组共承担国家级项目3项,省级项目23项,院级项目28项,在研的省级项目2项,院级项目2项;获山西省科技进步奖3项,获山西省农村技术承包奖6项;审(鉴)定品种10个;制定地方标准1项;发表论文包括SCI、EI、国家核心期刊2篇;作为主编或副主编出版论著7部。

四、萝卜资源创新及遗传育种课题组

该课题组成立于1977年,现有科研人员3人,武玲萱研究员为课题组负责人。萝卜资源创新及遗传育种课题组中有研究员1人、副研究员1人、助理研究员1人;50岁以上2人、30~40岁1人。

课题组负责人武玲萱,研究员。1978年12月毕业于山西农业大学园艺系蔬菜专业,2004年4月中国农业大学作物遗传育种研究生课程班结业。从事萝卜雄性不育系选育及杂交优势利用研究工作30余年,先后育成5个不同生态类型、不同皮色的雄性不育系并加以利用,培育8个杂交一代品种在生产上大面积推广应用。育成的杂交品种商品性好,抗性强,丰产稳产,经济效益高,和同类品种相比增产15%左右,每亩增收200元以上。在省内有稳定的制种基地500亩,具有年产杂交种子5万千克的规模。其中"丰光一代""丰翘一代"及与其配套的"高产优质萝卜实用杂交制种技术"先后获山西省科技进步二等奖,"春红1号"获山西省科技进步三等奖。参加国家蔬菜品种资源收集整理和利用研究工作,承担山西省根菜类蔬菜品种资源的收集整理入库及利用研究工作,有120个品种编入山西省蔬菜品种资源目录。近10年来,主持和参加省、市级科技攻关,新品种、新技术示范推广等项目13项,其中主持9项,获得山西省科技进步二等奖1项,山西省科技进步三等奖2项,山西省农村技术承包一等奖1项、二等奖2项,在省级以上学术刊物发表论文10余篇,参加《十字花科蔬菜优势育种》《中国萝卜》《蔬菜周年栽培实用技

术》《山西蔬菜品种志》编写工作并出版发行,主编的《提高萝卜商品性栽培技术问答》由金盾出版社出版发行。

萝卜资源创新及遗传育种课题组主要从事雄性不育系及自交系的选育;杂交优势利用;种质资源的创新及利用;新品种配套栽培技术及制种的研究等。目前承担省星火项目"优质萝卜新品种晋萝卜4号示范推广",育成5个不同生态类型、不同皮色的雄性不育系并加以利用,培育9个杂交一代品种,在生产上大面积推广应用。

课题组先后主持完成省级、市级科研项目20余项,育成了不同生态类型萝卜雄性不育系5个,并利用其培育杂交一代品种9个,周年栽培品种配套,适宜国内大部分地区种植推广。"中国秋冬萝卜核-胞质雄性不育系选育及应用"获国家发明二等奖,秋冬萝卜品种"丰光一代""丰翘一代"先后获山西省科技进步二等奖,春萝卜品种"春红一号"获山西省科技进步三等奖,与新品种推广相对应的"高产优质萝卜实用杂交制种技术"获得了国家发明专利和山西省科技进步二等奖。出版发行《十字花科蔬菜优势育种》《中国萝卜》《提高萝卜商品性栽培技术问答》等科技著作5部,发表科研论文30余篇,其研究水平在国内属领先地位。

五、设施蔬菜栽培课题组

该课题组成立于2009年,现有科研人员3人,毛丽萍研究员为课题组负责人。设施蔬菜栽培课题组中有研究员1人、副研究员1人、助理研究员1人;50岁以上1人、40~50岁1人、30岁以下1人;蔬菜学博士1人。

课题组负责人毛丽萍,副研究员,博士,主要从事蔬菜栽培技术研究。曾获山西省科技进步三等奖2项,国家发明专利3项,鉴定科技成果1项,制定地方标准1项,发表论文18篇。

设施蔬菜栽培课题组主要从事设施蔬菜无土栽培技术,设施蔬菜优质高产安全栽培技术,设施蔬菜亚适环境调控技术研究。目前承担院博士基金"冷凉沙化区芦笋优质高产安全生产技术",获国家发明专利1项——"沙化区芦笋的生态保护栽培方法"(ZL201310190759.6),授权公告日2015.4.15;获山西省科技进步三等奖1项——"冷凉沙化区芦笋防风固沙栽培技术";发布技术标准1项——"无公害绿芦笋生产技术规程"(DB14/T940—2014)。

设施蔬菜栽培课题组共承担国家级项目2项、省级项目11项、院级项目3项;在研的省级项目2项、院级项目1项;获得省级科技进步奖1项;获得发明专利3项;鉴定成果2项,1项国际先进,1项省内领先;制定地方标准

1项；发表论文25篇，包括EI收录1篇，国家核心期刊6篇；出版论著1部。

第三节　园艺研究所

园艺研究所有优势课题组5个，分别是观赏植物研究组、蜜蜂研究课题组、果树重大自然灾害研究课题组、西甜瓜育种课题组和枣树育种栽培课题组。涉及园艺、农业昆虫和果树学3个学科。

一、观赏植物研究组

该研究组成立于1983年，现有科研人员11人，曹冬梅研究员为课题组负责人。观赏植物研究组中有研究员2人、副研究员3人、助理研究员3人、研究实习员3人；50岁以上1人、40~50岁2人、30~40岁6人、30岁以下2人；博士2人、在读博士1人。

课题组负责人曹冬梅，研究员，近年来主持各类科研课题10余项，包括国家自然基金项目、山西省科技攻关项目、山西省自然基金、山西省青年基金项目、山西省财政支农、农科院育种等；其中主持的省科技攻关项目"高档盆花营养诊断标准及质量控制技术研究"2009年通过鉴定，达同类研究国际先进水平，并于2011年获山西省科技进步三等奖；省攻关项目"北方日光温室观赏凤梨开花调节及产业化关键技术研究"2010年通过鉴定，达同类研究国际先进水平，并于2014年获山西省科技进步三等奖；"萱草属种质资源收集、评价及创新研究"2014年通过鉴定，达同类研究国际先进水平，并获2016年山西省科技进步类三等奖。此外作为参加人，获山西省科技进步二等奖2项，三等奖1项。近年来在 *Developmental Cell*、*Molecular Plant*、*Acta Horticulturea*、《园艺学报》《农业生物技术学报》等国内外核心期刊发表论文20余篇。

观赏植物研究组主要研究方向：耐旱、耐寒观赏植物种质资源收集及创新；名优花卉新品种培育及高效配套栽培技术；植物种苗组培快繁及生物技术利用；园林绿化植物生态效应研究。目前承担"观赏植物种质创新及园林植物生态效应综合研究"，取得的成果如下。

（1）全面调查了山西省野生观赏植物种质资源，绘制了山西省野生观赏植物分布图及分科检索表，建立了网络共享图库；建立了野生观赏植物种质资源圃；并对部分野生观赏植物进行引种、驯化及开发应用。该项目获省科技进

农业科技创新能力建设研究——以山西省农业科学院为例

步二等奖。

（2）培育出高抗、优质、观赏价值极高的新品种 34 个，并通过组培快繁的方法进行了保存和繁育。建立了共计 149 份材料的萱草种质资源圃，发现了一个具有明显二次开花特点的野生萱草资源。通过转录组测序的方法，首次得到萱草干旱胁迫下几乎所有转录本，这些基因的分离为进一步研究萱草干旱胁迫分子机理奠定了基础。该项目获省科技进步奖三等奖。

（3）制定出"通过乙炔和氮素调控影响激素的动态平衡，达到提早或推迟花芽分化进而控制花期"，使北方日光温室观赏凤梨产品较南方凤梨产品质量提高 1～2 个等级、货架寿命延长 30 天。栽培温室单位面积年产量提高 50%～60%，栽培周期由 18 个月缩短到 14 个月，提高了北方日光温室凤梨盆花生产效益。该项目获省科技进步奖三等奖。

（4）以 11 种元素对 5 种盆花不同阶段生长发育及植物学性状的影响研究为基础，提出了不同盆花营养诊断植物学指标与叶分析相结合的方法，解决了 5 种高档盆花营养诊断中技术困难以及盲目性的问题，并研制开发不同生育阶段动态配方施肥。该项目获省科技进步奖三等奖。

（5）制定了《红掌盆花生产技术规程》和《观赏凤梨生产技术规程》。

二、蜜蜂研究课题组

该课题组成立于 1984 年，现有科研人员 10 人，王和平副研究员为课题组负责人。蜜蜂研究课题组中有研究员 2 人、副研究员 3 人、助理研究员 4 人、技师 1 人；50 岁以上 5 人、40～50 岁 1 人、30～40 岁 4 人；博士 1 人、在读博士 1 人。

课题组负责人王和平，副研究员，主持国家级项目 1 项，院级项目 1 项，主持完成省级项目 1 项，院级项目 1 项，作为主要执行人参加国家项目 1 项，省级项目 13 项。在《昆虫学报》《中国生态农业学报》等学术期刊发表第一作者论文 11 篇，与他人合作发表论文 16 篇。获山西省科技进步二等奖 1 项，山西省农村技术承包集体一等奖 1 项，二等奖 1 项，国家实用新型专利 2 项，制定地方标准 2 项，出版专著 2 部。

蜜蜂研究课题组研究方向为蜜蜂授粉，目前该课题组承担国家级蜂产业技术体系岗位科学家项目"梨树蜜蜂授粉配套技术研究与应用"，通过蜂种筛选、诱导技术研究等一系列研究，提高蜜蜂采集积极性。该课题组承担国家蜜蜂产业体系建设、农业部公益科研专项、国家科技支撑计划、国家自然基金、山西省自然基金等项目 27 项，获山西省科技进步奖二等奖 4 项、三等奖 1 项，农业部丰收奖 1 项，山西省农村技术承包一等奖 1 项，鉴定成果 1 项，达国际领先水平，制定地方标准 2 项，国家实用新型专利 3 项，在省级以上刊物发表论文 70 余篇，出版专著 9 部。

三、果树重大自然灾害研究课题组

该课题组成立于 2005 年，现有科研人员 10 人，王保明研究员为课题组负责人。果树重大自然灾害研究课题组中有研究员/教授 5 人、副研究员 3 人、助理研究员 2 人；50 岁以上 5 人、40~50 岁 4 人、30~40 岁 1 人；博士 4 人。

课题组负责人王保明，研究员，获山西省科技进步二等奖 2 项、三等奖 3 项、发明专利 3 项、实用新型专利 1 项、发表论文 30 余篇。

果树重大自然灾害研究课题组主要研究方向为红枣裂果灾害和果树霜冻灾害研究，已取得的成果：（1）壶瓶枣裂果机理研究获得突破；（2）枣多果套袋防裂技术已成熟稳定；（3）生物分子防裂技术已获得显著效果；（4）果树晚霜灾害防控技术已成熟稳定；（5）已中试便携式自动防霜报警仪和防霜化学材料块两种技术专利产品；（6）型煤发热量大、增温效果显著。果树裂果和晚霜冻灾害防控技术已在山西省多地进行了示范。

四、西甜瓜育种课题组

该课题组成立于 1993 年，现有科研人员 10 人，岳青研究员为课题组负责人。课题组中有研究员 2 人、高级技工 2 人、副研究员 1 人、助理研究员 2 人、辅助工 1 人；50 岁以上 3 人、40~50 岁 4 人、30~40 岁 1 人。

课题组负责人岳青研究员，1984 年毕业于山西农业大学园艺系果树专业。先后获山西省科技进步二等奖 3 项，山西省科技进步三等奖 1 项，山西省农村技术承包一等奖 1 项、二等奖 1 项，在《中国瓜菜》《中国蔬菜》等杂志上发表学术论文 30 余篇。主持省级课题 5 项，参加省级以上项目 16 项；主持（排名第一）审（认）定新品种 7 个，参加审（认）定新品种 10 个。

西甜瓜育种课题组主要承担育种工程、科技攻关项目，研究方向为西瓜新品种选育，薄皮甜瓜种质资源创新及新品种选育，南瓜种质资源创新及新品种选育，已创新选育出雌花单性花性状基本稳定、性状优良的薄皮甜瓜单性花株系 26 个，选育出 4 个杂交一代新组合。开展了南瓜属三个栽培种的种间远缘杂交研究，成功培育出了中国南瓜与印度南瓜和美洲南瓜的种间杂交一代植株并获得了种间杂种的回交、自交后代，融合了异种材料的目标性状，创新选育出了兼具中国南瓜无蔓性状及印度南瓜早熟、优质的无蔓印度南瓜新材料，在无蔓类型南瓜品质育种领域取得突破性进展。

该课题组共承担省级项目19项，院级项目10项。2016年在研项目共6项，其中省攻关、省财政支农和省入滇项目各1项，转接院育种基础1项，新上院育种工程2项；获山西省科技进步奖二等奖2项、三等奖1项；农村技术承包一等奖1项、二等奖1项；先后在山西省审（认）定瓜菜新品种24个。在国家级核心期刊发表论文共33篇。

五、枣树育种栽培课题组

该课题组成立于2008年，现有科研人员12人，马光跃副研究员为课题组负责人。课题组中有研究员1人、副研究员6人、助理研究员5人；50岁以上8人、40~50岁2人、30~40岁2人；博士1人。

课题组负责人马光跃，副研究员，1985年7月毕业于山西农业大学果树专业，1985—2016年在山西省农业科学院园艺研究所工作。先后任技术员、果树试验场副场长、所推广办主任、果树研究室主任，现主要开展枣树育种及栽培技术研究。参加工作以来，先后主持和参加省、院级科研项目10余项，推广项目8项，在专业技术刊物发表研究论文30余篇，获山西省科技进步奖三等奖1项，山西省转化推广一等奖1项，获国家发明专利2项（第一名），选育审定红枣品种2个（第一名）。

枣树育种栽培课题组主要从事枣树育种及栽培技术，重点开展红枣抗裂品种选育，以解决困扰红枣产业发展的瓶颈，同时开展观赏枣品种的开发利用研究；在栽培技术方面，研究相应配套技术，包括丰产栽培技术、无公害栽培技术及防裂技术。选育并审定枣优良品种6个，包括晋园红、宫枣、早脆王、相枣1号、关公枣、晋冬枣；研究出红枣裂果机理及配套防裂技术。

该课题组"十二五"期间选育抗裂品种4个，骏枣裂果机理研究完成成果鉴定，处国际领先水平。获省科技成果三等奖1项，获国家发明专利6个，实用新型专利1个。

第四节　食用菌研究所

食用菌研究所有优势课题组4个，分别是食药用菌产品加工与开发利用研究课题组、食药用菌野生资源驯化与综合利用课题组、食药用菌资源共享和循环利用研究课题组、食用菌基质开发及综合利用研究课题组。涉及农学、园艺学、蔬菜学和食用菌栽培4个学科。

一、食药用菌产品加工与开发利用研究课题组

该课题组成立于2013年，现有科研人员5人，张勇助理研究员为课题组负责人。食药用菌产品加工与开发利用研究课题组中有研究员1人、副研究员1人、助理研究员3人；50岁以上1人、40~50岁3人、30~40岁1人；博士2人、在读博士1人。

课题组负责人张勇，助理研究员，从事食用菌研究20多年，担任省食用菌协会副会长，山西省现代农业体系食用菌试验站分站长。

食药用菌产品加工与开发利用研究课题组主要从事食药用菌的加工与开发利用。目前承担省煤基项目"耳类真菌研究"，开展新品种选育研究，挖掘山西省食药用菌种质资源优势，实现黑木耳、香菇、羊肚菌等食药用菌专用栽培品种的突破。率先在华北地区建立成熟的羊肚菌、牛肝菌等食药用菌的高效栽培模式。实现灵芝系列加工保健产品的批量化成果。

食药用菌产品加工与开发利用研究课题组承担的省级项目5项、院级项目10项，在研的省级项目3项、院级的2项；获得省级科技奖励4项；获得发明专利1项、实用新型1项；鉴定成果国际先进2项；制定地方标准3项；发表论文国家核心期刊10余篇。

二、食药用菌野生资源驯化与综合利用课题组

该课题组成立于2013年，现有科研人员7人，周林博士为课题组负责人。食药用菌野生资源驯化与综合利用课题组中有副研究员1人、助理研究员1人、研究实习员2人、待聘人员2人；50岁以上1人、40~50岁2人、30~40岁3人、30岁以下1人；生物生产博士1人、蔬菜学博士1人。

课题组负责人周林，博士，现在山西省农业科学院食用菌研究所工作，负责全所的实验室共享平台运营及实验室仪器设备管理。1982年毕业于山西农业大学，分配到山西省农业科学院从事科研工作，1988年任食用菌研究所办公室主任，1994年出国留学日本，在日本国立岐阜大学生物生产科学专业学习，获农学博士学位。留学期间曾担任日本岐阜地区中国留学生会副会长、会长等职。国际植物组织培养学会会员，国际及日本园艺学会会员，日本食用菌学会会员等。在日本期间，长期在日本科研开发公司从事技术研发以及特有技术开发工作，曾任主任研究官，科技开发部部长等职。回国后继续从事科研工作，任食用菌研究所实验室主任，组建了食用菌所菌根食药用菌研究团队和食

农业科技创新能力建设研究 ——以山西省农业科学院为例

药用菌种质资源收集、评价、创新及应用平台团队,并担任团队主要领导骨干,高级职称(待聘)。发表论文40多篇,SCI收录论文3篇,国家级刊物20余篇,以及在国际各种学术会议发表多篇。鉴定成果3项,获省农村技术承包奖一等奖1项,国家专利1项,现在承担院省级科研项目6项,主持3项。主要研究领域和技术专长是食药用菌种质资源评价、创新、应用体系研究,食用菌产品及菌种质量保证体系建设研究,野生食药用菌以及菌根食药用菌资源调查保护评价研究。

食药用菌野生资源驯化与综合利用课题组主要从事野生食用菌资源驯化及产业化栽培;大宗食药用菌新品种选育、栽培技术;食用菌种质资源收集、评价、选育、应用研究;食用菌产品工程;食用菌真菌资源与环境相关机理研究和食用菌产品质量管理研究。目前承担院级项目"野生食用菌收集及驯化研究"和省攻关项目"食用菌种质资源评价体系建设"。课题组通过前期对山西省地域和野生食用菌资源分布考察,将大同、忻州等地作为采集地,共收集300多份野生食用菌资源;对菌种进行分离、纯化,其中50份可进行菌丝培养,对其进行驯化,同时建成野生菌菌种资源库。在大同地区山区野生灌木沙棘腐木上发现了大型野生真菌,多年生,子实体直立匍匐于腐木上。对子实体进行分离得到纯菌株;对纯菌株进行形态观察和分子鉴定,鉴定此大型野生真菌是一株新种,被命名为 *Fomitiporia guoshangensis*,作为嗜蓝孢孔菌属中的一个新的分类单元。通过对山西省的地域和资源的考察,对野生食用菌种质资源进行收集,建立野生菌种质资源库,形成共享平台;对野生资源进行保存和驯化,建立开发利用服务技术平台。

三、食药用菌资源共享和循环利用研究课题组

该课题组成立于2013年,现有科研人员8人,郭尚副研究员为课题组负责人。食药用菌资源共享和循环利用研究课题组中有副研究员1人、助理研究员4人、研究实习员3人;50岁以上1人、40~50岁2人、30~40岁4人、30岁以下1人;蔬菜学博士1人。

课题组负责人郭尚,博士,副研究员。山西农业大学、山西大学硕士研究生指导教师;山西省蔬菜产业管理站生产信息监测预警专家;中国园艺学会设施专业委员会常务理事;中国农业专业技术协会设施果蔬技术专业委员会理事;中国园艺学会南瓜分会常务理事;《中国瓜菜》编委;山西省科学技术协会山西农科110咨询专家;山西省"一村一品一县一业"蔬菜产业首席专家;山西省现代农业技术体系蔬菜产业岗位专家;山西省农业科学院学术委员会第

四届学术委员会委员等。

先后主持完成各类科研项目 20 多项，其中包括国家"九五""十五""十一五"科技支撑计划项目，国家成果转化项目共 6 项、农业部行业专项 1 项；现主持农业部行业科技专项及省、院博士基金等项目 5 项；主持审定品种 6 个，现主持申请参加国家及省区试品种 4 个。在省级以上专业学术杂志发表论文 40 余篇。在中国农业出版社、中国农业科技出版社等出版专著 4 部，合著 2 部；以第一发明人身份获得"国家发明专利"2 项，"国家实用新型专利"7 项，2 项个人成果经鉴定为国际先进水平，1 项被鉴定为国际领先水平。2013 年被中国食用菌协会推荐为 2013 年度中国食用菌行业年度人物，2014 年获得山西省新兴产业领军人才称号。

食药用菌资源共享和循环利用研究课题组主要从事药食两用菌根菌机理及工农业废弃物循环利用研究；主要研究菇种为块菌、猪苓、香菇、双孢蘑菇、侧耳类等。目前承担院年初预算项目"食药用菌根菌的生理生化及人工栽培研究"、省煤基重点项目子课题"山西省猪苓栽培技术研究""山西省双孢蘑菇选育及栽培技术研究"和"山西省香菇品种选育及栽培技术研究"。课题组开展菌根菌种质资源收集工作，将山西省有价值的菌根菌收集；对收集到的菌根菌进行纯菌丝体分离培养并进行人工驯化；率先在山西省进行菌根侵染机理研究。选育山西猪苓专用的蜜环菌新品种 1 个，填补山西省蜜环菌品种选育工作空白。打破猪苓传统种植方式，将猪苓和其他中药材进行套种的高效栽培模式研究，实现增产增效。对山西猪苓资源进行调查，联合山西省生命与医药科学院对山西猪苓的有效药用成分等进行含量测定，填补了这方面的空白。首次在山西省发现了 2 个野生双孢蘑菇野生菌株：沐野 1 号和晋阳 1 号，其形状特征及园艺特征不同于现有品种，经特异性认定"沐野 1 号""晋阳 1 号"为不同于对照组的独立的双孢蘑菇新品种，经努力有望登记成为双孢蘑菇新品种。日光温室改造栽培双孢蘑菇、林下双孢蘑菇栽培、"U"形土窑洞双孢蘑菇栽培、闲置窑洞双孢蘑菇等精简化栽培技术研究都获得成功。其中"日光温室双孢蘑菇棚周年集约化高效栽培技术"通过山西省科技厅鉴定，认定为国际先进；编写完成《林下双孢蘑菇栽培技术规程》。选育废弃果木枝香菇专用新品种，填补山西省香菇品种选育工作空白。完善熟化晋南地区香菇高效栽培模式。

食药用菌资源共享和循环利用研究课题组承担省级项目 10 项、院级项目 20 项，在研的省级项目 5 项、院级项目 4 项；先后获得国家级科技奖励 1 项、省级科技奖励 8 项；审（鉴）定省级品种 2 个，有两个双孢蘑菇品种经国家农业部微生物检测中心特异性测定为双孢蘑菇新品种;申请发明专利1件、实用新型12件、软件著作权1项;鉴定成果国际领先1项、国际先进2项、国内领先2项;制定的地方标准4项;发表论文国家核心期刊30篇;作为主编出版论著4部。

四、食用菌基质开发及综合利用研究课题组

该课题组成立于2013年,现有科研人员5人,郭明慧研究员为课题组负责人。食用菌基质开发及综合利用研究课题组中有研究员1人、助理研究员3人、研究实习员1人;50岁以上1人、40~50岁2人、30~40岁2人。

课题组负责人郭明慧,研究员,现任本所品种育种室主任。1988年参加工作至今,一直从事食用菌、蔬菜育种及食用菌、蔬菜、玉米新品种推广工作。本人具有扎实的知识基础和较强的科研、推广能力。工作勤奋,吃苦耐劳,为人正派,品行端正,思想及业务素质高,合作精神好。先后主持、参与了国家、省(部)级自然科学、攻关项目、重点项目多项,培育出一系列高产、优质蔬菜、玉米新品种。其中,国审玉米新品种强盛31号,2006年获山西省科技进步奖一等奖。省审嫩玉西葫芦新品种,填补了国内优质西葫芦品种的空白,2006年获山西省科技进步奖二等奖。上述两品种以及其他多个国审、省审玉米及蔬菜新品种目前已在国内大面积推广多年,并且取得了良好的经济效益和社会效益。在国家、省级刊物发表学术论文20余篇,其中省级优秀学术论文5篇,具有良好的研究环境、资源条件及人文条件。

食用菌基质开发及综合利用研究课题组主要从事常见食用菌高产原材料的筛选、常见食用菌功能化配方优化、珍稀食用菌驯化基质开发工作。目前承担煤基项目"食用菌基质研究",实现了核桃壳和藜麦秆栽培食用菌。

第五节 试验研究中心

试验研究中心有优势课题组1个,食药用菌野生种质资源收集与利用课题组,涉及园艺1个学科。

该课题组现有科研人员5人,张锁峰研究员为课题组负责人。食药用菌野生种质资源收集与利用课题组中有研究员1人、副研究员1人、助理研究员3人;50岁以上2人、40~50岁1人、30~40岁2人。

课题组负责人张锁峰研究员,1984年7月毕业于山西农业大学,获农学

学士学位，2014年11月取得研究员任职资格，2015年1月被聘任为研究员。主要成果：获奖成果3项，审定品种1个。

主持的"新型种植、养殖大棚示范推广"，2007年获山西省农村技术承包奖集体一等奖，排名第1；"花卉营养特征研究与生长介质的研制"，2009年获山西省科技进步二等奖，排名第6；"设施土壤生态活性调理剂的研制与应用"，2014年获山西省科技进步三等奖，排名第6；"晋单55号"玉米新品种，2007年3月经山西省农作物品种审定委员会审定，排名第8。

先后在《中国农学通报》《山西农业大学学报》《山西农业科学》《农学学报》《现代农业科技》《生态环境学报》《中国食用菌》《中国水土保持》等专业刊物上发表论文9篇，其中第一作者4篇，国家级1篇。

食药用菌野生种质资源收集与利用课题组主要从事食药用菌研究。目前承担"山西省野生菌资源的收集与驯化"，成功收集并分离出野生食用菌资源17个，发现国内没有命名的野生食用菌1个。

课题组承担省级项目3项，在研的省级项目3项、院级的1项；申请专利（实用新型）3项；发表国家核心期刊论文4篇。

第五章

山西农业畜牧兽医研究科研创新

第一节 畜牧兽医研究所

畜牧兽医研究所有优势研究组 10 个，分别是晋阳白猪育种课题组、边鸡课题组、利用基因芯片技术对晋南牛种公牛进行分子选育与种质评价课题组、预防兽医学研究室、养兔研究室、特×藏×寒杂交选育技术研究、国家牧草产业技术体系太原综合试验站、畜牧环境与资源课题组、中兽医药研究课题组和动物基础医学研究室。涉及养猪学、猪育种学、家禽学、畜牧学、兽医学、草学、畜禽遗传育种、猪疾病研究和动物养殖技术 9 个学科。

一、晋阳白猪育种课题组

该课题组成立于 1958 年，现有科研人员 8 人，李文刚副研究员为课题组负责人。晋阳白猪育种课题组中有副研究员 5 人、助理研究员 3 人；50 岁以上 2 人、40~50 岁 2 人、30~40 岁 3 人、30 岁以下 1 人；遗传繁育博士 1 人。

研究组负责人李文刚，室主任，山西农业大学毕业，从事畜牧研究 30 多年，副研究员，主要进行猪的育种和饲料/饲养管理技术研究，猪舍设计和建设指导等，获山西省科技进步一等奖 1 项（排名 2）。

晋阳白猪育种课题组主要进行晋阳白猪的选育研究，改善山西省猪品种结构，提高生产水平，提供优质风味猪肉。

研究组 2008 年度获得山西省科技成果一等奖"瘦肉型母本系晋阳白猪的培育"，2005 年以来获山西省农村技术承包二等奖 6 项，完成国家成果转化项目 1 项，完成和承担省攻关项目 4 项，省星火项目 1 项，博士基金/青年基金项目各 1 项。发表论文 50 多篇，论著 5 部。

二、边鸡课题组

该课题组成立于 2007 年，现有科研人员 18 人，其中所内 13 人，丁馥香研究员为课题组负责人。边鸡课题组中有研究员 3 人、副研究员 2 人、助理研究员 6 人、研究实习员 2 人；50 岁以上 3 人、40~50 岁 6 人、30~40 岁 4 人。

边鸡课题组主要研究方向为：边鸡保种；分子标记辅助选育边鸡新品系；边鸡配套系选育；冷冻精液探索性研究。现承担农业部物种资源保护项目"边鸡保种与育种"，主要开展濒危畜禽品种——边鸡种质资源保护和优质资源开发利用（包括分子标记辅助选育边鸡新品系、边鸡配套系选育）。课题组共承担国家级项目 6 项、省级项目 7 项、院级项目 8 项，在研的国家级 1 项、省级的 1 项、院级 2 项；先后获山西省科技进步奖 2 项，三等奖 1 项；鉴定 3 项成果国际先进；制定的地方标准 3 个；发表论文包括 SCI 收录 2 篇，国家核心期刊 4 篇；作为主编或副主编出版论著 6 部。

三、利用基因芯片技术对晋南牛种公牛进行分子选育与种质评价课题组

该课题组现有科研人员 13 人，王曦副研究员为课题组负责人。课题组中有研究员 1 人、副研究员 4 人、助理研究员 8 人；50 岁以上 4 人、40~50 岁 2 人、30~40 岁 7 人；动物营养博士 1 人、遗传育种博士 1 人。

课题组负责人王曦，博士，副研究员。2012 年 6 月毕业于中国农业大学动物科技学院动物遗传育种与繁殖，获农学博士学位，研究方向为动物功能基因组研究。曾参加过辽宁省科技攻关等项目 5 项，现主持、参与承担国家"十二五"863 子课题等省级、部级科技项目 8 项，项目内容主要包括：晋南牛的遗传特性、晋南牛的分子选育、晋南牛的保种、晋南牛肉质性状的遗传机理研究与相关分子标记的开发应用；西门塔尔牛太行类群的传统改良，开放育种核心群的建立及选育提高；吕梁黑山羊的体细胞克隆等。以第一作者发表论文 12 篇，第一作者 SCI 收录论文 5 篇，参编大学教材 2 部。

利用基因芯片技术对晋南牛种公牛进行分子选育与种质评价课题组主要从事牛的传统改良与现代分子选育研究，对晋南牛种公牛进行分子选育，可分析公牛之间的血缘关系；可检测与产肉性能有关的优势基因；可对种公牛进行评价，进行分子辅助选择。

课题组对 2016 年"利用和牛提高中国西门塔尔牛太行类群生产性能关键技术研究"和"玉米秸秆微贮复合菌系的构建及作用机理研究"2 项省科技

厅下达的科研项目进行了成果鉴定，达到国际先进水平；国家级期刊发表文章3篇，SCI收录2篇；实用专利1个；制定地方标准4个。

四、预防兽医学研究室

该研究室成立于2007年，现有科研人员7人，詹丽娥研究员为课题组负责人。预防兽医学研究室中有研究员1人、副研究员1人、助理研究员5人；50岁以上2人、40~50岁1人、30~40岁4人。

课题组负责人詹丽娥，本科，1984年参加工作，研究员，山西省农业科学院畜牧所预防兽医学研究室主任。现任中国畜牧兽医学会家畜传染病学分会理事，山西省传染病学分会副秘书长，山西省微生物学会常务理事。2007年1月荣获第四届"山西省优秀科技工作者"称号；2007年9月特聘为山西农科110专家咨询委员会委员；2007年10月被评为山西省委联系的高级专家；2008年9月被山西省科协、山西省人事厅、山西省财政厅、山西省国资委授予2008年度山西省"科技奉献奖"先进个人一等奖；2009年9月28日经省委组织部和省农业厅推荐研究，詹丽娥同志被聘为山西省"12316"三农服务热线服务团专家。自参加工作以来一直从事预防兽医学——动物传染病学与人兽共患传染病学科研工作；主要研究方向为动物传染病的诊断和防制、人兽共患传染病发病机制及快速诊断、动物重要病原的分子生物学、动物流行病学及疫病防控体系的建立。

预防兽医学研究室主要从事家禽传染病研究。现承担"山西省鸡新城疫流行规律及防治技术研究与应用"，开展的工作：新城疫病毒RNA的提取及表达分析；监测并分析山西省内新城疫免疫抗体水平，制定合理的防控措施；应用病理石蜡切片技术研究组织病理变化。

预防兽医学研究室共承担项目18项，其中获得奖励的8项，目前在研项目3项；鉴定1项成果国际先进；发表核心期刊论文25篇。

五、养兔研究室

该研究室成立于1981年，属于国家獭兔养殖岗位，现有科研人员14人，任克良研究员为课题组负责人。养兔研究室中有研究员2人、副研究员6人、助理研究员4人、技师2人；50岁以上7人、40~50岁2人、30~40岁5人；动物遗传育种博士1人。

课题组负责人任克良，研究员，1986年毕业到畜牧所养兔研究室工作，1996年6月至1997年4月到日本岩手县畜产研究所学习、合作研究。先后主持和参加省级以上科研项目15项,获奖5项;获国家发明专利、实用新型专利各2个。发表论文70余篇;出版著作20余部。完成了肉兔杂交配套系和海狸色獭兔选育研究,推荐出獭兔饲养标准,制定出我国家兔产业应急预案,主编了《中国养兔学》等专著20余部;现任国家现代农业产业技术体系岗位科学家;中国畜牧兽医学会养兔学分会常务理事;中国兔业分会常务理事,专家组成员;《中国养兔》杂志编委。

养兔研究室主要从事家兔育种、营养、饲料资源开发及饲养管理研究,与体系其他岗位合作,完成了"我国家兔饲料资源数据库";"獭兔饲养标准及预混料研究"获山西省科技进步奖三等奖;"獭兔集约化生产关键技术研究与应用推广"获山西省科技进步二等奖;开展了"海狸色獭兔的选育研究",选育的海狸色獭兔遗传性稳定,体型较大,繁殖性能、皮毛质量优良。

研究室共承担国家级项目1项、省级项目6项、院级项目4项,在研的国家级的项目1项、省级的2项、院级的2项;先后获省级科技进步奖4项;通过省级成果鉴定的育种项目1个;发明专利3项、实用新型2项;鉴定5项成果国际先进;制定的地方标准4个;发表核心期刊论文15篇;出版专著20部,翻译著作3部。

六、特×藏×寒杂交选育技术研究课题组

该课题组成立于2011年,现有科研人员8人,王志武副研究员为研究组负责人。特×藏×寒杂交选育技术研究课题组中有研究员1人、副研究员2人、助理研究员5人;50岁以上1人、40~50岁4人、30~40岁3人。

研究组负责人王志武,副研究员,研究羊的饲养管理和繁殖育种。主持省级课题3项,获山西省科技进步奖4项,山西省农村技术承包奖5项。主编出版专著3部,撰写论文20多篇。

特×藏×寒杂交选育技术研究课题组主要研究特克赛尔、欧拉藏羊、小尾寒羊三元杂交后代的生产性能,选出优良个体进行横交选育,以期育成肉羊新品系。目前生产出繁殖率高、生长发育快、适应强的三元杂交群体特×藏×寒杂交群体,为肉羊新品系的育成奠定了良好的基础。

课题组共承担主持的省级项目5项、院级项目4项,在研的省级项目2项、院级项目2项;获得实用型专利3个;鉴定成果1项,达到国际先进水平;制定地方标准1项;发表论文10多篇;主编出版论著3部。

七、国家牧草产业技术体系太原综合试验站

2011年确立为国家牧草产业技术体系太原综合试验站，现有科研人员5人，石永红副研究员为研究组负责人。国家牧草产业技术体系太原综合试验站中有研究员1人、副研究员2人、助理研究员2人；50岁以上2人、40~50岁2人、30~40岁1人；草学博士1人。

研究组负责人石永红，副研究员，博士研究生，中国草学会理事、育种专业委员会理事；山西省农业项目专家库专家。国家牧草产业技术体系太原综合试验站站长。

试验站在北部和中南部分别进行了21个和51个国内外优良苜蓿品种的适应性筛选试验示范，初步筛选和示范了适宜的苜蓿品种。收集示范了饲用玉米、高丹草、饲用燕麦等一年生饲料作物品种16个。初步确立了本地区旱作苜蓿适宜的苜蓿品种、播种量以及刈割方式。开展了盐碱地苜蓿建植施肥技术、优质苜蓿适时收获及干草调制技术的集成与示范，示范了优质苜蓿干草调制、苜蓿高水分混合青贮调制等技术。集成示范了苜蓿干草机械化生产技术和青贮苜蓿混合窖贮的机械化生产技术，初步总结出了一套适应本地区苜蓿生产的优质、高产、高效栽培技术。申报苜蓿新品种1个，出版专著3部，提出地方标准3项，获得国家发明专利授权1项，获山西省农村技术承包奖集体一等奖1项。

试验站在研的项目4项；先后获得13项科技奖励；审定2个品种；获得1项专利；制定地方标准3个。

八、畜牧环境与资源课题组

该课题组成立于2016年，现有科研人员9人，韩一超研究员为研究组负责人。畜牧环境与资源课题组中有研究员2人、副研究员5人、助理研究员1人、研究实习员1人；50岁以上4人、40~50岁3人、30~40岁2人。

研究组负责人韩一超，1983年黑龙江八一农垦大学本科毕业，同年分配到山西省农业科学院畜牧兽医研究所工作，现任山西省农业科学院畜牧兽医研究所副所长，研究员。参加工作以来，韩一超同志先后主持和参加省级科研项目10余项。主持的"奶牛子宫内膜炎免疫防治技术研究"项目获山西省科技进步二等奖，"猪附红细胞体病快速诊断及防治研究"获山西省科技进步三等奖。参加项目"规模化猪场母猪精确饲喂舍饲散养工艺及配套设备"等获山西省科技进步奖二等奖2项，"优种羊胚胎移植技术研究"等项目获山西省科

技进步三等奖3项；主持的"山村高效养猪配套技术"获省农村技术承包二等奖。同时结合科研工作在各种科技刊物上发表学术论文40余篇，主编和合编学术专著15余部。

畜牧环境与资源课题组主要从事畜禽健康养殖工艺及其配套设备、畜禽养殖环境控制技术等方面的研究开发工作。目前承担"十二五"农村领域国家科技计划课题"生猪生态养殖关键技术及设备研发"，已获得山西省农村承包一等奖1项，二等奖2项；获得实用新型专利5项；申报发明专利5项正在公示，实用新型专利1项，已授权；软件登记2个；发表论文4篇，其中核心期3篇，省级刊物1篇。

该课题组承担的所有的国家级项目3项，省级项目19项，院级项目4项，其中在研国家级项目1项，省级项目2项；获得山西省科技进步二等奖1项，山西省农村承包一等奖3项、二等奖3项；获得实用新型专利6项；申报发明专利5项正在公示，实用新型专利1项，已授权；软件登记5项；成果鉴定3项，均达到国际先进水平；制定山西省地方标准3项；发表论文共14篇，其中核心期刊4篇，省级期刊10篇；做为主编或副主编编写著作3部。

九、中兽医药研究室

该研究室成立于1984年，现有科研人员5人，武果桃副研究员为课题组负责人。中兽医药研究室中有副研究员3人、助理研究员1人；50岁以上1人、40~50岁3人、30~40岁1人。

研究室负责人武果桃，获山西省科技进步奖二等奖2项，获山西省农村技术承包二等奖2项，获山西省农村技术承包三等奖1项。主持项目：现主持山西省农业科学院重点攻关项目"奶牛规模化高效养殖技术研究"，主持的山西省科技攻关项目、山西省"百、千、万"科技强农富民专项计划"奶牛标准化高效养殖关键技术"项目、山西省科技攻关项目、山西省农科院青年基金项目及高新技术项目及参加的国家科技支撑项目"舍饲草食畜疾病防控技术集成研究"均已圆满完成并通过验收。参加各类课题项目10多项。发表论文共30多篇。

中兽医药研究室现承担山西省科技攻关项目"奶牛隐性乳房炎酶学监测及中药防治技术研究"。近10年来，随着研究的深入，发现许多酶类在隐性乳房炎的病理学过程中起着十分重要的作用，并有重要的诊断意义。不同的病原微生物感染乳腺呈现不同的酶象变化，这些都为间接诊断隐性乳房炎、判断有关乳腺组织损害程度提供了科学依据。如何将酶、蛋白作为奶牛隐性乳房炎的指示性指标，建立奶牛隐性乳房炎的快速、准确的早期诊断方法，已成为分子生物学研究的热点。经查新：这方面研究国内还处于空白。项目预期形成奶牛隐性乳房炎快速、准确的早期监测的酶学诊断方法、奶牛隐性乳房炎 MPO 标准，研制奶牛隐性乳房炎中药配方，预防隐性乳房炎发生，减少隐性乳房炎给奶牛业造成的巨大经济损失。

中兽医研究室于 1984 年正式成立，1996 年更名为中兽医药研究室。研究室成立以来，共获得山西省科技进步奖 2 项；获山西省农村技术承包二等奖 4 项；共承担各类课题、项目 29 项，鉴定成果 2 项；授权国家发明专利 1 项；制定地方标准 2 项，发表论文 50 多篇，参加编写专著 4 部。

十、动物基础医学研究室

该研究室成立于 2007 年，现有科研人员 10 人，姚敬明研究员为课题组负责人。动物基础医学研究室中有研究员 4 人、副研究员 2 人、助理研究员 2 人、研究实习员 3 人；50 岁以上 5 人、40~50 岁 1 人、30~40 岁 4 人、30 岁以下 1 人。

研究室负责人姚敬明，研究室主任，研究员，1982 毕业于山西农业大学兽医专业，从事鸡猪传染病研究。获山西省科技进步奖二等奖 2 项、三等奖 1 项；省农村技术承包一等奖三项，二等奖 3 项，发表论文 50 多篇。

动物基础医学研究室主要从事规模化猪场猪的饲养管理和主要疫病分子生物学检测诊断与防控技术研究，现承担山西省科技攻关项目"山西猪流行性腹泻病原研究及防控对策"。开展的工作：（1）查明山西省仔猪腹泻主要是猪群感染猪流行性腹泻病毒所致；（2）通过对猪流行性腹泻病毒山西分离株遗传变异分析，揭示了山西流行株向偏离疫苗毒株 CV777 方向发展，为今后该类疫苗的研究提供了理论依据，补充了中国猪流行性腹泻病毒分子流行病学研究缺乏山西数据的状况；（3）免疫情况调研初步筛选出最佳免疫程序，为下一步免疫防控技术研究奠定了基础。

动物基础医学研究室共承担国家星火项目 1 项、省级项目 16 项、院级项目 5 项，在研的省级项目 5 项；先后获得省科技进步奖二等奖 2 项，三等奖 1 项，农村技术承包一等奖 1 项，二等奖 4 项；鉴定 5 项成为国际先进，1 项为国内领先；在国家核心期刊发表论文 29 篇。

第二节 饲料兽药研究所

饲料兽药研究所有优势课题组1个,中兽药及药理研究课题组。涉及动物营养学1个学科。

该课题组成立于2013年,现有科研人员3人,杨裕副研究员为课题组负责人。中兽药及药理研究课题组中有副研究员1人、助理研究员2人;40~50岁2人、30~40岁1人;预防兽医学博士1人。

课题组负责人杨裕,参加工作以来共主持和参加省级以上科研项目14项,其中:山西省科技攻关项目4项;山西省星火项目3项;山西省农业示范推广项目1项;山西省财政支农项目3项;农村技术承包项目3项。获2项科技成果。其中:山西省农村技术承包一等奖2项、二等奖1项。主持完成的"提高仔猪成活率营养技术调控研究"和"应用天然植物添加剂调控猪肉品质的技术研究"两个攻关项目都已经通过山西省科技厅组织的专家鉴定,均达到"国际先进"水平。

中兽药及药理研究课题组主要从事中兽药的基础理论研究和应用研究。课题组承担省级项目2项、院级项目3项,在研院级项目3项;鉴定成果国际先进2项;发表国家核心期刊论文5篇。

第六章

山西农业环境保护研究科研创新

第一节 农业环境与资源研究所

农业环境与资源研究所有优势课题组 5 个，分别是：养分资源综合管理课题组、植物营养与土壤环境调控研究组、内陆盐碱地综合治理与高效利用技术研究课题组、矿区复垦与土壤修复课题组、耕地质量培育课题组。涉及植物营养学、土壤学、农业微生物学 3 个学科。

一、养分资源综合管理课题组

该课题组成立于 2003 年，现有科研人员 9 人，杨治平研究员为课题组负责人。养分资源综合管理课题组中有研究员 2 人、助理研究员 3 人、研究实习员 4 人；50 岁以上 1 人、40~50 岁 1 人、30~40 岁 3 人、30 岁以下 4 人；博士 2 人。

课题组负责人杨治平研究员，博士，硕士生导师，三级研究员，农业环境与资源研究所副所长。主要研究方向：作物养分资源综合管理；新型肥料产品的研制与开发；盐碱地改良机理与技术研究。先后获得山西省科技成果一等奖 1 项、二等奖 4 项、三等奖 2 项。发表 SCI 收录论文 2 篇，国家核心期刊论文 7 篇；取得国家发明专利 1 项；制定地方标准 2 项。主持项目有科技部中美国际科技合作项目 1 项，农科院财政支农项目 1 项，农科院示范推广项目 1 项。

养分资源综合管理课题组主要研究方向：土壤-作物系统高产高效养分管理技术。课题组自 2003 年成立以来，先后承担农业部 948、农业部公益性行业（农业）科研专项"十一五"和"十二五"、科技部中澳国际合作项目、科技部中美国际科技合作项目、科技厅科技攻关项目、科技厅成果转化项目、农科院推广项目、农科院财政支农项目等 10 项,在研项目 3 项。先后获得山西省科技进步一等奖 1 项,山西省科技进步二等奖 4 项,山西省科技进步三等奖 2 项,取得国家发明专利 2 项,软件著作权 2 项。鉴定成果 1 项(国际先进);发表论文 30 余篇,其中 SCI 收录 2 篇,国家核心期刊 10 篇;制定地方标准 3 项。

目前承担"养分资源综合管理技术研究与应用",取得的成果:(1)构建了山西省春玉米养分资源综合管理技术体系;(2)研发了基于 GIS 平台的区域化玉米专用肥和区域化玉米高氮缓释肥;(3)建立了春玉米一次性施肥新技术,并在山西省主要种植区进行了大面积的示范与推广。

二、植物营养与土壤环境调控项目组

该课题组成立于 2001 年,现有科研人员 8 人,焦晓燕研究员为课题组负责人。植物营养与土壤环境调控项目组中有研究员 2 人、副研究员 3 人、助理研究员 1 人、研究实习员 1 人;50 岁以上 3 人、40~50 岁 2 人、30~40 岁 3 人;博士 2 人。

课题组负责人焦晓燕研究员,英国 Sheffield 大学植物营养学博士,主要从事设施蔬菜高效施肥技术、高粱高效施肥及施肥与品质关系等方面的研究工作,主持完成国家科技支撑计划项目、山西省重大攻关项目、山西省科技厅、山西省财政厅等省部级项目 50 余项;获山西省科技进步奖一等奖 1 项,山西省科技进步二等奖 3 项,山西省科技进步三等奖 1 项,省农村技术承包奖 2 项;共发表论文 70 余篇,获国家发明专利授权 2 项。

植物营养与土壤环境调控项目组主要研究方向:设施蔬菜高效水肥管理技术研究,高粱提质增效施肥及其对土壤环境影响。自 2001 年以来,一直从事设施蔬菜高效水肥管理技术研究和高粱提质增效施肥及其对土壤环境影响等方面的研究工作,主要完成了国家级省部级各类科研项目 50 余项,目前在研的国家级项目 1 项、省级项目 4 项、院级项目 2 项;研究成果获省级科技奖励 7 项;授权 2 项国家发明专利、3 项实用新型专利;鉴定成果 8 项,均达国际先进水平;制定山西省地方标准 8 项;发表相关论文 70 余篇;培养研究生 20 余人;新技术累积推广应用 10 万亩以上。

目前承担了国家高粱产业技术体系营养土肥岗位专家;设施农业提质增效水肥高效管理理论与技术。取得的成果如下。

(一)高粱产业技术体系成果

(1)研究了不同生态区适于机械化高粱品种的养分需求规律、优化了施肥技术（方式与量）及适宜密度与栽培模式、明确了适宜收获与品质关系，建立了不同区域高粱机械化栽培规程，节工增效，制定地方标准2项。

（2）研究了酿造高粱主产区土壤养分供给状况，用于不同香型酒类（酱香型、浓香型及清香型）酿造高粱的养分需求规律，研发了不同区域高粱专用肥；研究了有限灌溉条件下酿造高粱水分需求特征，研究了高粱水肥管理与高粱品质关系，制定了山西省地方标准《酿造高粱栽培技术规程》1项。

（3）研究氮肥用量、不同氮肥类型、不同缓效氮肥类型对高粱产量、品质和环境的影响，建立了高粱高效施肥技术，与农民习惯比较节省N 3~5千克/亩，节省氮肥20%~30%。

（4）建立了盐碱地高粱播种、施肥、覆膜、喷施除草剂、免间苗的高效栽培技术，为开发利用盐碱地和边际土壤种植高粱提供了技术支撑，制定了山西省地方标准《盐碱地高粱栽培技术规程》1项。

（5）研究了高粱连作障碍机理和利用微生物制剂、不同作物轮作减轻高粱连作障碍技术。

（6）"十二五"期间，在全国共组织培训观摩18次，培训2 000人次，发放宣传资料2 000份，新技术累积推广应用2万亩。培养研究生8人，发表论文近20篇，获专利3项，制定地方标准4项，研发新产品3项。

（二）设施蔬菜方面成果

调查了山西省日光温室蔬菜生产施肥现状，明确了番茄、黄瓜、西葫芦及苦瓜等蔬菜的养分需求规律；研究了日光温室土壤电导率、pH值及肥力、土壤团粒结构及微生物变化规律；采用原位微渗漏计方法，研究了日光节能温室条件下常用有机肥鸡粪、牛粪及猪粪的氮素矿化特征，结合蔬菜需肥特征，建立了有机肥化学肥料合理使用技术体系；研究和建立了日光节能温室黄瓜、番茄水肥一体化技术，制定了光节能温室黄瓜、番茄水肥一体化技术规程；定位研究了水肥一体化及漫灌对土壤物理性状的影响；研究了补充碳源、添加秸秆、水肥管理技术对设施土壤生态环境的影响研究；研发了设施土壤生态活性调理剂系列产品。研究成果获省部级科技奖励近10项，制定山西省地方标准4项，授权2项国家发明专利，发表相关论文50余篇。

三、内陆盐碱地综合治理与高效利用技术研究课题组

该课题组成立于2000年，现有科研人员9人，张强研究员为课题组负责人。内陆盐碱地综合治理与高效利用技术研究课题组中有研究员1人、副研究员3人、助理研究员4人、研究实习员1人；50岁以上1人、40~50岁3人、

30~40 岁 4 人、30 岁以下 1 人；博士 1 人。

课题组负责人张强研究员，现任山西省农业科学院农业环境与资源研究所所长，博士，山西省土壤环境与养分资源重点实验室主任，中国植物营养与肥料学会常务理事，中国腐植酸工业协会理事，山西省土壤肥料学会副理事长，山西大学硕士研究生导师，九届山西省青联委员。1998 年 1 月至 1999 年 1 月赴新西兰皇家科学院环境科学研究所做访问学者，2005 年 2—5 月赴荷兰瓦格宁根大学作高级访问学者。先后主持完成国际合作、国家、省、部级科研项目 20 多项，获国家科技进步二等奖 1 项，山西省科技进步奖一等奖 2 项，山西省科学技术进步二等奖 4 项，山西省科技进步三等奖 3 项。近年来，先后发表学术论文 30 篇，其中被 SCI 收录 3 篇，国家学报论文 5 篇，国家核心期刊论文 13 篇。1994 年和 1999 年 2 次被评为农科院先进工作者，2000 年被评为"山西省优秀归国留学人员"。2005 年荣获山西省社会主义劳动竞赛委员会颁发的"五一劳动奖章"和山西省农林水气劳动竞赛委员会颁发的"五一劳动奖章"。

内陆盐碱地综合治理与高效利用技术研究课题组主要研究方向为内陆盐碱地水盐动态监测、盐碱地综合改良、盐碱地高效利用。课题组承担国家和省级科研项目 15 项，总经费 2 700 万元，获山西省农村技术承包二等奖 2 项，鉴定科技成果 2 项，均达到国际先进水平，申请国家发明专利 10 项、授权 6 项，制定山西省地方标准 6 项，发表论文 25 篇，培养研究生 12 名。

课题组目前承担"山西省盐碱地改良技术研究与示范"项目，主要工作任务是在内陆盐碱地水盐动态监测的基础上，从耐盐碱作物种类和品种的选择，化学改良水利措施、种植模式等技术的集成方面进行研究，尽量降低盐碱地改良的成本、时间，迅速改良土壤，加速回报时间。课题组承担的"大同盆地盐碱地综合改良技术示范"，2012 年获山西省农村技术承包二等奖；"内陆盐碱荒地快速改良及高效利用技术研究"鉴定为国际先进；申请国家发明专利 9 项、授权 5 项；制定山西省地方标准 6 项；发表论文 9 篇。

四、矿区复垦与土壤修复课题组

该课题组成立于 2006 年，现有科研人员 6 人，张强研究员为课题组负责人。课题组中有研究员 3 人、副研究员 1 人、助理研究员 2 人、研究实习员 1 人；50 岁以上 3 人、30~40 岁 3 人、30 岁以下 1 人。

郜春花，山西大学生物工程学院硕士生导师。先后主持和参加国家级和省级科研项目 20 多项，获山西省科技进步二等奖 5 项，山西省科技进步三等奖

1项，山西省农村技术承包一等奖1项。在《农业工程学报》《中国生态农业学报》和《水土保持学报》等学术刊物发表研究论文40余篇。

矿区复垦与土壤修复课题组主要研究方向：矿区复垦、农业环境微生物、矿区土壤固碳、污染土壤修复。课题组成立以来，承担的国家级项目2项、省级项目9项、院级项目8项、在研的省级项目3项、院级项目3项；先后获得山西省科技进步二等奖1项，山西省农村技术承包奖集体一等奖1项，二等奖1项，申请发明专利4项，授权2项，成果鉴定国际领先1项、国际先进3项；制定地方标准4项；发表论文21篇，国家核心期刊论文21篇。

五、耕地质量培育课题组

该课题组成立于1991年，现有科研人员7人（其中3名为在读硕士），周怀平研究员为课题组负责人。课题组中有研究员、副研究员、助理研究员各1人，4人待聘；50岁以上1人、30~40岁2人，30岁以下1人；博士2人。

课题组负责人周怀平，研究员，现任山西省农业科学院农业环境与资源研究所党支部书记、副所长。长期从事旱地农田土壤水肥资源的可持续利用及工农业、生活废弃物资源化利用等研究工作。承担了国家"七五"至"十二五"科技攻关（支撑）项目和省部级项目的研究和技术推广工作。获得国家、部省级的科技成果奖励11项，在学术刊物上发表论文40余篇，其中第一作者文章19篇，参加了《中国土壤肥力演变》《中国主要作物施肥指南》《农田土壤培肥》等6部著作的编写工作。

耕地质量培育课题组主要从事土壤肥力维持与提升、耕作土壤养分循环利用、有机物料有效利用等方面的研究。承担国家"七五"至"十二五"科技攻关或支撑项目等12项，承担山西省级项目8项、院级项目6项；获得国家级、省部级奖11项，其中主持完成山西省科技进步奖二等奖2项、三等奖1项和山西省农村技术承包技术集体二等奖2项；制定山西省地方标准2项、获得国家实用新型专利授权4项；鉴定成果5项，其中国际先进3项、国内先进2项；发表论文51篇、参加6部专著编写工作；培养1名博士、8名硕士。

该课题组目前承担"褐土质量演变规律的研究与应用"项目。获得的成果：（1）褐土质量演变规律与持续利用技术研究，2015年度山西省科技进步奖二等奖；（2）旱地农田水肥效应及调控模式，2003年度山西省科技进步奖二等奖；（3）沟坝旱地春播玉米秸秆粉碎还田秋施肥技术规程，DB14/T 923—2014；（4）垣坪旱地春玉米秸秆冬春覆盖还田深施肥技术规程，DB14/T 1167—2015。

第二节 植物保护研究所

植物保护研究所有优势课题组8个，分别是粮食作物病害研究课题组、农药科学施用及害虫绿色综防技术研究课题组、农药应用及病虫治理课题组、农业害虫灾变与调控课题组、害虫生物防治——生防室、土壤有害生物研究室、果树蔬菜病害课题组和农林鼠害研究课题组。涉及植物病理学、植物保护学、昆虫生态学、害虫生物防治和鸟兽类防治5个学科。

一、粮食作物病害研究课题组

该课题组成立于1975年，现有科研人员7人，原宗英研究员为课题组负责人。粮食作物病害研究课题组中有研究员2人、副研究员2人、助理研究员2人、待聘1人；50岁以上4人、40~50岁2人、30岁以下1人；植物病理学博士1人。

课题组负责人原宗英，研究员，主要从事小麦气流传播病害的研究工作，先后主持和参加国家级、省部级科研项目10余项，获科研成果奖6项，在国家级、省级学术刊物上发表论文30余篇，2008年获山西省科技奉献个人一等奖。山西省现代农业产业技术体系小麦产业岗位专家、山西省第六届农作物品种审定委员会小麦专业委员会委员、山西省农科院党委联系的高级专家、山西省农科院植物保护研究所学术委员会委员。

粮食作物病害研究课题组主要从事小麦、玉米、杂粮、马铃薯等重要粮食作物病原菌监测、品种抗性鉴定和防控技术研究及应用研究。40多年来，课题组一直承担小麦育种和品种审定的抗病性鉴定工作，从"十五"至"十二五"期间共鉴定山西省品种审定委员会和各育种单位提供的小麦品种和育种材料2 188份，为生产上推荐了一大批兼具抗病性和丰产性的品种；另外，课题组对小麦条锈病、叶锈病和白粉病病菌的毒性监测已有几十年历史，对病害各时期流行小种组成、变化进行了系统监测，并对不同时期主要流行小种做出准确、及时预报，研究成果获山西省科技进步二等奖。课题组共承担国家级项目3项；省级项目16项；院级项目15项；获得国家级1项、省部级7项、发明专利1项；鉴定国内领先成果2项；制定的地方标准2项；发表国家核心期刊论文9篇；作为主编出版论著1部。

二、农药科学施用及害虫绿色综防技术研究课题组——农药室

该研究室成立于2008年，2013年确定为农业部太原作物有害生物科学观测实验站，现有科研人员9人，其中正式职工6个，聘用人员3人，范仁俊研究员为课题组负责人。农药室中有研究员1人、副研究员2人、助理研究员2人、研究实习员4人；50岁以上2人、40~50岁2人、30~40岁2人、30岁以下3人；农业昆虫与害虫防治博士2人。

农药室负责人范仁俊，研究员，1982年7月毕业于中国农业大学植保系，1982—1985年中国农业科学院甜菜所工作，1985年调入山西省农业科学院植保所工作至今，现任植保所所长。主要从事农业害虫防治以及农药高效安全科学施用技术研究。为有害生物综合治理山西省重点实验室主任、农业部太原作物有害生物科学观测实验站负责人、果蔬病虫害综合防控山西省科技创新团队带头人、农业部药检所药效试验山西植保所技术总负责人。兼任山西省昆虫学会副理事长、中国植保学会理事、中国农药应用与发展协会常务理事、《应用昆虫学报》编委、《中国植保导刊》编委。先后主持国家公益性行业（农业）科研专项经费项目、山西省科技创新项目、山西省农业技术推广示范行动项目、山西省科技攻关项目等20余项。主持项目获山西省科技进步奖二等奖7项、三等奖1项，山西省农村技术承包一等奖1项，中国植保科技三等奖1项。主编或参编《山西省保护性耕作地的杂草及病虫害防治》《山西叶甲》等专著10余部；发表学术论文78篇，其中：SCI刊源文章4篇，国家级学术刊物35篇，省级刊物39篇。申报国家相关专利9项，制定起草行业标准5项。

农药室主要研究方向：绿色高效农药新制剂的研究开发；农药高效安全科学施药技术研究；害虫绿色综合防控技术研究；害虫绿色综合防控新产品、新技术的优化集成和应用；农药安全性评价。

目前承担的研究如下。

"果树梨小食心虫监测和绿色防控新技术研究与示范"，该项目针对梨小食心虫为害严重、预测预报不规范、防控难、防效差等突出问题，开展了梨小食心虫发生为害规律、灾变机制，赤眼蜂动态监测和生物生态学特性，关键防控技术研究、集成及推广等创新研究。项目实施获授权专利6项，计算机软件著作权1项，制定农业行业标准和山西省地方标准5项，获准农药产品登记1项，发表论文21篇，出版论著2部。项目研发的新技术、新产品、新标准已在山西省运城、临汾、晋中和忻州等地及陕西、山东、河北、新疆、辽宁等省

区进行了大面积示范推广应用,累计示范推广618.48万亩,农药使用量减少20%以上,为害率控制在5%以下,累计获得经济效益212 203万元(根据中国农业科学院农业经济与发展研究所《农业科技成果经济效益计算办法》缩值后经济效益133 344.29万元),同时获得了显著的社会和生态效益。获得山西省科技进步奖二等奖。

"水基化农药制剂的转化及推广应用"项目对20%阿维·杀虫单微乳剂、4%高氯·甲维盐微乳剂、2%甲维盐微乳剂、20%虫酰肼悬浮剂等水基化制剂进行产业化开发,并推广应用200万亩,不仅可为农民挽回经济损失上亿元,而且对逐步增加环保新制剂的应用范围和用量,实现农产品质量安全,保障人民生命健康具有现实意义,也有利于农业生产的无害化和农业生态环境安全。同时对提升山西农药研究和应用技术水平也有重要意义。获得山西省科技进步二等奖。

"新型无公害苹果生产技术"项目针对临猗县苹果栽培、土壤管理、病虫害防治及果品质量控制等环节中存在的重点和难点问题,将山西省农科院及植保所近年来的研究成果和国内外新型技术与器械进行优化集成,形成了集"高光效树形修剪""果园放蜂""膜+纸双层套袋""果园生草""平衡施肥""病虫害绿色防控及农药高效使用技术"为一体的"六配套"无公害苹果标准化生产技术,同时引进了套袋机、施肥机、割草机、杀虫灯和弥雾机等新型器械;在物资方面,引进了纸袋、优质有机肥、配方肥、新品种草籽、粘虫板和农药等。获得山西省农村技术承包一等奖。

农药室主持国家级和省部级项目共9项;获省部级科技奖励3项,发表论文19篇,参与3部著作编写,获得发明专利4项、实用新型专利4项;行业标准5项;地方标准6项。

三、农药应用及病虫治理课题组

该课题组成立于2014年,为农业部太原有害生物观测试验站,现有科研人员4人,张润祥研究员为课题组负责人。农药应用及病虫治理课题组中有研究员1人、副研究员1人、助理研究员1人、研究实习员1人;50岁以上1人、40~50岁1人、30~40岁2人;农业昆虫与害虫防治博士1人、在读博士1人。

课题组负责人张润祥,研究员,主要从事农药及其应用技术研究。2004年被聘为研究员。现为山西省果蔬病虫害综合防控科技创新团队和农业有害生物综合治理山西省重点实验室农药学科学术带头人,山西现代农业产业技术体

农业科技创新能力建设研究——以山西省农业科学院为例

系水果体系岗位专家。兼任山西省植物保护学会理事会理事,山西农科110专家咨询委员会委员。

农药应用及病虫治理课题组主要研究方向为农药协同增效及减量化防治和害虫抗药性及化学防治。课题组经过研究,首次建立了梨小食心虫的室内毒力测定方法;减少了苹果园中农药用药量;明确了苹果园中主要害虫害螨的抗药性动态水平,在抗性领域属于国内中等水平。

课题组共承担科研项目8项、省级奖项5项;发明专利1项、实用新型专利3项;制定地方标准5项;发表论文国家级14篇;出版专著2部。

四、农业害虫灾变与调控课题组

该课题组成立于1997年,现有科研人员2人,赵飞副研究员为课题组负责人。农业害虫灾变与调控课题组中有研究员1人、助理研究员3人;40~50岁2人、30~40岁2人;作物生态学博士1人、林学博士1人、农业昆虫与害虫防治博士2人。

课题组负责人赵飞,副研究员,参加各类科研项目30余项(其中国家级7项,省部级16项),主持项目8项(其中省部级以上5项)。获山西省科技进步奖一等奖2项(排名第2和第5)、三等奖2项(排名第5和第6)、山西省农村承包二等奖1项(主持)。发表学术论文50余篇(其中SCI论文3篇,第一作者在 Journal of Animal Ecology 发表的论文被 Faculty of 1000 Prime 收录),参与编写论著4部、行业标准2项(其中第一起草人1项),实用新型专利授权2项(第1完成人)。长期从事农业害虫综合治理研究工作,在枣树害虫、蔬菜害虫和小麦害虫发生规律与生态调控方面具有专长,负责的团队近年来在气候变暖对农业昆虫影响研究方面的成绩突出。现为山西省农业科学院植物保护研究所农业昆虫研究室主任,农业部田间药效试验杀虫剂技术负责人、山西省昆虫学会常务理事。

农业害虫灾变与调控课题组主要从事农业害虫应对气候变化研究和蔬菜、谷类、果树害虫灾变规律及生态调控研究。赵飞以第一作者撰写的"全球气候变暖夜间温度升高对麦蚜等小型节肢动物生活史产生独特影响",在生态学经典期刊 Journal of Animal Ecology 发表(SCI动物学排名第1,中科院1区,IF=4.7),并由国际知名生态学专家、美国北卡罗来纳大学 Kingsolver 教授点评推荐F1000收录。美国气候变化讨论在线文摘 "CO_2 Science" 也以 "The impacts of hot days with night warming on small insect pests" 为题对该成果进行了评述,在国内外产生了很大的学术影响。

课题组共承担或参与国家级项目8项、省级项目21项、院级项目7项，在研的省级项目4项、院级的3项；获山西省科技进步奖一等奖2项、三等奖2项，山西省农村技术承包二等奖1项；"金昌一号"获批国审新品种；申请实用新型4项；制定的国行标2项；发表SCI收录论文7篇、国家核心期刊50篇；参编出版论著2部。

五、害虫生物防治——生防室

该研究室成立于1975年，现有科研人员3人，李唐研究员为课题组负责人。生防室中有研究员1人、助理研究员2人；50岁以上1人、30~40岁2人；农业昆虫与害虫防治博士1人、在读博士1人。

课题组负责人李唐，硕士，研究员，山西省农科院植保所生防室主任。参加工作以来，先后主持或参加国家级、省级、院级科技项目20余项，获山西省科技进步一等奖1项、二等奖3项；获山西省农村技术承包奖4项；发表学术论文50余篇；参编著作4部；获专利1项；制定农业行业标准3项、山西省地方标准5项。

生防室主要从事害虫生物防治研究。目前承担"优势种天敌赤眼蜂繁育与防控农业害虫技术研究与应用"，团队经过研究，掌握了中间寄主米蛾饲养技术，重要赤眼蜂繁育技术和赤眼蜂防控果树、玉米重要害虫技术。

生防室共承担国家项目（参加）8项、省级项目17项、院级项目5项。在研的省级项目1项、院级项目1项；获国家级科技奖（协作）1项、农业部科技奖（主持）1项、（协作）1项、省级科技奖（主持）7项、（协作）4项；获实用新型专利（参加）1项；鉴定成果10余项；制定农业行业标准（参加）3项、山西省地方标准（主持）10项、（参加）2项；发表SCI论文1篇、核心期刊论文10篇。

六、土壤有害生物研究室

该研究室成立于1994年，现有科研人员3人，董晋明研究员为课题组负责人。土壤有害生物研究室中有研究员1人、助理研究员2人、研究实习员1人；50岁以上1人、30~40岁1人、30岁以下1人；农业昆虫与害虫防治博士1人。

课题组负责人董晋明，三级研究员，现任山西省农业科学院植物保护研究所土壤有害生物研究室主任，长期从事植物保护及农产品加工和无公害农产品生产开发工作，具有丰富的科研实践经验。主持承担国家级、省级项目10余项，获得山西省科技进步奖4项，山西省农村技术承包奖1项，申请发明专利2项，参编《中国农作物病虫害》1部。发表论文30余篇，制定山西省地方标准1项。在农业技术推广、服务基层方面，建立试验示范基地4个，对春播玉米、夏玉米、冬小麦3种主要农作物地下害虫综合防控技术进行示范推广，面积达26万余亩，取得经济效益2 900万元，主持完成的山西省重点项目"无公害苹果生产技术推广应用"，在山西省果区推广面积50万亩次，社会经济效益1.7亿元，取得良好的经济效益和社会效益。

土壤有害生物研究室主要从事土壤有害生物综合治理、地下害虫生物生态学及地下害虫生物化学与分子生物学研究。

承担的"小地老虎在山西省的发生规律"研究，得到了如下结论。(1) 小地老虎越冬代成虫在山西省的降落时间，从南到北相差近40天。(2) 各地降落时间主要与当地温度回升状态和高空冷热气流交汇有关，下雨前一天为降落峰值。(3) 成虫降落量与幼虫危害率之间未发现直接相关性。(4) 幼虫田间分布呈明显片块型，且卵孵化后的低龄幼虫期发生在春玉米出苗前。对指导田间防治意义重大。

承担的"二点委夜蛾在山西省的发生规律及防控技术"研究，发现二点委夜蛾本地越冬，在山西省临汾市和运城市1年发生4代，在山西北部不造成为害。研究论文已在国家级期刊发表。

开展了一系列地下害虫的分布及迁移规律研究，如"小麦田地下害虫周年迁移规律的研究""地下害虫环保型关键技术研究（种衣剂及新型环保药剂的研究）""不同生态区不同作物地下害虫综合防控技术的集成和示范"。

经过多年的研究，研究室掌握了地下害虫小地老虎、蛴螬的饲养技术，可在室内进行连续多代饲养，为后续研究提供了保障。本研究室在地下害虫方面的研究不仅为山西地下害虫的防治提供了理论支持，也得到了国内同行的肯定，处于国内领先水平，得到的结果均有可能在国际刊物上发表。

土壤有害生物研究室共承担国家级项目2项、省级项目4项、院级项目3项，在研的国家级1项、院级1项；获得山西省科技进步奖4项，山西省农村技术承包奖1项；发明专利2项；鉴定国际先进成果1项；制定地方标准1项；发表SCI论文2篇，国家级期刊论文10篇。

七、果树蔬菜病害课题组

该课题组成立于1985年，为农业部太原有害生物观测试验站，现有科研人员6人，赵晓军研究员为课题组负责人。果树蔬菜病害课题组中有研究员1

人、助理研究员 3 人、研究实习员 2 人；40~50 岁 1 人、30~40 岁 4 人、30 岁以下 1 人；植物病理学博士 1 人。

课题组负责人赵晓军，农学博士，研究员，山西省农业科学院植保所副所长，农业有害生物综合治理山西省重点实验室副主任，山西省植物保护学会副秘书长，山西农业大学、山西大学硕士生导师，山西省学术技术带头人，国家农业部杀菌剂药效田间登记试验负责人，山西省蔬菜产业技术体系岗位专家，山西省蔬菜品种抗病性鉴定负责人。主要从事植物病害的综合治理、杀菌剂生测及病原菌抗药性等方面的工作。参加工作以来共主持省、市、院级项目 10 余项；参加农业部公益性行业（农业）科研专项 1 项，参加省级项目 6 项。获得农业部科技进步二等奖 1 项，省科技进步二等奖 2 项，省农村技术承包奖 1 项，鉴定为国际先进水平的成果 3 项，品种审定 1 项。迄今已在 *Crop Protection*、《菌物学报》《植物保护》《农药》《中国蔬菜》《山西农业大学学报》《山西农业科学》等杂志共发表论文 50 余篇。出版专著 1 部。编写或参与编写标准 8 项。

果树蔬菜病害课题组主要从事蔬菜果树病害病原菌种群结构及其绿色防控技术研究、杀菌剂生测（田间及室内）、病原菌抗药性检测及机理等研究。经过研究，取得了以下成果。

（1）明确山西省黄瓜主要病害病原菌对常用防治药剂的抗药性水平并提出抗药性治理策略，在全省各黄瓜种植区进行推广，2011—2013 年 3 年累计推广面积达 57.5 万亩次，累计增加经济效益 20 125 万元。项目获得山西省科技进步二等奖。

（2）针对应县辣椒生产中病虫害防治环节中存在的重点和难点问题，将山西省农科院植保所近年来的科研成果及国内外最新植保新技术进行优化集成。依托应县辣椒种植最集中的 3 个乡镇（南河种镇、大临河乡、下社镇）及各辣椒专业合作社负责人，通过集中培训、专家指导、现场示范、发放技术宣传资料等形式辐射推广 1 万亩，最终实现辣椒优质、提高产量和增加收入。项目获得山西省农村技术承包二等奖。

（3）通过项目组多年研究，明确了山西省苹果树腐烂病病原菌种群结构，检测了病原菌对常用药剂的抗药性水平，对新型药剂的抗性评估，筛选出苹果腐烂病的拮抗菌 1 株，筛选出吡唑醚菌酯等多种高效低毒化学药剂，结合田间控制 N/K 比例等农业措施，集成出一套苹果树腐烂病绿色防控措施。

（4）项目组进行山西省多种蔬菜病原菌对常用药剂的检测和对新型药剂的抗性风险评估，有利于指导山西省蔬菜病害防治科学使用化学药剂。

(5) 项目组多年从事蔬菜品种抗病性鉴定试验,明确了多个蔬菜品种的抗病谱,有利于山西省蔬菜品种的审定和指导菜农科学选择蔬菜品种。

果树蔬菜病害课题组共承担国家级项目 1 项,省级项目 14 项,院级项目 13 项;其中在研的省级项目 2 项,院级项目 3 项;获得农业部科技进步二等奖 1 项,省科技进步二等奖 3 项,省农村技术承包奖 2 项;鉴定为国际先进水平的成果 5 项;制定山西省地方标准 6 项;发表 SCI 收录论文 1 篇,国家核心期刊论文 17 篇;主编论著 1 部。

八、农林鼠害研究课题组

该课题组成立于 1985 年,现有科研人员 5 人,邹波研究员为课题组负责人。农林鼠害研究课题组中有研究员 3 人、副研究员 1 人、助理研究员 1 人;50 岁以上 2 人、40~50 岁 3 人;在读博士 1 人。

课题组负责人邹波,1982 年 9 月至 1986 年 7 月在四川大学生物系动物学专业学习。1986 年 7 月毕业至今一直在山西省农业科学院植物保护研究所从事鼠类及其天敌科研工作。1993 年、2001—2002 年、2008—2009 年、2010 年曾前往日本从事相关专业的进修和留学。1993 年由研究实习员晋升为助理研究员,1998 年晋升为副研究员,2010 年晋升为研究员。2006 年担任植保所农林鼠害研究室主任,中国鼠类防治专家委员会委员,山西省媒介生物防制专家委员会专家委员;2010 年兼任山西省草地建设与保护专家;2012 年兼任山西省科技扶贫专家组组长,2013 年兼任中国兽类学分会理事;2014 年兼任山西省扶贫促进协会理事;2015 年兼任山西省白色农业协会理事。

农林鼠害研究课题组主要从事北方农作物和林果鼠害生理生态及鼠害防控技术研发与示范工作。经过研究,取得了以下成果:(1) 银恒快速捕鼢鼠器防治中华鼢鼠的研究与改进。针对山西省各地地下害鼠近年为害加重,防治困难等实际问题,对一种地下鼠防治器械进行了试验研究与改进。改进后的捕鼠器不仅提高了中华鼢鼠的捕鼠效果,而且拓宽了应用范围,使该器械可用于中华鼢鼠、北方田鼠甚至麝鼹等多种地下活动的鼠形动物的防治;(2) 非原粮灭鼠诱饵 JZLY9 剂型的研制。以作物秸秆、藤蔓和酒糟、醋糟等为原料,掺入一定比例的粮食粉碎后,用制粒机制成非原粮灭鼠饵料,灭鼠效果达到 85.69%,表明 JZLY9 非原粮灭鼠诱饵可以替代原粮用于北方常见鼠害的防治,达到节约粮食和降低灭鼠成本的目的。

农林鼠害研究课题组共承担国家项目 4 项、省级项目 15 项、院级项目 7 项、在研的国家级项目 1 项、省级项目 2 项;先后获得国家级 1 项(非第一完成单位、非第一完成人)、省部级科技奖励 5 项；鉴定成果 6 项，国际先进 3 项；制定地方标准 1 项；发表论文国家核心期刊 10 篇；作为副主编出版论著 1 部。

第三节　农产品质量安全与检测研究所

农产品质量安全与检测研究所有优势课题组 4 个，分别是高新技术研究课题组、蔬菜风险评估与过程控制课题组、粮油产品质量安全风险评估课题组和农药残留标准制定课题组。涉及农产品质量安全、植物保护学、生物防治和绿色食品生产 4 个学科。

一、高新技术研究课题组

该课题组成立于 2000 年，2012 年确定为农业部农产品质量安全及风险评估实验室（太原）。现有固定人员 3 人，所内项目参加人员 5 人，马利平研究员为课题组负责人。高新技术研究课题组中有研究员 1 人、副研究员 2 人；50 岁以上 2 人、40~50 岁 1 人；在读博士 1 人。

课题组负责人马利平，二级研究员，从事蔬菜土传病害及植物病理研究 35 年，从事生物农药研究 25 年，从事微生物发酵技术研究 10 余年，获得科技成果 11 项，发表论文 70 余篇，获得国家发明专利 1 项，研究出广谱促生生物农药新品种 2 个。主持国家 863 项目和国家科技部项目、农业部项目等 20 余项，均出色完成任务。

高新技术研究课题组主要从事生物农药研发和农产品质量安全工作。课题组研制出广谱促生生物农药新品种：BC98-I 发酵液和 B96-II 发酵液，该产品在太原清徐和榆次原平基地示范推广近 10 年，防病促生效果很好。

高新技术研究课题组共承担国家级项目、省级项目、院级项目 25 项；获得国家级（可以有协作奖）省级科技奖励 11 项；鉴定成果国际领先 1 项；发表论文 80 余篇，包括 SCI 收录 2 篇、国家核心期刊 19 篇。

二、蔬菜风险评估与过程控制课题组

该课题组成立于 2003 年，2012 年确定为农业部农产品质量安全风险评估实验室（太原）。现有科研人员 2 人，朱九生研究员为课题组负责人。蔬菜风险评估与过程控制课题组中有研究员 2 人；2 人均在 50 岁以上；农业昆虫与

农业科技创新能力建设研究 ——以山西省农业科学院为例

害虫防治博士1人。

课题组负责人朱九生,博士,研究员。山西省农业科学院农产品质量安全与检测研究所过程控制研究室室主任,杀虫剂田间药效试验技术负责人,农业部农产品质量安全风险评估实验室(太原)技术委员会委员,山西省农业科学院党委联系的高级专家。主要从事农产品质量安全、农药环境毒理和农药应用技术方面的研究工作。

先后主持或参加了农业部攻关、国家自然基金、山西省科技攻关、山西省自然基金、山西省青年基金、山西省留学基金等重点课题20余项。参加或主持了8项"新农药安全使用标准"或"新农药合理使用准则"国家标准的研究和制订(已颁布为中华人民共和国国家标准),参加建立了氯氰菊酯等农药在棉花、小麦等作物上6项高效、灵敏、快速残留分析方法。组织完成了农业部下达的700余项杀虫剂田间药效试验,编写试验报告653份。作为首席专家,组织实施了农业部下达的"农产品质量安全风险评估专项"4项,主笔撰写了20份风险评估报告。获山西省科技进步一等奖1项(排名第二)、二等奖1项(排名第六)、三等奖1项(排名第四),国家科技进步二等奖1项(参加者)、国家技术监督局科技进步一等奖1项(参加者)、中国农业科学院科技进步二等奖1项(参加者)、鉴定成果2项(主持人,达国际先进水平)。在《生态学报》《应用生态学报》《中国生态农业学报》《农药学学报》《植物资源与环境学报》《农业环境科学学报》《环境科学》《环境化学》《昆虫知识》等国际级核心期刊上发表署名第一作者论文20余篇。

蔬菜风险评估与过程控制课题组主要从事蔬菜质量安全风险评估与安全生产过程控制研究。目前承担院自主创新能力提升工程项目"山西省蔬菜质量安全风险评估",项目按照现代风险分析原则,通过现场调研、取样验证、分析研判、综合会商等环节,对芹菜、韭菜、豇豆、菜豆、番茄、茄子、甘蓝、黄瓜8种山西重点蔬菜品种进行了风险评估,明确了山西省蔬菜质量安全状况,探明了蔬菜中禁限用农药的违规使用情况,为蔬菜生产的政府监管、产业发展和消费引导提供了科学依据。项目采用先进多组分检测技术,主要包括采用气质联用仪和串联液质联用仪,对蔬菜样品中180种农药风险因子进行精准检测;通过对残留数据的分析及评估,依据农药残留限量(MRL值)和评估模型,对风险因子的危害程度进行了排序,提出了优先制定残留限量的农药等风险管理建议。

蔬菜风险评估与过程控制课题组共承担完成项目12项,其中国家级4项、省级项目6项、院级项目2项,在研项目2项,其中院级项目2项。鉴定成果

2项（国际先进）。发表论文48篇，其中SCI收录2篇，国家核心期刊27篇。

三、粮油产品质量安全风险评估科研团队

乔雄梧研究员和秦曙研究员为科研团队负责人。团队中有科研人员8人；其中，研究员2人、高级工程师1人、研究实习员3人；50岁以上1人、40~50岁2人、30~40岁2人、30岁以下3人；农学博士1人、农药学博士1人、农产品安全博士1人、在读博士1人。

乔雄梧，研究员，农学博士学位，国务院特殊津贴获得者，现任山西省农业科学院院长、党委副书记，兼任农产品质量安全与检测研究所所长、农业部农产品质量安全风险评估实验室（太原）主任。主要学术兼职：国际食品法典农药残留委员会主席、食品安全国家标准审评委员会农药残留分委员会副主任委员、国家农产品质量安全风险评估专家委员会成员、香港政府食物安全专家委员会成员、《农药学学报》副主编、《土壤》杂志编委、《山西农业科学》编委会主任委员，山西大学生态学、山西农业大学农业昆虫与害虫防治博士生导师和山西农业大学农药学硕士生导师。长期致力于农药残留和农药应用研究，承担国家设山西省农产品质量安全、生物农药开发、农药合理使用和农药面源污染治理中的共性和关键技术研究任务，先后主持完成十几项国家自然科学基金、国家"863"计划、国家科技支撑项目、农业部及山西省科研任务，制定《农药合理使用准则》《食品中农药最大残留限量》国家标准和《农药残留试验准则》农业行业标准30多项，开发出具国际先进水平的农药残留分析技术，研究编撰我国农药残留标准，制定风险评估和技术规则，参与食品安全国际标准的管理和技术合作，研制的微生物杀菌剂获国家发明专利。获国家、山西省科技成果奖9项，在国内外学术刊物和学术会议上发表论文120多篇。

秦曙，研究员，现任山西省农业科学院质检所副所长、质量检验研究室主任，农业部农产品质量安全风险评估实验室（太原）技术委员会委员，全国标准样品技术委员会"农药标准样品专业组"成员，山西省青年科技工作者协会理事，山西省农科院共享仪器技术责任人。主要致力于农药残留和农产品质量安全研究，主持承担的农药合理使用准则研究，有6项内容颁布为中华人民共和国国家标准GB 8321《农药合理使用准则》，获得山西省科技进步二等奖2项（2004，2013），所在研究室2003—2008年连续5年通过中国实验室国家认可委评审，获得"国家认可实验室"资质，所在实验室是农业部批准的农药登记试验单位（残留），参与制定农业标准《农药残留试验准则》NY/T 788—2004，在连续3次参加WHO实施的农药残留分析质量保证实验室联检

农业科技创新能力建设研究 ——以山西省农业科学院为例

中,在参试的实验室中取得排名第7、第11和第5名的好成绩。在核心学术期刊《色谱》《质谱学报》《分析测试学报》《环境化学》和《农药学学报》发表论文53篇,主持农业部标准制修订项目13项,主持省级项目3项,2012—2015连续4年参加农业部蔬菜和果品风险评估项目,是项目组的农药残留骨干,为项目的顺利执行提供了技术保障。

该科研团队下设2个课题组:粮油产品质量安全风险评估课题组、农药残留标准制定课题组。

(一) 粮油产品质量安全风险评估课题组

该课题组成立于2015年,是农业部农产品质量安全风险评估实验室(太原)。粮油产品质量安全风险评估课题组主要对山西省粮油作物产品质量安全状况、存在问题、干预措施或防控对策等开展研究。目前承担应用基础研究项目"绿豆未登记农药使用调查及产品安全性评价"和院博士基金"农产品中有机污染物多组分分析方法研究",课题组在所验证的生物毒素中,伏马毒素在各环节玉米产品中均有较高浓度的检出,污染较为突出;田间新收获玉米产生生物毒素的风险较大;河南地区公路边晾晒玉米现象普遍,可能会增加玉米产品中生物毒素、汽车尾气排放污染物及重金属等的污染风险,建议对其做进一步验证评估;3-乙酰基脱氧雪腐镰刀菌烯醇、15-乙酰基脱氧雪腐镰刀菌烯醇及镰刀菌烯醇在玉米产品中具有一定的污染风险。建议将其列为已知危害因子做进一步验证评估;大量使用的半衰期相对较长的除草剂可能会在气候干旱、温度较低的北方地区环境介质中长时间残留。

粮油产品质量安全风险评估课题组承担农业部风险评估项目3项;发表国家核心期刊论文1篇。

(二) 农药残留标准制定课题组

该课题组成立于2008年,是山西省农业科学院农产品质量安全与检测研究所质量检验研究室。

农药残留标准制定课题组主要对农药残留限量制定、修订研究。目前从事制定氯氰菊酯在茼蒿中的残留限量;开展氯氰菊酯在茼蒿上的残留试验;制定氯氰菊酯在油麦菜中的残留限量;开展氯氰菊酯在油麦菜上的残留试验;制定氟吡甲禾灵在西瓜中的残留限量;开展氟吡甲禾灵在西瓜上的残留试验等一系列工作。为制定中华人民共和国国家标准《食品安全国家标准食品中农药最大残留限量》GB 2763—2014提供数据支持。制定啶酰菌胺在芦笋中的残留限量;开展啶酰菌胺在芦笋上的残留试验;制定啶酰菌胺在木瓜中的残留限量;开展啶酰菌胺在木瓜上的残留试验;制定啶酰菌胺在芒果中的残留限量;开展啶酰菌胺在芒果上的残留试验；制定啶酰菌胺在南瓜中的残留限量；开展啶酰菌胺在南瓜上的残留试验；制定啶酰菌胺在生菜中的残留限量；开展啶酰菌胺在生菜上的残留试验。

农药残留标准制定课题组主持农业行业标准制定、修订项目近30项，其中有14个农药的残留限量值已成功制定为中华人民共和国国家标准《食品安全国家标准食品中农药最大残留限量》GB 2763—2014。

第四节 现代农业研究中心

现代农业研究中心有优势课题组2个，分别是农业废弃物循环增值利用产业链课题组和玉米种质资源创新项目组。涉及设施园艺工程和作物育种学2个学科。

一、农业废弃物循环增值利用产业链课题组

该课题组成立于2014年，现有科研人员17人，籍增顺研究员为课题组负责人。农业废弃物循环增值利用产业链课题组中有研究员1人、副研究员5人、助理研究员8人、研究实习员3人；50岁以上2人、40~50岁3人、30~40岁10人、30岁以下2人；农学博士1人、植物学博士1人、栽培学博士1人、设施园艺博士1人、饲料作物生产与利用博士1人。

课题组负责人籍增顺，研究员，已出版著作：《山西旱地农业》，山西科技出版社（1992）；《山西农业综合开发研究》，山西经济出版社（1992）；《山西省旱地农业分区、类型分布图》，农业出版社（1990）；《山西省生态农业建设宏观研究》，成都科技大学出版社（1992）；《旱地农业可持续发展的策略与途径》，中国科学技术出版社（1998）。取得的科技成果："山西旱地资源分类、评价及利用"研究获省科技进步二等奖，"旱地玉米免耕整秸秆半覆盖技术研究"获山西省科技进步二等奖，"山西省旱地高效农业协调持续发展技术研究"获省科技进步二等奖。

农业废弃物循环增值利用产业链课题组以作物秸秆、菇渣和畜禽粪便等农业废弃物为对象，以有益微生物为研究手段，利用固态发酵处理技术、厌氧发酵处理技术，为设施食用菌和园艺作物栽培提供栽培料或栽培基质。目前承担项目：单位自立项目"沼气周年生产技术""设施栽培基质配制技术研究""草莓周年栽培研究"；省攻关项目"设施园区农业废弃物循环利用关键技术

研究";省科技厅重点研发计划一般项目"山西省日光温室区域标准化建构方案的研究";院重点攻关项目"农业废弃物基质化草莓栽培水肥精准控制技术研究"。

农业废弃物循环增值利用产业链课题组在研项目12项,其中山西省科技重点研发项目1项,山西省科技攻关社会发展项目1项(2015—2017),省科技厅重点研发计划一般项目1项,院博士基金项目2项,院所长青年引导专项1项,院攻关项目5项,院计财处课题补助项目1项。已结题省科技攻关项目1项,院博士基金项目2项。近两年发表论文11篇,其中EI收录1篇、国家核心期刊3篇,省级核心期刊8篇。

二、玉米种质资源创新项目组

该项目组成立于2004年,现有科研人员6人,任志强研究员为项目组负责人。玉米种质资源创新项目组中有研究员1人、副研究员1人、助理研究员2人、工人2名;50岁以上2人、40~50岁2人、30~40岁2人;博士2人、在读博士1人。

项目组负责人任志强,研究员,1992年9月—1996年7月毕业于山西农业大学,1996年7月分配到山西省农科院作物所参加工作。2011年9月—2014年7月在山西农业大学读研究生。2010年11月取得了副研究员资格。2016年12月取得了研究员的资格。

玉米种质资源创新项目组主要从事玉米常规育种研究。目前承担"玉米自交系创新关键技术与杂交种选育研究",项目组培育玉米新品种龙田20审定,进入二年区试带生产试验的7个品系。

项目组审定玉米品种4个(晋单55、晋单77、东润88、龙田20)。2016年承担项目:(1)玉米自交系创新关键技术与杂交种选育研究;(2)玉米中熟、耐密种质资源的创新和材料创新;(3)朔州玉米高产综合栽培技术推广示范项目;(4)"十三五"育种工程。2015年承担项目:(1)朔州玉米高产综合栽培技术推广示范项目;(2)"十二五"育种工程;(3)朔州中高低产田研究。2016年发表论文3篇,2015年发表论文2篇,2014年发表论文2篇。获得科技进步三等奖1项。获得农村技术承包奖二等奖1项。

第七章

山西农业工程科研创新

第一节 生物技术研究中心

生物技术研究中心有优势课题组 5 个,分别是瓜菜课题组、分子设计育种课题组、分子细胞生物学课题组、植物基因工程课题组和微生物组。涉及园艺学、作物遗传育种学、植物分子遗传与基因工程和农业微生物应用 4 个学科。

一、瓜菜课题组

该课题组成立于 1997 年,现有科研人员 3 人,杨晋明副研究员为课题组负责人。瓜菜课题组中有研究员 1 人、副研究员 1 人、助理研究员 1 人;50 岁以上 1 人、40~50 岁 1 人、30~40 岁 1 人;博士 2 人、在读博士 1 人。

课题组负责人杨晋明,副研究员,1990 年毕业于山西农业大学,获得学士学位。自工作以来一直从事西甜瓜育种及配套栽培技术研究。目前参加国家科技支撑项目 2 项,山西省科技攻关项目、山西省财政支农项目、院育种工程项目等多项科研项目。通过山西省农作物品种审定(认定)瓜菜品种 16 个。获得过山西省科技进步二等奖 1 项,山西省农村技术承包奖一等奖 2 项、二等奖 2 项。发表论文 10 余篇。

瓜菜课题组主要从事西瓜甜瓜育种及栽培技术研究。课题组通过山西省农作物品种审定(认定)的西瓜品种 9 个:包括农丰 4 号、农丰 6 号、双抗 8 号、墨抗无籽、墨抗无籽二号、晋阳无籽、晋花无籽、农丰 8 号、密龙。甜瓜品种 3 个:雪甜宝 1 号、雪脆蜜 2 号、金甜蜜 3 号。其中"农丰 4 号"西瓜新品种的选育与推广应用获得山西省科技进步二等奖。

瓜菜课题组主持完成山西省科技攻关项目 7 项、山西省农业技术推广示范行动1项、山西省财政支农项目5项、院育种工程项目1项。在研的项目：中央引导地方科技发展专项资金-山西省科技创新示范项目1项、山西省科技攻关项目1项、山西省财政支农项目2项、院育种工程项目1项；先后获得山西省科技进步二等奖1项；山西省农村技术承包奖多项；通过山西省品种审定委员会审定西瓜品种7个、甜瓜品种3个、番茄品种2个、西葫芦品种1个；制定山西省地方标准2项；发表论文20余篇。

二、分子设计育种课题组

该课题组成立于2013年，现有科研人员5人，路贵和、唐朝晖研究员，以及王长彪助理研究员为课题负责人。分子设计育种课题组中有研究员2人、助理研究员2人、研究实习员1人；50岁以上2人、40~50岁1人、30~40岁1人、30岁以下1人；作物遗传育种博士2人。

课题组负责人王长彪助理研究员，2007年毕业于南京农业大学作物遗传育种专业，主要研究方向是棉花功能基因组学和生物信息学，获得硕士学位。2007年7月毕业后于山西省农业科学院棉花研究所工作，先后在棉花所三联种苗和棉花所科研办工作，主要从事科研管理工作和棉花育种。2011年1月调任到山西农科院生物技术研究中心工作至今，目前主要从事作物分子设计育种和生物信息学研究工作。发表SCI收录论文8篇，国内核心期刊29篇，发明专利9项，实用新型专利4项，2项软件注册权。省审定1个新品种。目前，审定品种2个，区域试验的1个，品比试验的3个。先后主持国家级项目1项，省级项目1项，院级项目1项。参与国家级项目5项，省级项目3项。

分子设计育种课题组主要从事分子标记辅助育种、单倍体育种、玉米新材料创制、生物信息学方向研究。目前承担省攻关项目"粗山羊草单位点SS标记大规模开发及应用"，开展小麦及其祖先种单位点SSR分子标记的开发及鉴定；玉米远缘杂交异源片段的渐渗（抗逆资源创制）；玉米抗旱新资源创制工作。

分子设计育种课题组承担在研省级项目2项、院级项目2项；审（鉴）定品种包括国家的、省级的品种2个；发表SCI收录论文2篇，国家核心期刊论文2篇。

三、分子细胞生物学课题组

该课题组成立于2001年，现有科研人员7人，7人均为课题负责人。分子细胞生物学课题组中有研究员2人、助理研究员4人、研究实习员1人；50

岁以上1人、40~50岁1人、30~40岁5人；生物生产科学博士2人、分子生物学博士1人、生物信息学博士1人。

课题组负责人曹秋芬，日本国立岩手大学毕业，获博士学位，研究员。兼任山西大学生物工程学院、太原理工大学材料科学与工程学院和山西农业大学园艺学院硕士研究生导师，中国园艺学会会员、石榴分会副理事长，山西省园艺学会理事，山西省遗传学会理事，日本园艺学会会员。2001年回国以来主持研究国家自然科学基金、科技部基础研究专项、948项目、人事部留学回国人员择优项目、省攻关、省自然基金研究项目十多项。获中华农业科技三等奖1项；山西省科技进步三等奖1项；山西省农村技术承包集体二等奖1项；通过山西省农作物品种审定梨品种2个；获得国家发明专利8项。在国内外期刊发表研究论文120多篇，其中被SCI全文收录8篇；培养博士研究生2名，硕士研究生20余名。

分子细胞生物学课题组主要研究方向：特色种质资源创制；特异性种质资源细胞、遗传学研究；特异性种质资源功能基因研究；设施园艺可持续栽培技术研究；设施栽培园艺植物的根际微生物菌群的特征；外源有益微生物对设施栽培园艺植物根际微生物菌群的影响。

分子细胞生物学课题组自成立以来主持完成和在研国家级、省部级研究项目16项，参加研究的项目20多项。获中华农业科技三等奖1项；山西省农村技术承包集体二等奖1项；山西省科技进步三等奖1项；审定梨品种1个；获得国家发明专利7项；在国内外发表研究论文120多篇，其中被SCI全文收录5篇；参与出版著作4部；在国际基因库DDBJ/EMBL/GenBank中注册已知功能基因18个、ESTs序列700多条；培养博士研究生2名，硕士研究生近20名。

四、植物基因工程课题组

该课题组成立于1994年，现有科研人员7人，孙毅研究员为课题组负责人。植物基因工程课题组中有研究员2人、副研究员1人、助理研究员4人；50岁以上2人、40~50岁1人、30~40岁4人；分子遗传与基因工程博士1人。

课题组负责人孙毅，男，美国堪萨斯州立大学博士，现任山西省农业科学院生物技术研究中心研究员，兼任国家农业部科技委员会委员，中国作物学会理事。主持和参与主持国家自然科学基金、国家"863"和国家重大转基因专项等国家与省级科研项目20余项，均已完成或取得良好进展。主要研究方向

农业科技创新能力建设研究——以山西省农业科学院为例

为农作物基因转化方法及转基因品种选育和优良性状基因克隆及利用。已育出高抗真菌性病害、抗虫、抗除草剂的玉米、小麦等作物的优良转基因品系。曾获山西省科技进步二等奖4项，获大北农科技促进奖1项，农业科技承包一等奖2项。已获得国家发明专利授权5项。在国内外学术刊物发表论文100余篇（其中SCI收录的论文20余篇）。

植物基因工程课题组主要从事植物基因转化方法的研究；转基因新品种培育；作物杂种优势机理的研究；植物组织培养等方向的研究。转基因育种是分子设计育种一个重要方面，是人类育种技术的重大突破。国外的转基因育种技术已经发展成熟，市场前景广阔，但是国内技术相对落后，主要是学校与科研院所开展相关研究，缺乏市场化育种公司的参与。本课题组在进行转基因方法创新的同时创制了许多转基因抗除草剂、抗虫材料。

植物基因工程课题组承担国家项目、省级项目、院级项目37项，在研2项；获得各类奖励5项；获得发明专利6项；发表论文包括SCI、EI、国家核心期刊146篇；作为主编或副主编出版论著3部。

五、微生物组

微生物组成立于1989年，现有科研人员4人，梁宏副研究员为课题组负责人。微生物组中有副研究员2人、助理研究员2人；50岁以上2人、30~40岁2人。

课题组负责人梁宏，副研究员，先后承担、参加省级以上科研项目5项；主持2项院级项目，参加5项院级项目；建立微生物中试厂一个，获得动物饲料添加剂批号1个，兽药生产批号1个。中国微生物菌种保藏1个。任现职以来先后发表论文12篇，其中5篇为核心刊物；其中以第一作者身份发表论文2篇。先后申请发明专利8项；实用新型专利1项。其中2项发明专利、1项实用新型专利已经授权；4项发明专利已经实质审查，2项已经公开发明。

微生物组主要从事微生物肥料、微生物饲料和微生物农药研究。目前承担"微生物在土壤改良、抗重茬、提高品质中的应用"研究，研制微生物饲料添加剂、有机肥发酵剂以及功能微生物应用。

微生物组承担各级项目9项，在研3项；获得外观设计2件；发表论文包括SCI、EI、国家核心期刊5篇；出版论著1部。

第二节 农产品贮藏保鲜研究所

农产品贮藏保鲜研究所有优势科研团队5个,分别是:病理组、绿色保鲜组、品质调控组、设施开发组、生理组。涉及农学1个学科。

一、病理组

该组成立于2006年,现有科研人员5人,施俊凤副研究员为课题组负责人。病理组中有副研究员3人、助理研究员2人;50岁以上1人、40~50岁1人、30~40岁3人;农业昆虫与害虫防治博士2人。

课题组负责人施俊凤,副研究员,2000年9月至今,在山西省农业科学院农产品贮藏保鲜研究所工作。获得过农村技术承包二等奖1项;鉴定成果2项;发表文章10多篇,其中SCI收录论文1篇,学报级论文5篇。

病理组主要从事易腐果蔬病理及致病机理研究;果蔬采后病害生物防治及生防菌剂应用研究。目前承担省攻关、省青年、院博士基金项目"易腐果蔬病理及生物保鲜研究与应用",开展生防菌对果蔬采后病害抑菌机理研究;生防菌进行生物农药的研发及保鲜应用等工作。

病理组承担省级项目4项、院级项目5项,在研的省级项目1项、院级项目3项;获农村技术承包二等奖2项、获农村承包集体一等奖1项、获山西省农村技术承包集体二等奖1项、获山西省科技进步三等奖3项、获山西省科技进步二等奖2项、获山西省科技进步一等奖1项、获山西省高等学校科技进步一等奖1项;申请发明专利3项、实用新型专利2项;鉴定成果2项;发表论文10余篇,包括SCI收录1篇、国家级学报5篇。

二、绿色保鲜组

绿色保鲜组现有科研人员3人,王亮副研究员为课题组负责人。绿色保鲜组中有研究员1人、副研究员1人、研究实习员1人;50岁以上1人、30~40岁2人;农业昆虫与害虫防治博士1人。

课题组负责人王亮,副研究员,参加了国家"十一五""十二五"科技支撑项目,以及多项省级院级科研项目。主持参与科研项目6项,获得山西省农村技术承包奖1项,鉴定成果5项,获得国家发明专利1项,实用新型专利4项,发表科技论文20余篇。

绿色保鲜组主要从事易腐农产品采后贮藏保鲜技术及采后商品化处理技术研究，以及易腐农产品保鲜膜、保鲜材料、保鲜剂、保鲜液等绿色保鲜产品的研发。目前承担省攻关项目"易腐农产品绿色保鲜产品的研究与开发"研究，开展易腐农产品保鲜膜、保鲜材料、保鲜剂、保鲜液等绿色保鲜产品的研发。

绿色保鲜组承担省级项目1项、在研的省级项目1项；2015年获得山西省农村承包一等奖1项、2015年获得山西省科技进步二等奖1项；申请发明专利1项、实用新型4项；鉴定成果5项；发表论文20余篇。

三、品质调控组

品质调控组成立于2010年，现有科研人员4人，闫根柱副研究员为课题组负责人。品质调控组中有副研究员2人、助理研究员1人、技师1人；50岁以上2人、40~50岁1人、30~40岁1人；资源学博士1人。

课题组负责人闫根柱，副研究员，主持或参加国家、省级项目10余项，发表科研论文10余篇；鉴定课题3项；获得成果2项。

品质调控组主要从事易腐农产品采后品质保持及调控技术研究。目前承担省留学基金"草莓低碳节能贮藏保鲜技术研究"，发现甜查理较红颜、章姬耐贮，可能与品种自身的特性有关；草莓可耐受环境中较高的CO_2，因此，较厚的塑料保鲜袋包装既可防止失水，又可延缓衰老，延长贮期；1-MCP与乙烯去除剂两种保鲜剂效果较好。

品质调控组承担国家项目1项、省级项目4项、院级项目1项，在研的省级项目1项；2015年获得省科技进步二等奖1项；2015年获得省农村技术承包一等奖1项；申请发明专利1项；鉴定成果3项；发表论文13篇。

四、设施开发组

设施开发组成立于1991年，现有科研人员4人，张立新研究员为课题组负责人。设施开发组中有研究员2人、助理研究员2人；50岁以上3人、30~40岁1人；博士2人、在读博士1人。

课题组负责人张立新，研究员，1991年7月在山西省农业科学院保鲜所参加工作至今，历任采后生理研究室副主任、副所长，现任山西省农业科学院保鲜研究所所长、党支部书记。

设施开发组主要从事农产品保鲜设施（冷库）技术研发及保鲜技术集成推广。目前承担省攻关和省推广项目"农产品保鲜设施研发及保鲜技术集成推广"，本项目重点改进配方工艺，完善现有保鲜产品，实现降耗增效；新型环境友好型涂膜保鲜剂研究与开发。

设施开发组承担省级项目6项、院级项目1项,在研的省级项目4项、院级的1项;先后获得山西省科技进步二等奖7项、山西省科技进步三等奖1项、山西省科技进步一等奖1项、获山西省农村技术承包集体一等奖2项、山西省农村技术承包二等奖3项;获得实用新型专利15项;发表论文50余篇。

五、生理组

生理组成立于1989年,现有科研人员4人,王春生研究员为课题组负责人。生理组中有研究员1人、副研究员1人、助理研究员2人;50岁以上1人、40~50岁1人、30~40岁2人;博士2人、在读博士1人。

课题组负责人王春生,研究员,主持和承担省部级项目10余项,获得国家实用新型专利1项,发表学术论文20余篇。

生理组主要研究方向:农产品采后生理机制研究;产前及产后因素对农产品采后生理的影响及控制技术研究;农产品产后商品化处理及贮运保鲜工程技术研究。目前承担国家科技支撑计划项目、省攻关、省留学基金"农产品采后生理及保鲜技术研究与应用",从生理角度对果品贮藏特性进行研究分析,对环境因素对果实衰老的影响进行调控,为不同类别农产品提供适宜贮运藏参数,并形成配套贮藏技术规程。

生理组承担国家项目2项、省级项目5项、院级项目2项,在研的省级项目4项;先后获得国家科技进步三等奖1项,山西省理论成果一等奖1项,获省科技进步二等奖5项,获山西省农村技术承包集体一等奖3项,获山西省农村技术承包集体二等奖1项;获得发明专利14项、实用新型1项;制定地方标准3项;在国家级学术刊物发表论文12篇,出版专著1部。

第三节 农产品加工研究所

农产品加工研究所有优势课题组5个,分别是荞麦加工增值增效课题组、亚麻课题组、杂粮主食化课题组、果蔬加工课题组和杂粮特色食品加工课题组。涉及农产品加工及贮藏,粮食、油脂及植物蛋白加工2个学科。

一、荞麦加工增值增效课题组

该课题组成立于2002年,2011年确定为国家燕麦荞麦产业技术体系——

荞麦加工岗，现有科研人员9人，李云龙副研究员为课题组负责人。荞麦加工增值增效课题组中有研究员1人、副研究员3人、助理研究员4人、会计师1人；50岁以上3人、40~50岁1人、30~40岁5人。

课题组负责人李云龙，副研究员，国家燕麦荞麦产业技术体系荞麦加工岗位专家，中国食品工业协会燕麦荞麦工作委员会副秘书长，国家二级营养师。

荞麦加工增值增效课题组主要从事荞麦品质分析与功效评价；荞麦功能活性成分作用机理的研究；荞麦大众化、高附加值、低生糖指数的产品研制；服务企业，解决荞麦等杂粮加工企业生产中遇到的技术难题。课题组开展荞麦活性物质提取；杂粮发芽萌动综合技术；荞麦高附加值产品（抗氧化苦荞酒、功能性荞麦醋、复合麦片等）开发；荞麦低GI（杂粮面条、营养粥、苦荞碗团等）的开发等。

课题组承担国家"十一五"科技支撑计划项目1项、现代农业荞麦加工岗项目1项、国际合作项目2项、国家子课题项目1项、省级6项、院级项目6项，在研国家级荞麦加工岗1项、省级1项、院级2项；获得发明专利9项，农村技术承包二等奖2项、三等奖1项；鉴定成果8项（国际先进5项、国内领先3项）；制定地方标准1项；发表论文20篇（其中EI收录3篇）；副主编论著1部。

二、亚麻课题组

该课题组成立于2005年，现有科研人员5人，胡晓军研究员为课题组负责人。亚麻课题组中有研究员1人、副研究员2人、助理研究员1人、研究实习员1人；50岁以上1人、40~50岁3人、30~40岁1人。

课题组负责人胡晓军，研究员；1982年毕业于山西农业大学植物保护专业获学士学位；现为山西省农业科学院亚麻精深加工方向学科带头人；获山西省科技进步奖二等奖2项："富含ω-3脂肪酸营养油研制及产业化开发""富含亚麻酸新品种示范及营养油产业化开发"；山西省科技进步奖三等奖1项："亚麻酸软胶囊的研制与开发"；鉴定科技成果4项，均达到国际先进水平；授权发明专利5项；近年来主持国家及省科技项目多项。

亚麻课题组主要从事亚麻加工专用品种筛选及精深加工研究与开发。目前承担山西省重点研发计划（重点）项目"胡麻产业增效集成创新研究与示范"。

亚麻课题组承担国家项目3项、省级项目12项、院级项目5项，在研国家级项目1项、省级3项；获得山西省科技进步二等奖2项，山西省科技进步三等奖 1 项；申请发明专利 6 项、实用新型 5 项；鉴定成果国际先进 5 项、国内领先 1 项；制定地方标准 1 项；EI 收录论文 4 篇，国家核心期刊论文 10 篇。

三、杂粮主食化课题组

该课题组成立于 2005 年，现有科研人员 5 人，周柏玲研究员为课题组负责人。杂粮主食化课题组中有研究员 1 人、副研究员 2 人、助理研究员 2 人；50 岁以上 1 人、40~50 岁 2 人、30~40 岁 2 人。

课题组负责人周柏玲，山西省农业科学院农产品加工研究所，研究员，研究室主任，长期从事农产品加工方面的研究，主要研究方向是杂粮的精深加工，为中国农学会杂粮分会首届理事会理事，山西省食品学会高级会员。

杂粮主食化课题组主要从事杂粮主食化加工技术和杂粮精深加工研究。目前承担山西省科技攻关项目"营养燕麦蒸谷米的开发"、山西省财政支农项目"藜麦营养强化面粉制备关键技术的研究"和院级项目"燕麦方便米饭超高压加工技术研究"。课题组开展两方面工作：燕麦加工方面——基础研究部分形成关于燕麦淀粉的论文，应用研究部分形成燕麦蒸谷米、燕麦超高压方便米饭半成品；藜麦加工方面——针对藜麦脱苦的技术难题部分内容形成论文，研究出藜麦营养面粉半成品。

杂粮主食化课题组承担省级项目 2 项、院级项目 1 项；申请发明专利 2 项；发表国家核心期刊论文 3 篇。

四、果蔬加工课题组

该课题组成立于 2008 年，现有科研人员 5 人，杨春研究员为课题组负责人。果蔬加工课题组中有研究员 1 人、助理研究员 4 人；40~50 岁 2 人、30~40 岁 3 人；果树学博士 1 人。

课题组负责人杨春，主要从事食品科学方面研究工作，先后主持省农业攻关 2 项、省国际合作 1 项、省成果推广 1 项，省专利推广 1 项，省财政 2 项，院级项目 2 项，参加省级相关课题 16 项，开发出杂粮、果蔬、肉制品等多个产品，同时还承担山西省食品加工技术、信息方面咨询工作，并担任山西省食品学会高级会员、山西省白色农业学会会员、院高级联系专家、院推广办专家等社会职务。先后获省科技进步奖 1 项、农村技术承包奖 2 项，国家发明专利 3 项，主持鉴定科技成果 2 项，在中文核心期刊发表论文 9 篇（均为第一作者，其中学报论文 3 篇）。

果蔬加工课题组主要从事果蔬、薯类及食用菌等山西特色农产品精深加工适宜性与过程品质控制技术研究、生产技术研究与应用、功能性成分的提取、纯化理论及技术研究、加工副产物全利用技术研究、标准与质量控制技术研究。功能食品研究与开发。目前承担院农业科技创新研究课题"枣果综合利用关键技术研究"。课题组参加国家级、省级相关课题16项，国家发明专利3项，实用新型专利1项，主持鉴定科技成果5项。

果蔬加工课题组承担省级项目11项，院级项目3项；奖励情况：山西省农村技术承包二等奖2项；发明专利3项，实用新型1项；鉴定成果3项，其中2项国际先进；发表论文19篇，其中核心期刊14篇。

五、杂粮特色食品加工课题组

该课题组成立于2010年，现有科研人员6人，刘森副研究员为课题组负责人。杂粮特色食品加工课题组中有副研究员2人、助理研究员2人、研究实习员2人；50岁以上3人、40~50岁1人、30~40岁1人、30岁以下1人。

课题组负责人刘森，主持以及参加多项国家、省级科研项目，成果鉴定20项，国家发明专利2项，山西省科技进步二等奖2项。在任职期间共发表学术论文20余篇，其中SCI收录1篇。

杂粮特色食品加工课题组主要从事燕麦、青稞、黑小麦、藜麦等杂粮功能成分食品加工工艺以及应用技术研究。目前承担山西省科技援藏项目"青稞精深加工技术集成示范"，课题组完成了无介质青稞炒制技术设备研制，结束了西藏使用传统炒青稞工具是旋转土热风炉，用细沙做介质的历史。为生产企业升级上档次打下了良好的基础。完善青稞全麦免煮面的工艺技术以及新产品研制，采用二级变温挤压成型技术来克服青稞黏性强、成型差的问题。

杂粮特色食品加工课题组承担国家项目2项、省级项目15项、院级项目10项，在研省级项目2项；发明专利1项；鉴定成果3项，其中国际先进2项、国内先进1项；发表SCI论文收录1篇，中文核心期刊论文5篇。

第四节　农业资源与经济研究所

农业资源与经济研究所有优势课题组5个，分别是农业经济重大问题研究课题组、土地经济研究课题组、设施园艺课题组、食用菌课题组和渗水地膜覆盖旱地杂粮穴播技术研究与示范课题组。涉及农业经济学、园艺学、农学和微生物学4个学科。

一、农业经济重大问题研究课题组

该课题组成立于2015年，现有科研人员7人，申潞玲研究员为课题组负责人。农业经济重大问题研究课题组中有研究员2人、副研究员2人、助理研究员2人、研究实习员1人；50岁以上2人、40~50岁1人、30~40岁4人；农业经济管理博士1人。

课题组负责人申潞玲研究员，参加工作29年来，共完成课题研究项目23项，其中主持完成15项，获山西省科技进步奖12项，其中获省部级科技进步奖二等奖7项，省部级科技进步奖三等奖5项。在省级以上期刊发表论文40多篇，其中国家级核心期刊发表论文10篇，撰写学术论著8部。

农业经济重大问题研究课题组主要从事产业经济学方面研究，目前承担财政支农项目"农业经济重大问题研究"，相继完成《武家堡调查》《山西省杂粮产业振兴规划（2016—2020年）》讨论稿和《"三农"政策概览》。

二、土地经济研究课题组

该课题组成立于2008年，现有科研人员4人，殷海善副研究员为课题组负责人。土地经济研究课题组中有副研究员1人、助理研究员3人；40~50岁1人、30~40岁3人；博士2人、在读博士1人。

课题组负责人殷海善，1989年9月至1993年7月，在山西农业大学土化系就读大学本科。1993年9月至1996年7月，在山西农业大学土化系就读硕士研究生。1997年8月至今，在山西省农业科学院农业资源与经济研究所工作，2004年11月被评为副研究员。

土地经济研究课题组主要以土地作为主要生产要素，研究在农业生产中的经济规律，目前承担"山西红枣产业的经济规律研究"。课题组承担的山西省软科学项目"山区谁在种地未来谁来种地（2008—2009年）"，通过评审；山西省农科院项目"山西省农村家庭承包土地流转典型调查研究（2009—2010年）"，通过评审；山西省软科学项目"山西农业劳动力状况调查研究"，2015年底通过评审。山西省软科学研究项目"城市郊区农业结构与布局及其演变趋势研究——以晋城市为例（2014—2015年）"，通过评审。

课题组共承担5个省软科学课题，其中1个在研；3项院级课题。其中3项省软科学课题通过评审。发表中文核心文章10篇。

三、设施园艺课题组

该课题组成立于2007年，现有科研人员4人，郝科星副研究员为课题组负责人。设施园艺课题组中有副研究员1人、助理研究员2人、研究实习员1人；30~40岁3人、30岁以下1人。

课题组负责人郝科星，副研究员，2008年10月就职于山西省农业科学院农业资源与经济研究所，现任山西省农业科学院农业资源与经济研究所设施园艺研究室主任。自任现职以来致力于山西省瓜菜育种与栽培工作，主持和承担了"西瓜四倍体种质资源创新与应用研究"等科技攻关项目4项、"高寒区日光温室甜瓜高效栽培技术示范"财政项目1项，"瓜菜新型育苗基质示范与推广"项目1项，"西瓜新品种农丰4号及栽培技术推广"等星火计划项目2项，审定瓜菜新品种4个，鉴定成果1项，荣获山西省科技进步二等奖1项、山西省农村技术承包二等奖3项，编制《无籽西瓜设施栽培技术规程》等地方标准3项，发表"无籽西瓜新品种墨抗无籽2号的选育"等论文6篇。

设施园艺课题组主要从事设施园艺作物育种及栽培的研究。课题组收集、整理、鉴定了西瓜2倍体和4倍体种质资源材料300余份，丰富了山西省西瓜育种材料，为适应西瓜生产和消费市场需求选育多目标的西瓜品种奠定了坚实的基础。先后选育出西瓜新品种2个，无籽西瓜新品种4个，甜瓜品种3个，西葫芦品种1个，承担了十多项财政推广课题，在育种和栽培方面都积累了大量工作经验。

课题组共承担31项研究、在研7项；"农丰4号西瓜新品种的选育与推广应用"2012年获省科技进步二等奖；审（鉴）定品种包括国家的、省级的品种13个；获得实用新型1项；鉴定成果数：国内领先3项；制定地方标准1项；发表论文20篇。

四、食用菌课题组

该课题组成立于2002年，现有科研人员5人，潘保华研究员为课题组负责人。食用菌课题组中有研究员1人、副研究员2人、助理研究员2人；50岁以上1人、40~50岁1人、30~40岁3人。

课题组负责人潘保华，1982年毕业于山西农业大学，长期从事食用菌的栽培与遗传学研究，致力于野生菌的驯化栽培和新品种的选育研究工作，主持完成了省部级研究项目12项，获得全国农业博览会铜奖，山西省农业博览会银奖，山西省科学技术进步二等奖、三等奖等各类科技成果奖6项。其中

"肥鳞伞的人工选育与驯化栽培"通过省科技厅组织的省内外专家组鉴定，达到了国际先进水平，并获得了2004年度省科技进步二等奖。"食用菌液体菌种制作工艺及应用"达到了国内领先水平，获得了省科技进步三等奖。在《菌物学报》《食用菌学报》《中国食用菌》《食用菌》等专业刊物上发表论文16篇，其中一部分被国际园艺学文摘 CAB Horticulturl Abstracts 摘录，中国农业出版社出版《珍稀食用菌黄伞无公害栽培技术》著作一部，食用菌学术研究和成果处于国内先进水平。

食用菌课题组主要从事食用菌栽培及新品种选育研究。目前承担省科技成果转化项目"双孢蘑菇周年栽培模式技术集成及推广应用"和省技术推广项目"浑源县香菇栽培技术集成示范推广"，通过省科技厅组织鉴定的科技成果6项，其中"肥鳞伞的人工选育与驯化栽培"等两项达到了国际先进水平，并获得了山西省科技进步二等奖和三等奖，国家发明专利，全国农业博览会铜质奖，山西省农业博览会银质奖等多项奖励。

课题组先后承担了"肥鳞伞的人工选育与驯化栽培""食用菌液体菌种制种工艺研究及应用""食用菌新品种及配套技术示范工程"等17项省部级科技计划项目，在食用菌研究开发与技术推广方面取得了累累硕果，在《菌物学报》《中国食用菌》等专业性刊物发表论文25篇，被 CAB Horticulturl Abstracts 摘录数篇，中国农业出版社出版《珍稀食用菌黄伞无公害栽培技术》一部。

五、渗水地膜覆盖旱地杂粮穴播技术研究与示范课题组

该课题组成立于1996年，现有科研人员15人，姚建民研究员为课题组负责人。渗水地膜覆盖旱地杂粮穴播技术研究与示范课题组中有研究员2人、副研究员4人、助理研究员6人、研究实习员1人；50岁以上4人、40~50岁2人、30~40岁5人、30岁以下2人；博士2人、在读博士1人。

课题组负责人姚建民，农学，二级研究员，国务院特贴专家，山西省劳动模范，全国人大代表，山西省人大常委会智库专家，山西省农村技术协会理事长。长期从事农作物栽培、农田微生态、渗水地膜及其配套覆膜穴播机的研究，第一主持人获一等奖3项，其中"渗水地膜研制及其应用"成果获2000年度山西省科技进步一等奖，获国家发明专利4项，发表学术论文100多篇。目前作为技术总负责返聘从事课题研究及技术示范推广工作。

渗水地膜覆盖旱地杂粮穴播技术研究与示范课题组主要从事干旱、半干旱冷凉区农作物渗水地膜覆盖提质增效机理研究及集成栽培技术研究。目前承担

技术示范推广项目"观赏植物种质创新及园林植物生态效应综合研究"。

目前承担"谷子渗水地膜覆盖穴播技术示范推广",2016年在楼阳生省长的亲自倡导和推动下列为山西省特色农业产业扶贫工程项目在山阴县和神池县示范推广2.5万亩;旱地谷子最高亩产达700千克;2016年10月14日省长楼阳生亲自到示范点调研指导。

课题组先后获得省科技进步一等奖(渗水地膜研制及其应用;技改项目多准则评估决策支持系统)、省农村技术承包一等奖(玉米秋深耕覆盖精播综合技术规模示范)、国家专利优秀奖(聚乙烯果蔬气调保鲜袋及其生产工艺和应用推广)。发明专利6项——可渗水聚乙烯农田覆盖膜及其生产工艺;一种利用地膜的栽培方法;聚乙烯果蔬气调保鲜袋及其生产工艺和应用;一种宽膜多行自动覆土播种机;一种倒搭钩管式微小粒子种子分种器;宽幅渗水地膜波浪形覆盖集流栽培技术模式。发表论文70多篇。研究出新产品:渗水地膜1S;2MBJ-1/3和2MB-1/4铺膜播种机;波浪形覆盖技术规程DB14/T 789—2013。

第五节 农业科技信息研究所

农业科技信息研究所有优势课题组3个,分别是农业信息技术应用研究组、农业信息分析研究组和农业软科学研究组。涉及农业信息学和农业经济学2个学科。

一、农业信息技术应用研究组

农业信息技术应用研究组成立于1996年,现有科研人员13人,潘大丰研究员为该组负责人。研究组中有研究员1人、副研究员3人、助理研究员4人、农艺师1人、研究实习员3人、管理人员1人;50岁以上3人、40~50岁4人、30~40岁6人;在读博士1人。农业信息技术应用研究组目前承担农业信息学领域课题共5项,课题主持人分别为潘大丰研究员、陈晓冬副研究员、翟海翔副研究员、赵亮副研究员、杨方助理研究员、赵慧芳研究实习员。

研究组负责人潘大丰,研究员,中国农学会计算机农业应用分会副主任,2009年国家科学技术奖评审专家。主要从事农业信息技术应用研究,主持完成20多项省级以上课题。研发的"蔬菜施肥专家智能咨询系统""团购房网上选房系统""玉米种植技术咨询服务系统""玉米参试品种在线申报系统"

获国家计算机软件著作权,研发的"农业检测装置"发明专利,"一种温室卷被自动控制器""一种自行走喷药车""一种温室环境监测系统"实用新型专利,在《农业工程学报》《情报学报》等刊物发表论文 30 多篇,被他人引用 120 多人次。完成的"高产两熟麦秋轮作定量化栽培模拟系统研究"获省科技进步三等奖,2014 年完成的"山西省 12316 三农热线服务"项目获农业部"全国农牧渔业丰收合作奖"。

农业信息技术应用研究组主要研究方向为农业信息化应用研究以及设施农业监控产品研发。研究组研发的"一种自行走喷药车""一种温室环境监测系统"获实用新型专利,申请的发明专利已进入实质性审查阶段,研发的"温室自行走悬挂运菜车"已经做成样机,通过试验,申报了实用新型专利,上述设施农业监控产品应用到 150 多个温室。

研究组"十二五"期间,完成 1 项国家星火项目、10 项省级项目,9 项院级项目,2 项鉴定达到国内领先水平。研发的"农业检测装置"获发明专利,研发的"一种温室卷被自动控制器""一种自行走喷药车""一种温室环境监测系统"获实用新型专利。研发的"蔬菜施肥专家智能咨询系统""团购房网上选房系统""玉米种植技术咨询服务系统""玉米参试品种在线申报系统"获国家计算机软件著作权。"山西农村信息化技术综合服务与开发"获国家星火计划执行优秀团队奖,"农村信息化网络综合服务平台关键技术研究"获山西省科技奉献集体二等奖 1 项;2014 年完成的"山西省 12316 三农热线服务"项目获农业部"全国农牧渔业丰收合作奖"(信息所排第三)。

二、农业信息分析研究组

农业信息分析研究组成立于 2006 年,现有科研人员 13 人,冀宪武研究员为该组负责人。研究组中有研究员 2 人、副研究员 1 人、助理研究员 7 人、研究实习员 3 人;50 岁以上 4 人、40~50 岁 2 人、30~40 岁 5 人、30 岁以下 2 人;博士 1 人。农业信息分析研究组目前承担农业信息学领域课题共 7 项,课题主持人分别为冀宪武研究员、解睿研究员、何燕副研究员、林何莺副研究员、裴成成博士、杜海平助理研究员、刘枫助理研究员。

研究组负责人冀宪武,研究员,长期从事农业科技信息研究,围绕农业信息化、农业环境污染、农业科技创新等开展专题研究。结合山西农业实际,主持完成省、院级项目 10 项,参加省院级项目 12 项。获省级专业技术奖励 4 项,其中,山西省科技进步奖三等奖 1 项、山西农村技术承包奖一等奖 2 项、山西省社科联重点课题成果二等奖 1 项。主持的山西省软科学项目"山西省

农业科技创新能力建设研究——以山西省农业科学院为例

农业立体污染的现状及防治对策研究"和"山西农业科技创新体系建设的战略构想"项目，2008年和2012年通过山西省科技厅组织的鉴定，研究成果达到同类研究的国内领先水平。在《农业图书情报学刊》《农业网络信息》《科技情报开发与经济》等刊物上以第一作者发表论文19篇（国家级14篇，省级5篇），合作编写论著1部。

农业信息分析研究组主要研究方向为农业经济、科研管理、农业文献资源建设等。开展的研究：①围绕山西农业经济、农业信息传播、农业多媒体技术、农业科技咨询服务、农业文献资源建设、山西农谷、山西农业科技创新联盟等开展研究；②围绕山西省现代农业的"六大区域""八大产业"开展研究，为山西省农业发展提供决策参考；③围绕山西省农科院"三支队伍"和"五大平台"开展研究，为山西省农科院农业科技创新献计献策；④以"省级科研院所深化科研改革系统研究"为中心，以实现农科院"科研能力提升、成果推广显著、人才结构合理、管理制度高效"的区域性优势科研院所为目标，通过机制体制创新，为山西省农科院提供一系列科学合理、"对症下药"、可操作性强的措施建议。

研究组主持省软科学项目7项，经鉴定，均达到国内领先水平；承担国家级项目子课题1项；院级科研项目8项；获山西省科技进步三等奖一项；山西省农村技术承包一等奖2项，山西省社科联二等奖1项，社科联优秀奖1项，三等奖1项；山西省第七次社会科学研究优秀成果二等奖1项；山西省第八次社会科学研究优秀成果三等奖1项；外观设计专利2项；在国家核心期刊发表论文2篇。在研项目中，省科技基础条件平台项目1项，省软科学项目3项、院级项目1项。

三、农业软科学研究组

农业软科学研究组成立于2006年，现有科研人员8人，陈敏克副研究员为该组负责人。研究组中有副研究员3人、助理研究员3人、研究实习员1人、管理人员1人；50岁以上2人、40~50岁3人、30~40岁3人。农业软科学研究组目前承担农业经济学领域课题共4项，课题主持人分别为陈敏克副研究员、缑建芳副研究员、卜晓冬副研究员、郎花助理研究员。

研究组负责人陈敏克，副研究员，主要从事农业信息化相关科研课题研究、科技咨询和农业软科学方面的研究工作。主持研究项目共12项：其中主持5项，省推广项目1项（已验收），省软科学项目1项（在研），省财政支农项目1项（已验收），市科技局1项（已验收），院攻关项目1项（在研）。

参与省级、院级研究项目7项（鉴定2项，已验收待鉴定5项）。先后获得省科技进步三等奖1项（第6名），省农村技术承包一等奖1项（第8名），省农村技术承包二等奖3项（第2、第3、第4名）。撰写论文16篇，其中独立和第一作者发表论文国家级1篇，省级3篇，参与编写论文13篇，著作3部。在做好科技推广、培训和服务工作的同时，积极为所分管部门争题立项，拓宽业务，搞活农业信息分析和科技咨询工作，取得了较大的经济效益和社会效益。多年来，尽职尽责，管理和党建工作成效显著，多次被省院评为先进工作者，优秀共产党员，所在支部被评为院先进基层党组织，为所的党建和精神文明单位创建获得诸多荣誉。

农业软科学研究组主要研究方向为农业信息、农业经济分析与研究。开展的研究包括：①围绕山西农业经济、农业科技咨询服务、农业软科学等开展研究；②围绕山西省现代农业的"六大区域、八大产业"开展研究，为山西省农业发展提供决策参考；③围绕山西省农业科学院"三支队伍"和"五大平台"开展研究，为山西省农业科学院农业科技创新献计献策；④为山西省委、省政府及农业行政管理、科研院所等部门提供咨询服务和决策参考。

研究组共承担14个项目，其中国家项目1项、省级项目8项、院级项目5项，在研的国家级项目1项、省级4项、院级1项。一个项目获山西省农村技术承包奖集体二等奖。鉴定成果数2项（国内领先2项）。发表论文30篇。

结　语

经过系统整合不同学科优势资源,重点突破和解决长期制约农业发展的重大瓶颈问题,提升特色学科发展优势,突出学科特色;完善科研管理制度、成果奖励制度、人才扶持制度、平台奖励制度等,建立以重大协同创新任务和实际创新贡献为导向、激励与约束并重的科研评价机制;继续强化农业科研杰出人才引进和培养,加强科研创新团队建设和管理;围绕协同创新的重大科技任务,加强与国内外优势单位的联合协作,共同申报和实施国家重大项目,以适应新时期农业科技创新要求的新模式,山西省农业科学院农业科技创新能力得到提升,农业科技创新研究取得阶段性研究成果。

一、创新发展区域特色产业,推进功能农业提质增效

2017年6月,习近平总书记在山西视察时指出,山西的现代农业发展,要打好特色优势牌,要立足优势,扬长避短,突出"特"字。山西省农业科学院根据本院科研优势,结合山西特色产业技术需求,推进优势产业的创新发展。(1)在特色种业发展方面,全面围绕杂粮、畜牧、干鲜果、蔬菜、中药材、食用菌等产业发展。重点加强有机旱作品种的选育和推广,推进谷子、荞麦、莜麦、杂豆、中药材等特色作物抗旱品种的研发。(2)重视干鲜果经济,选育了苹果、葡萄、梨、核桃、桃、杏、樱桃等20多个新品种,其中选育的早黑宝葡萄、玉露香梨是新品种中的优势代表。大力推广果树高光效树形、水肥一体化、矮化密植等技术,建立标准示范园,为干鲜果产业发展提供技术支持。(3)功能农业(食品)创新方面,大力开展杂粮加工和功能食品研究,深入发掘和利用特色农产品的功能、药用成分,加强功能食品和药食同源食品的开发应用。研制开发杂粮速食产品、杂粮膳食纤维、杂粮粉等方便面食。开发枣酒、枣醋、食用菌休闲食品,食用菌风味特色调味品、食用菌功能饮品等,创制农产品的高附加值。

二、围绕农业供给侧结构性改革，设立科技创新重大专项布局

2018年是推进实施乡村振兴战略的开局之年。在山西省委、省政府重大战略部署之下，农科院结合本院重点工作，与全省2个地市、13个区县开展了院市（县）深度合作。设立了有机旱作农业研发专项、雁门关农牧交错带专项、"山西农谷"研发专项、山西（运城）水果出口平台、特色产业、院市县共建等专项91项，经费1 243万元，同时设置了枣树防裂果、藜麦产业发展专项。这些专项的实施，主要围绕农业供给侧结构性改革、现代农业发展短板、关键共性技术瓶颈开展科研创新研究，对于区域农业产业发展具有重要的推动作用。

三、深化农业技术推广体系创新，加速农业科技成果转化

农业技术推广是推动农业科技进步、促进农业绿色发展、增强农产品竞争力的重要手段，是实施乡村振兴战略的重要支持。山西省农业技术推广以推广项目为切入点，通过项目实施将培训课堂搬到田间地头。建立"专家+农户""专家+家庭农场""专家+基地"等模式，完善与农业相适应的科技成果转化机制及推广服务体系，实现科技成果转化社会化、转化形式多样化，进一步提高农民科技文化素质，提高优势农产品科技含量。"十二五"期间，山西省农业科学院实施的农技推广项目，在全省11个市87个县（市、区）建立175个核心示范点，财政投入1.35亿元，实施了374个农技推广项目，推广品种270多个，集中展示358项先进适用简约化技术，配套45项高产高效技术模式，累计示范44.76万亩，累计推广1 135.71万亩，粮、油、果、菜、畜牧、食用菌、贮藏保鲜、盐碱地改良、设施农业等示范推广累计增加社会经济效益50.09亿元。

四、加强基础性研究项目研究，推进农业科技管理机制创新

农业科技进步贵在创新，难在管理，推进农业科技创新的关键是管理机制创新。为进一步推动农业科技研发效率，强化农业科研项目管理，完善农业科技创新激励机制，山西省农科院创新了一系列推进科研项目管理办法，重视资金的激励引导作用，优化管理流程。

按照国家、山西省相关政策规定，配套完善了农科院相关管理办法，2017年制定出台了《山西省农业科学院科研项目管理办法》《山西省农业科学院横向科研项目管理办法》《山西省农业科学院科研经费间接费用管理办法》《山

西省农业科学院科研项目绩效评价管理办法》等，这些办法规范了横向科研项目经费的支出范围和结余资金的分配办法，规定了国家、省级科研项目简介费用预算比例、支出范围、绩效发放办法等，于2017年12月18日晋农科办发〔2017〕40号文件印发，详见附录。

国家自然科学基金项目量大面广，是农业科研院所基础性公益性研究经费的主渠道，对于农业科研院所特别是地方性农业科研院所的人才培养、科研水平提升、学科发展发挥了重要支撑作用。为推动科研人员申报国家自然基金的积极性，山西省农业科学院建立了与国家自然基金对接的项目培育机制，出台了《山西省农业科学院关于申报国家自然科学基金项目的激励办法》，它的出台对于鼓励优秀青年人才，培育苗头性科研项目起到了积极促进作用。2018年全院申报国家自然基金项目100余项。

附录一

山西省农业科学院科研项目管理办法（试行）

一、总则

第一条 为加强科研项目管理，优化管理流程，提升项目实施管理的科学化、规范化与精细化水平，根据国家和省有关科研项目管理的规定，结合我院实际，制定本办法。

第二条 本办法所指科研项目包括：我院主持的国家、省和市主管部门下达的项目、承担的课题、子课题、横向委托项目、本院设立的科研项目以及其他需要纳入院管理的科研项目。

第三条 科研项目管理坚持公开、公平、公正原则，项目管理部门、项目承担单位、项目主持人各方要弘扬科学精神，恪守科研诚信，遵守学术道德，认真履行职责，切实提高项目实施质量。

二、管理职责

第四条 科研管理处是全院科研项目的主管部门，组织科研项目申报、实施、验收等全过程管理。

第五条 学术委员会根据需要组织项目评审。

第六条 计划财务处按照部门预算控制数，根据主管处室提出的资金分配计划向省财政厅申请下达预算指标，并按照省财政厅的要求对项目资金进行预算绩效评价工作。

第七条 监察审计处根据内部审计工作计划或实施单位要求对科研项目组织专项审计。

第八条 项目承担单位是科研项目实施和经费管理使用的责任主体，负责项目日常管理和提供支撑条件等科研保障，配合有关方面做好对项目的监督检查和绩效评估工作。

第九条 项目实行主持人责任制,主持人对科研成果的真实性、可靠性、保密性负责,对课题经费支出的真实性与合理性负责,同时负责项目的具体实施和结题验收等工作,按项目管理规定及时提交科技报告,自觉接受项目主管部门和承担单位的管理,按时完成项目任务目标。

三、项目申报

第十条 面向全院公开征集科研项目,逐步建立重大项目储备库,把具有地方特色项目推荐到国家项目指南中;根据国家和省、市科技计划申报指南,科研处组织院属相关单位科研人员积极申报。

第十一条 深度参与省科技计划项目建议指南的制定,组织完成不同计划的申报工作。

第十二条 院级项目由全院征集,科研处组织编写项目申报指南。项目申报人须严格按照申报要求、时间节点完成网上提交和上报申报书等有关工作。科研处对院级项目形式审核和资格审查。

第十三条 院学术委员会对审核后符合申报条件的项目进行评审,公示评审结果。科研处组织召开部门预算项目落实会,根据评审结果,结合团队情况、项目研究基础等确定拟立项目和经费预算,并在山西省农业科学院门户网站(http://www.sxagri.ac.cn)公示拟立项目。公示期满后,将公示结果报院党政联席会审核批准。

第十四条 项目申报单位对申报人资格和项目材料真实性负责,与项目实施不相关的人员不得列入项目组。经所、院两级学术委员会评审推报的项目,原则上不得变更项目主持人、研究内容和任务指标等。

四、项目实施

第十五条 项目立项后,科研处组织项目承担单位和主持人与主管部门签订项目任务书,并交科研处一份存档。项目课题、子课题、横向委托项目和以个人名义参加的项目任务书需向科研处存档备案。

第十六条 科研项目应严格按计划进度实施,项目承担单位负责项目的中期检查。科研处参与中期检查。

第十七条 科研处负责项目年度绩效评估等监督检查工作,重点从项目组织实施情况、合同计划进度完成情况、存在问题与解决方案等方面加强项目管理。科研处根据管理需要,定期或不定期听取项目主持人研究进展汇报。

第十八条 项目实施要建立完整的科研档案,对科研数据、技术突破、年度进展、知识产权等相关资料及时整理归档，注重数据、图片、影像等资料的妥善保存。

第十九条 项目实施过程中如需变更主持人或参加人员，承担单位或主持人要按照项目管理规定，提前提交书面申请报告，由科研处提交项目主管部门审批。

第二十条 项目经费的使用必须严格遵守国家、省相关项目经费管理规定和院财务管理制度，做到单独核算，专款专用，严格按照经费预算列支，严禁出现截留、挪用、挤占等违反财经纪律的行为。

五、结题验收

第二十一条 项目完成后，按照项目管理办法和任务书目标，承担单位和主持人应当及时总结项目执行情况，编制项目验收报告和经费决算报告。

第二十二条 按照项目管理办法需要进行经费结题审计的项目，承担单位和主持人会同财务人员整理财务资料，配合院监审处或审计机构做好财务审计工作。

第二十三条 项目主持人按照项目验收主管部门要求提交相关材料，国家、省级项目以及横向委托项目，科研处配合项目主管部门进行结题验收；院级项目经科研处审核后，由科研处组织结题验收。

第二十四条 科研处根据验收结果，对相关项目主持人进行信用评价，予以奖惩。评价分为优秀、良好、一般和较差4个等级。

第二十五条 由于特殊原因确有必要延期的，必须在规定日期内，由项目负责人提出书面申请，所在单位审批同意，由科研处向上级主管部门审批。延期验收时间最长不超过1年。未办理延期手续又不按时结题者视为项目评价较差，延期1年后项目仍未完成计划任务指标，项目评价为较差。

第二十六条 项目验收情况作为项目主持人后续支持的重要依据，验收评价为优秀的项目，在今后院级科技计划项目申报、立项和组织申报国家、省科技计划项目时同等条件下予以优先。验收评价为较差的项目，取消项目主持人承担及参与科技计划任务资格2年，在问题整改到位后方可恢复相关资格。

第二十七条 项目验收后，主持人按时向项目主管部门上报结题材料，并向本单位及科研处提交项目完整科技档案。

六、附则

第二十八条 本办法自印发之日起执行。本办法由山西省农业科学院科研处负责解释。

附录二

山西省农业科学院生物育种工程
项目及资金管理办法（试行）

一、总则

第一条 为进一步加强山西省农业科学院生物育种工程项目科学化、规范化管理，确保生物育种工作有计划、有组织地进行，进一步管好用好项目经费，根据国家、山西省有关规定，结合我院实际情况，制定本办法。

第二条 山西省农业科学院生物育种工程项目（以下简称为院育种项目）突出农作物新种质新材料的创制和新品种选育，加强育种新理论、新方法的研究开发。

第三条 院育种项目根据"优势集成，突出重点，集中力量，择优资助"的原则，坚持扶优扶强，实行开放、协作、竞争的运行机制，加快建立新型育种体系。

第四条 院育种项目立足我省农业生产实际，解决农业生产中存在的问题，实现农业增产、农民增收。

第五条 项目主管部门以及项目承担单位要建立各司其责、互相配合的管理机制。项目主管部门负责项目申报立项、绩效管理、监督检查、结题验收等工作；项目承担单位负责项目实施、资料归档等工作。

二、项目申报立项

第六条 在全院范围内征集院育种项目申报指南建议，项目主管部门组织编写院育种项目实施方案和申报指南，上报院党政联席会议审议确定。

第七条 项目主管部门在院局域网发布《生物育种工程项目申报指南》。科研人员根据申报指南，结合课题组自身优势和研究基础，按要求填写《山西省农业科学院科研项目申报书》，并经项目承担单位学委会初审、签字盖章后统一报送项目主管部门。

第八条 项目主管部门对项目承担单位申报的项目进行形式审查,并委托院学术委员会对形式审查合格的项目进行评审。

第九条 项目主管部门根据评审结果,结合团队情况、项目研究基础等确定拟立项目和经费预算。在山西省农业科学院网站(http://www.sxagri.ac.cn)公示拟立项目。公示期满后,将公示结果报院领导审核批准。

第十条 项目主管部门将拟立项的项目申报材料、资金分配方案等报省财政厅备案。省财政厅对项目主管部门确定的资金分配计划审核后下达经费。

三、经费管理

第十一条 院育种项目经费必须专款专用。项目承担单位必须严格遵守国家、省有关规定,严格按照财务会计制度管理,并单独列账核算。项目主管部门对经费使用情况进行检查,对挪作他用、弄虚作假、严重违反财务会计制度的单位和个人,要按有关规定追究相关责任。

项目经费主要开支范围如下:

1. 材料费:是指在项目研究开发过程中消耗的各种原材料、辅助材料等低值易耗品的采购、运输、装卸及整理等费用。

2. 测试化验加工费:是指在项目研究开发过程中支付给外单位(包括项目承担单位内部独立经济核算单位)的检验、测试、化验及加工等费用。

3. 燃料动力费:是指在项目研究开发过程中相关大型仪器设备、专用科学装置等运行发生的可以单独计量的水、电、气、燃料消耗费用等。

4. 差旅费:是指在项目研究开发过程中开展科学实验(试验)、科学考察、业务调研、学术交流等所发生的城市间交通费用、住宿费用等。差旅费的开支标准应当按照国家有关规定执行。

5. 会议会务费:是指在项目研究开发过程中为组织开展学术研讨、咨询、协调项目等活动而发生的会议费用及参加学术会议、活动需要支付的会务费。会议会务费支出应当按照国家有关规定执行。

6. 资料/印刷出版/文献/知识产权事务费:是指在项目研究开发过程中,需要支付的印刷出版费、资料费、专用软件购买费、文献检索费、专利申请及其他知识产权事务等费用。

7. 劳务费:是指在项目研究开发过程中支付给项目组成员中没有工资性收入的相关人员(如在校研究生)和项目组临时聘用人员等的劳务性费用。

8. 设备费:是指在项目研究过程中购置或试制专用仪器设备,对现有仪器设备进行升级改造,以及租赁外单位仪器设备而发生的费用。

9. 其他费用:是指与项目研究任务有相关性和必要性,且应当在申请预算时单独列示、单独核定的其他费用。

第十二条 项目经费支出预算确实需要调整的,由项目负责人向项目承担单位提出书面申请,经项目承担单位所务会批准后,在单位公示3个工作日。公示结果无异议后,可对项目预算进行调整。

四、项目实施

第十三条 批准立项的项目,项目负责人应尽快填写《山西省农业科学院生物育种工程项目合同书》。合同书经项目承担单位、项目主管部门审阅签字盖章后作为正式文本下达。

第十四条 项目实施过程中,项目负责人或参加人员原则上不得更换。由于特殊原因确有必要更换的,必须在不影响项目正常进行的前提下,由原项目负责人提出更换主持人或参加人员书面申请,需项目承担单位和项目主管部门的同意后,及时办理变更手续。

第十五条 项目应严格按计划进度实施,项目主管部门将依照项目进度计划进行中期检查,组织项目负责人定期或不定期汇报项目进展情况。

第十六条 项目负责人应根据项目计划任务书和项目主管部门的有关规定,按时提交年度工作进展报告,并做好项目年度绩效评价工作。同时,项目主管部门根据项目进度计划进行监督检查。对于未开展研究工作、未经批准擅自变更主持人或研究课题的项目,由于试验条件变动或其他原因导致研究无法继续进行的项目,可做出撤销决定。

五、绩效管理

第十七条 为进一步加强预算绩效管理,强化支出责任,提高财政资金使用效益,根据省财政厅有关规定和要求,项目主管部门将对院育种项目进行预算绩效管理,开展绩效评价、绩效监控等工作。具体按照《山西省农业科学院院级科研项目绩效评价管理办法(试行)》执行。

六、结题验收

第十八条 项目完成后,项目主持人按照项目主管部门要求提交相关材料,经项目主管部门审核通过后,组织专家,集中分类结题验收。验收结果进行信用评价,予以奖惩。评价分为优秀、良好、一般和较差4个等级,作为以后年度项目申报的主要评审依据。

第十九条 由于特殊原因确有必要延期的，必须在规定日期内，由项目负责人提出书面申请，所在单位审批同意，报项目主管部门审批。延期验收时间最长不超过1年。未办理延期手续又不按时结题者视为项目评价较差，延期1年后项目仍未完成计划任务指标，项目评价为较差。

第二十条 项目验收情况作为后续支持的重要依据。验收评价为优秀的项目，在今后院级科技计划项目申报、立项时同等条件下予以优先。验收评价为较差的项目，取消项目主持人承担及参与科技计划任务资格2年，在问题整改到位后方可恢复相关资格。

第二十一条 项目结题后，按照项目主管部门项目档案归档要求，及时归档。

七、附则

第二十二条 本办法自发布之日起施行。本办法由山西省农业科学院负责解释。

附录三

山西省农业科学院农业科技创新研究课题及资金管理办法（试行）

一、总则

第一条 为加强山西省农业科学院农业科技创新研究课题科学化、规范化管理，确保科技创新研究工作有计划、有组织地进行，根据国家、山西省有关规定，结合我院的实际情况，制定本办法。

第二条 农业科技创新研究课题以应用型技术研究为重点，目的是推动我省农业进步，保障粮食安全、食品安全、生态安全和农民增收。课题研究要与我省各区域战略性、前瞻性、基础性的产业相结合，并针对各产业链发展过程中的共性、关键、核心技术难题开展研究，重点支持有前期研究基础和稳定团队的课题组。通过集聚我院优势科研力量和资源突破一批技术瓶颈，攻克一批核心关键技术，培育一批具有自主知识产权的突破性成果，不断加强原始性创新，提高我院科技自主创新能力和水平，为我省农业主导产业和特色产业发展提供强有力的科技支撑与技术储备。

二、组织管理

第三条 农业科技创新研究课题主要包括：特色农业技术攻关项目、博士研究基金、优势课题组自选项目和其他各类专项等。

第四条 特色农业技术攻关项目主要围绕山西省农业各产业链发展中的瓶颈问题和农业生产中急需解决的实际问题，以研究突破某项关键技术为目标而开展的创新研究，重点解决农业和农村经济发展的关键性、前瞻性技术难题；博士研究基金鼓励博士结合自身的研究方向，根据本单位学科定位和产业发展需求进行创新研究，主要支持取得博士学位并未获得过院博士研究基金资助的在职科研人员；优势课题组自选项目坚持以人为本，重点支持优势课题组围绕我院优势研究领域，开展创新研究，不断提高本领域的科研水平和行业竞争力；其他各类专项主要是围绕省委、省政府"三农"工作的战略部署和我院重点工作而开展的创新研究。

第五条 项目主管部门以及项目承担单位要建立各司其责、互相配合的管理机制，项目主管部门负责项目申报立项、绩效管理、监督检查、结题验收等工作；项目承担单位负责项目实施、资料归档等工作。

三、申报立项

第六条 在全院范围内征集农业科技创新研究课题申报指南建议，项目主管部门组织编写农业科技创新研究课题实施方案和申报指南，上报院党政联席会议审议确定。

第七条 项目主管部门在院局域网发布《农业科技创新研究课题申报指南》。科研人员根据申报指南，结合课题组自身优势和研究基础，按要求填写《山西省农业科学院科研项目申报书》，并经项目承担单位学委会初审、签字盖章后统一报送项目主管部门。

第八条 项目主管部门对项目承担单位报送的项目开展评审工作，并根据评审结果，结合团队情况、项目研究基础等确定拟立项目和经费预算。在山西省农业科学院网站（http：//www.sxagri.ac.cn）公示拟立项目。公示期满后，将公示结果报院领导审核批准。

第九条 项目主管部门将拟立项的项目申报材料、资金分配方案等报省财政厅备案。省财政厅对项目主管部门确定的资金分配方案审核后下达经费。

四、经费管理

第十条 农业科技创新研究课题经费必须专款专用。项目承担单位必须严格遵守国家、省有关规定，严格按照财务会计制度管理，并单独列账核算。项目主管部门将不定期组织有关部门对经费使用情况进行检查，对挪作他用、弄虚作假、严重违反财务会计制度的单位和个人，按有关规定追究相关责任。在资金使用中，涉及政府采购资金应严格按照政府采购相关文件执行。项目经费主要使用范围如下：

1. 材料费：是指在项目研究开发过程中消耗的各种原材料、辅助材料等低值易耗品的采购及运输、装卸、整理等费用。

2. 测试化验加工费：是指在项目研究开发过程中支付给外单位（包括项目承担单位内部独立经济核算单位）的检验、测试、化验及加工等费用。

3. 燃料动力费：是指在项目研究开发过程中相关大型仪器设备、专用科学装置等运行发生的可以单独计量的水、电、气、燃料消耗费用等。

4. 差旅费：是指在项目研究开发过程中开展科学实验（试验）、科学考察、业务调研、学术交流等所发生的城市间交通费用、住宿费用等。差旅费的开支标准应当按照国家有关规定执行。

5. 会议会务费：是指在项目研究开发过程中为组织开展学术研讨、咨询、协调项目等活动而发生的会议费用及参加学术会议、活动需要支付的会务费。会议会务费支出应当按照国家有关规定执行。

6. 资料/印刷出版/文献/知识产权事务费：是指在项目研究开发过程中，需要支付的印刷出版费、资料费、专用软件购买费、文献检索费、专利申请及其他知识产权事务等费用。

7. 劳务费：是指在项目研究开发过程中支付给项目组成员中没有工资性收入的相关人员（如在校研究生）和项目组临时聘用人员等的劳务性费用。

8. 设备费：是指在项目研究过程中购置或试制专用仪器设备，对现有仪器设备进行升级改造，以及租赁外单位仪器设备而发生的费用。

9. 其他费用：是指与项目研究任务有相关性和必要性，且应当在申请预算时单独列示、单独核定的其他费用。

第十一条 项目经费支出预算确实需要调整的，由项目负责人向项目承担单位提出书面申请，经项目承担单位所务会批准后，在单位公示3个工作日。公示结果无异议后，可对项目预算进行调整。

五、签约及监督检查

第十二条 批准立项的各类科研项目，项目负责人应尽快填写《山西省农业科学院科研项目计划任务书》。计划任务书经项目承担单位、项目主管部门审阅签字盖章后作为正式文本下达。

第十三条 项目实施过程中，项目负责人或参加人员从原则上不得更换。由于特殊原因确有必要更换的，必须在不影响项目正常进行的前提下，由原项目负责人提出更换主持人或参加人员书面申请，需项目承担单位和项目主管部门的同意后，及时办理变更手续。

第十四条 项目负责人应根据项目计划任务书和项目主管部门的有关规定，按时提交年度工作进展报告。同时，项目主管部门根据项目进度计划进行监督检查。对于未开展研究工作、未经批准擅自变更主持人或研究课题内容的项目，由于试验条件变动或其他原因导致研究无法继续进行的项目，可做出撤销决定。

第十五条 项目应严格按计划进度实施,项目主管部门将依照项目进度计划进行中期检查,组织项目负责人定期或不定期汇报项目进展情况。

第十六条 省财政厅对各类监督检查出的虚报冒领、挤占挪用和其他违法违规情况,应依据《中华人民共和国预算法》《中华人民共和国预算法实施条例》和《财政违法行为处罚处分条例》等法律、法规依法处理,必要时可采取通报、暂停拨款、收回资金、调减以后年度预算等措施予以纠正。

六、绩效管理

第十七条 为进一步加强预算绩效管理,强化支出责任,提高财政资金使用效益,根据省财政厅有关规定和要求,项目主管部门将对农业科技创新研究课题进行预算绩效管理,开展绩效评价、绩效监控等工作。具体按照《山西省农业科学院院级科研项目绩效评价管理办法(试行)》执行。

七、结题验收

第十八条 项目完成后,项目主持人按照项目主管部门要求提交相关材料,经项目主管部门审核通过后,组织专家,集中分类结题验收。验收结果进行信用评价,予以奖惩。评价分为优秀、良好、一般和较差四个等级,作为以后年度项目申报的主要评审依据。

第十九条 由于特殊原因确有必要延期的,必须在规定日期内,由项目负责人提出书面申请,所在单位审批同意,报项目主管部门审批。延期验收时间最长不超过1年。未办理延期手续又不按时结题者视为项目评价较差,延期1年后项目仍未完成计划任务指标,项目评价为较差。

第二十条 项目验收情况作为后续支持的重要依据。验收评价为优秀的项目,在今后院级科技计划项目申报、立项时同等条件下予以优先。验收评价为较差的项目,取消项目主持人承担及参与科技计划任务资格2年,在问题整改到位后方可恢复相关资格。

第二十一条 项目结题后,按照项目主管部门科技档案入档要求及时归档。

八、附则

第二十二条 本办法自发布之日起施行,本办法由山西省农业科学院负责解释。

附录四

山西省农业科学院院级科研项目绩效评价管理办法（试行）

一、总则

第一条 为了进一步提高山西省农业科学院院级科研项目绩效管理的规范性和有效性，建立科学、合理的绩效评价管理体系，根据财政部《财政支出绩效评价管理暂行办法》《山西省人民政府办公厅关于全面推进我省预算绩效管理的指导意见》和《山西省预算绩效评价管理办法》等有关规章制度，制定本办法。

第二条 本办法以提升科研创新能力和促进科研成果产出为导向，是全院科研项目实施绩效监控、开展绩效评价等的重要基础和依据。本办法适用于山西省农业科学院院级科研项目绩效管理。

第三条 绩效管理应遵循以下原则。

（一）科学规范原则。绩效管理应严格执行规定的程序，按照科学可行的要求，采用定量与定性相结合分析法规范进行；

（二）公正公开原则。绩效管理应符合真实、客观、公正的要求，依法公开并接受社会监督；

（三）分级分类原则。绩效管理由院、所两级绩效管理部门根据评价对象的特点分类组织实施；

（四）绩效相关原则。绩效管理应针对具体支出及其产出绩效进行，评价结果应清晰反映支出和产出绩效之间的对应关系。

第四条 绩效管理的主要内容包括绩效内容、绩效指标、绩效标准。

（一）按照预算支出的范围划分，包括基本支出绩效目标、项目支出绩效目标和部门（单位）整体支出绩效目标。

基本支出绩效目标，是指院预算中安排的基本支出在一定期限内对本部门正常运转的预期保障程度。一般不单独设定，而是纳入部门整体支出绩效目标统筹考虑。

项目支出绩效目标，是指依据院职责和事业发展要求，设立并通过预算安排的项目支出在一定期限内预期达到的产出和效果。

部门整体支出绩效目标，是指院按照确定的职责，利用全部预算资金在一定期限内预期达到的总体产出和效果。

（二）按照时效性划分，包括中长期绩效目标和年度绩效目标。

中长期绩效目标是指院预算资金在跨度多年的计划期内预期达到的产出和效果。年度绩效目标是指院预算资金在一个预算年度内预期达到的产出和效果。

（三）按照层次划分，包括绩效总目标和绩效子目标。

绩效总目标是指院级项目支出或整体支出预期要达到的总产出和总效果。为了便于管理，绩效总目标可以按照不同特点确定绩效子目标。

二、组织管理和职责

第五条 院、所两级绩效管理部门按照各自职能组织实施预算绩效目标管理，建立层次分明、职责清晰、运转高效的绩效目标管理机制。

第六条 院级绩效管理部门职责。

（一）承担评价管理组织工作；

（二）研究制定预算绩效管理制度，建立绩效指标体系，完善绩效目标管理流程，组织指导开展项目绩效目标的运行监控和绩效评价；

（三）向省财政厅报告本单位绩效评价工作情况，提交绩效评价报告。

第七条 所级绩效管理部门职责。

（一）拟定本单位绩效评价方案，确定绩效评价内容和评价方法，设置相关绩效目标、绩效评价指标体系；

（二）对列入本单位预算的支出项目绩效进行自我评价；

（三）向主管部门报告本单位绩效评价工作情况，提交绩效评价报告。

三、绩效评价方式

第八条 实行分级分类评价。

按照生物育种工程和农业科技创新研究任务类别和产出特点对不同创新领域和方向分类制定指标。

（一）农业科技基础性工作主要考核资源收集创制、基础数据与资料采集、信息共享与社会服务等指标；

（二）科研成果创新主要考核新品种选育、关键技术创新性、实用性、解决实际问题效果和对产业发展支撑能力等指标；

（三）基础理论研究主要考核理论原创水平、发表论文同行影响力、国家授权专利、标准等指标。

第九条 实行分阶段评价，绩效管理部门对项目进行年度评价、中期评价和验收评价。

第十条 绩效评价采取定性和定量相结合、自评和他评相结合的方式进行评价。量化评价按百分制设置。他评委托社会第三方进行独立评价。

第十一条 评价工作坚持实事求是，项目责任单位对评价中涉及的相关材料的真实性、合法性、完整性负责，不得弄虚作假。

四、绩效评价指标体系和评价标准

第十二条 绩效评价指标体系主要包括绩效评价指标、评价权重和评价标准。

绩效评价指标是指衡量绩效目标实现程度的标杆。评价权重是指某评价指标的分值在评价总分值中的比重。绩效评价标准是指衡量绩效目标完成程度的尺度。

第十三条 院级绩效管理部门建立和完善绩效评价指标体系，形成涵盖各类支出、符合目标内容、细化量化的绩效指标，注重评价权重设置的研究，科学合理设置权重分值，加强各类标准值的收集和整理，形成体现计划、行业、专业等各方面特点的评价标准。

第十四条 确定绩效评价指标应当遵循以下原则。

（一）相关性原则。应当与绩效目标有直接的联系，能够恰当反映目标的实现程度；

（二）重要性原则。应当优先使用最具评价对象代表性、最能反映评价要求的核心指标；

（三）可比性原则。对同类评价对象要设定共性的绩效评价指标，以便于评价结果可以相互比较；

（四）系统性原则。应当系统反映财政支出所产生的社会效益、经济效益、环境效益和可持续影响等；

（五）经济性原则。应当通俗易懂、简便易行，数据的获得应当考虑现实条件和可操作性，符合成本效益原则。

第十五条　绩效评价指标分为共性指标和个性指标。

共性指标应适用于所有评价对象。主要包括预算编制和执行情况、财务管理状况、资产配置、使用、处置和收益管理情况以及社会效益、经济效益等。

个性指标应针对项目特点设定，适用于不同项目的业绩评价指标。

第十六条　具体绩效评价指标的选取，应当符合以下要求。

（一）绩效指标应当具体、明确、切中目标；

（二）绩效指标应当可衡量、可评价，能够形成数量指标或行为强度指标；

（三）绩效指标应当是经过努力能够实现，不得过高或过低。

（四）绩效指标应当符合现实，并具有时限性。

第十七条　绩效评价标准具体包括以下几点。

（一）计划标准。是指以预先制定的目标、计划、预算、定额等数据作为评价的标准；

（二）行业标准。是指参照国家公布的行业指标数据制定的评价标准；

（三）历史标准。是指参照同类指标的历史数据制定的评价标准。

五、绩效评价报告

第十八条　绩效评价报告是绩效评价后由绩效评价工作组撰写的总结性结论文件。

第十九条　绩效评价报告的主要内容应包括以下内容。

（一）项目基本情况，包括项目概况和项目绩效目标；

（二）项目单位绩效报告情况，包括资金使用及管理、项目组织实施等情况；

（三）绩效评价工作情况，包括绩效评价目的、绩效评价原则、评价指标体系（附表说明）、评价方法及绩效评价工作过程；

（四）绩效评价指标分析情况，包括项目资金情况分析、项目实施情况分析、项目绩效情况分析；

（五）综合评价情况及评价结论（附相关评分表）；

（六）绩效评价结果应用建议（如以后年度预算安排、评价结果公开等方面的建议）；

（七）主要经验及做法、存在的问题、原因分析和建议等；

（八）其他需说明的问题。

六、绩效评价结果及应用

第二十条 评价结果分为优秀、良好、一般和较差 4 个等级。

第二十一条 评价结果作为项目下一年度科研任务经费支持额度的重要依据。评价结果为优秀的,下一年度适度增加科研任务经费支持额度;评价结果为较差的项目,取消其下一年度科研任务经费支持。

第二十二条 年度评价、中期评价和验收评价形成的评价结论、报告及相关材料等档案及时整理归档。

第二十三条 责任单位、项目组成员若出现学术不端等行为,采取一票否决制,严格追究当事人责任。

七、附则

第二十四条 本办法自印发之日起执行。本办法由山西省农业科学院科研处负责解释。

附录五

山西省农业科学院院级项目结题验收管理办法（试行）

一、总则

第一条 为规范山西省农业科学院院级项目结题验收管理，根据《山西省农业科学院科研项目管理办法》《山西省农业科学院科研项目绩效评价管理办法》有关规定，制定本办法。

第二条 项目结题验收遵循以下原则。

（一）统一组织，分类实施；

（二）突出差异，评价分级；

（三）开放透明，客观公正；

（四）绩效引导，激励创新。

二、机构职责

第三条 科研处具体负责院级项目结题验收管理日常工作，主要包括以下几方面。

（一）起草项目结题验收管理相关制度；

（二）统一组织专家对项目分类验收；

（三）承担验收管理组织协调与监督工作；

（四）统计验收结果，记入科技信用管理档案。

三、验收方式

第四条 项目完成后，按照项目管理办法和任务书目标，承担单位和主持人应当及时总结项目执行情况，编制项目验收报告和经费决算报告。

第五条 按照项目管理办法需要进行经费结题审计的项目，承担单位和主持人会同财务人员整理财务资料，配合院审计处或审计机构做好财务审计工作。

第六条　项目主持人按照项目验收安排及时提交项目工作报告、技术报告、经费决算报告等完整材料，经科研处审核通过后，组织专家，集中分类结题验收。

第七条　科研处根据验收结果，对相关项目主持人进行信用评价，予以奖惩。评价分为优秀、良好、一般和较差4个等级。

第八条　由于特殊原因确有必要延期的，必须在项目研究终止期前一个月内，由项目负责人提出书面申请，征得所在单位和院科研处的同意，并办理延期手续，延期时间为1年。未办理延期手续又不按时结题者视为项目评价较差，延期1年后项目仍未完成计划任务指标，项目评价为较差。

第九条　项目验收情况作为项目主持人后续支持的重要依据，验收评价为优秀的项目，在今后院级科技计划项目申报、立项和组织申报国家、省科技计划项目时同等条件下予以优先。验收评价为较差的项目，取消项目主持人承担及参与科技计划任务资格2年，在问题整改到位后方可恢复相关资格。

第十条　项目结题后，按照项目主管部门项目档案归档要求，及时归档。

四、附则

第十一条　本办法自印发之日起执行。本办法由山西省农业科学院科研处负责解释。

附录六

山西省农业科学院横向科研项目
管理办法（试行）

第一条 为规范我院横向科研项目管理，提高横向科研项目经费使用效率，根据《中共中央办公厅 国务院办公厅印发〈关于进一步完善中央财政科研项目资金等政策的若干意见〉的通知》《中共中央、国务院关于深化体制机制改革加快实施创新驱动发展战略的若干意见》《山西省人民政府办公厅关于印发〈山西省科研项目经费和科技活动经费管理办法〉的通知》（晋政办发〔2016〕76号）以及有关科研经费管理办法，结合本院实际，制定本办法。

第二条 本办法所指横向科研项目是指受个人、企业、社会组织机构、境外非政府组织机构等以任务委托方式取得的非纵向科研项目。科研院所、高等学校、事业单位委托的科研项目不得作为横向科研项目。开展技术服务所取得的收入按照技术服务管理，不作为横向科研项目对待。

第三条 横向科研项目经费支出是科研项目组织实施过程中，与研究开发活动直接相关的、由项目经费支付的各项费用。横向科研项目经费管理依据项目承担单位与项目委托单位签订的合同（协议）约定执行。没有签署合同（协议）的，不得列入横向课题。

第四条 横向科研项目负责人是执行项目的第一责任人，应严格按照合同（协议）规定的任务制定项目实施方案，并承担相应的法律责任。项目负责人应严格按照项目经费的用途、范围和开支标准使用项目经费，自觉控制经费的支出。项目承担单位财务部门负责横向科研项目经费的收支管理和会计核算。

第五条 横向科研项目经费比照财政资金支持的科研项目范围支出，还可支出实验室改造和维修费、网络使用费、日常水电暖及物业费、税费及附加、培训和学习费、立项业务费、管理费。

科研项目立项过程中参与项目人员的先期研究补助和对外专家咨询等立项业务费，一般不超过项目经费的5%。管理费一般不超过项目经费的10%。

第六条 横向科研项目结束并得到项目委托方的书面认可后,结余资金的70%可作为项目组成员和相关管理人员的绩效津贴发放;结余资金的30%作为科研发展基金,由单位统筹安排。课题组成员和管理人员的绩效津贴应按照国家有关规定缴纳个人所得税。

第七条 横向科研项目经费的收支必须符合国家有关财务规定,经费使用符合开展科研活动的实际需要,不得为个人牟取私利。

第八条 横向课题绩效考核实行课题组负责人负责制,课题组负责人根据本课题特点及实施情况,制定考核指标,对课题组成员进行年度科研实绩考核,并结合考核结果经单位党政联席会研究通过,在本单位公示后,按实际贡献发放酬金。

第九条 本办法如与上级主管部门相关管理规定不符的,以上级主管部门的管理规定为准。

第十条 本办法自印发之日起执行。本办法由山西省农业科学院科研处负责解释。

附录七

山西省农业科学院科研经费间接费用管理办法（试行）

一、总则

第一条 为规范我院科研经费间接费用管理，提高间接费用使用效率，根据《国务院关于改进加强中央财政科研课题和资金管理的若干意见》（国发〔2014〕11号），财政部、科技部《国家重点研发计划资金管理办法》的通知，《国务院印发关于深化中央财政科技计划（专项、基金等）管理改革方案的通知》（国发〔2014〕64号），《中共中央办公厅　国务院办公厅印发〈关于进一步完善中央财政科研项目资金等政策的若干意见〉的通知》，《山西省人民政府办公厅关于印发〈山西省科研项目经费和科技活动经费管理办法〉的通知》（晋政办发〔2016〕76号）以及有关科研经费管理办法，结合我院实际，制定本办法。

第二条 本办法适用于国家级、省级科研项目与经费管理办法中明确安排间接费用的各类课题和项目。

二、间接费用的预算编制

第三条 间接费用是指承担课题任务的单位在组织实施课题过程中发生的无法在直接费用中列支的相关费用，用于补偿项目承担单位为项目实施所发生的间接成本和绩效支出。

第四条 间接费用预算按项目资金管理办法的规定确立。

1. 中央财政科技计划（专项、基金等）

500万元及以下部分不超过20%；

超过500万元（含）至1 000万元的部分不超过15%；

超过1 000万元（含）的部分不超过13%。

2. 省财政科技计划（专项、基金等）

不超过科研项目经费资助总额的10%。

三、间接费用的列支

第五条 间接费用纳入课题承担单位财务部门统一管理、统筹安排使用。费用包括承担单位为课题研究提供的现有仪器设备及房屋，日常水、电、气、暖消耗等费用支出以及课题组绩效支出。课题主持人在确保管理费用支出的情况下，安排绩效津贴的支出。

第六条 绩效支出原则上在项目执行期内按年发放，即每年项目年终绩效考核后，根据考核结果，发放当年的绩效支出。间接费用年度支出比例由各单位根据项目执行实际情况具体确定。

第七条 项目执行期间存在以下情况之一的，不得发放绩效支出。

1. 未按要求及时报送项目相关材料的，包括计划任务书（合同书）、预算书、实施方案、年度进展报告、中期总结报告、验收材料及其他相关文件等；

2. 未按要求对项目负责人、参加人员、经费预算、研究目标、研究内容等重要事项调整提前报批的；

3. 未通过项目年终绩效考核的；

4. 存在违反国家法律法规、院规章制度等以及其他影响我院声誉行为的。

第八条 绩效支出按照对项目贡献大小的原则发放，包括课题组成员和为项目直接服务的管理人员。

第九条 课题绩效考核实行课题组负责人负责制，课题组负责人根据本课题自身的特点及课题实施情况，制定考核指标，对课题组成员进行贡献考核，并结合考核结果按实际贡献发放绩效支出。课题组成员和为项目直接服务的管理人员的发放比例和金额应列表经单位党政联席会研究通过后进行发放，并在本单位公示。个人领取间接费用绩效津贴应严格按照国家规定缴纳个人所得税。

第十条 按合同确定需外拨到参加单位的经费，经所财务核准，不提外拨经费的间接费用和管理费，也不再列支绩效支出。但项目执行过程中追加的协作费仍需计提。

第十一条 课题有多个参加单位的，间接费用在总额范围内由课题承担单位与参与单位协商分配。承担单位不得在核定的间接费用以外，再以任何名义在项目资金中重复提取、列支相关费用。

第十二条 间接费用的预算一经批复不得调整，严格按照有关规定支出。

四、附则

第十三条 本办法如与上级主管部门相关管理规定不符的，以上级主管部门的管理规定为准。

第十四条 本办法自印发之日起执行。本办法由山西省农业科学院科研处负责解释。

附录八

山西省农业科学院关于申报国家自然科学基金项目的激励办法(试行)

第一条 国家自然科学基金是我国为支持基础研究、鼓励创新而设立的专项。积极申报国家自然科学基金,对推动我院基础研究、促进基础学科建设、发现和培养优秀科技人才、提升科研创新能力具有重大意义。为鼓励我院科技人员积极争取国家自然科学基金项目,对申报和承担国家自然科学基金项目的项目组和个人予以鼓励,特制定本办法。

第二条 本办法中所称项目指研究所(中心、站)作为依托单位申请或立项的国家自然科学基金委员会资助的重大项目、重点项目、面上项目、青年科学基金项目、国际合作项目和地区联合基金项目。

第三条 各研究所(中心、站)是组织申报和实施国家自然科学基金项目的主体。各单位应高度重视申报工作,召开动员、部署会议,组织科研人员申报,鼓励青年科技人员积极申请;聘请有关专家为申报项目把关,提出建议;提供保障条件,确保有关项目的申请和实施。

第四条 鼓励符合条件的科研人员积极申报国家自然科学基金项目,要求45周岁(含45周岁)以下、具有博士学位、符合申报条件的青年科技人员必须申报。

第五条 对于获得国家自然科学基金项目的科技人员在职称评审、聘任中优先考虑,并在年度考核、评优工作中作为重要指标予以考虑。

第六条 院科研处设立国家自然科学基金培育项目,对获得国家自然科学基金项目立项的科技人员,在专项经费中给予1:1的配套;对申报国家自然科学基金项目初审中获得较好结果(2个以上专家同意支持)而未立项的科技人员,给予10万元的补助,支持科研项目后续研究,鼓励科技人员继续申报。

第七条 对于申报和立项数量较多的研究所(中心、站)予以鼓励,并在全院科研考核评优中作为重要指标。

附录八 山西省农业科学院关于申报国家自然科学基金项目的激励办法（试行）

第八条 项目负责人在项目实施过程中调离本院后不再适用本办法。

第九条 国家社科基金项目参照本办法执行。

第十条 本办法自印发之日起执行。本办法由山西省农业科学院科研处负责解释。

参考文献

陈丽佳, 2009. 广东区域农业科技创新能力研究 [J]. 广东科技, 18 (15): 103-108.

陈祺琪, 2016. 中国农业科技创新能力：空间差异、影响因素与提升策略 [D]. 武汉：华中农业大学.

程静, 牛艳, 冀宪武, 2018. 新形势下农业科研管理路径探索研究：以山西省农业科学院为例 [J]. 农业科技管理, 37 (2): 15-17, 41.

董成森, 2010. 农业科技创新面临的问题及对策：以湖南省为例 [J]. 湖南农业大学学报 (社会科学版), 11 (4): 7-9.

福建省农业科学院, 2016. 福建农业科技创新与现代院所建设 [M]. 北京：中国农业科学技术出版社.

葛波, 2007. 吉林省农业科技自主创新能力研究 [D]. 长春：吉林大学.

古兆明, 冀宪武, 何燕, 等, 2018. 新时期农业科研管理探索：以山西省农业科学院为例 [J]. 山西科技, 33 (2): 12-14, 21.

郭美芳, 何燕, 裴自友, 等, 2017. 山西省农科院近10年育种领域获奖成果统计分析 [J]. 农业网络信息 (4): 84-86, 91.

何燕, 程静, 2018. 新时期科研信用档案管理的优化 [J]. 山西档案 (2): 88-90.

黄季焜, 胡瑞法, 2008. 完善农业科研改革 促进农业科技创新 [J]. 农村工作通讯 (13): 18-20.

姜丽华, 谢能付, 刘世洪, 2015. 农业科研机构科技创新能力评价研究 [J]. 中国农学通报, 31 (26): 266-273.

龙翊岚, 2007. 浅谈农业科研机构的人才问题 [J]. 华南热带农业大学学报 (3): 44-47.

陆建中, 2011. 农业科研机构自主创新能力研究 [D]. 北京：中国农业科学院.

吕火明,李刚,刘宗敏,等,2011.农业科技创新能力建设研究[M].北京:中国农业出版社.

彭宇文,吴林海,2006.我国农业科技创新问题的研究[J].上海经济研究(11):55-60.

王晴水,2016.龙岩市农业科技创新能力的评价研究[D].福州:福建农林大学.

王婷,刘敏娟,2014.中国农业科学院科研产出及学术影响力评价:基于论文、专利产出的分析[M].北京:中国农业科学技术出版社.

王小虎,陆建中,2013.农业科研院所学科特点与学科建设研究[J].农业科技管理,32(1):5-8.

吴昌华,2011.现代农业科研院所科技创新机制研究:以江西省农科院为例[D].南昌:江西农业大学.

解沛,王晓培,2016.农业科研院所加强基础研究工作的思考[J].农业科技管理,35(1):43-45,58.

熊彼特,1990.经济发展理论[M].何畏,易家详,等译.北京:商务印书馆.

熊明民,2016.地市级农业科研单位发展现状和建议[J].农业科技管理,35(3):27-30,42.

徐长春,郑戈,李仕宝,等,2016.新形势下省级农业科研机构与科研人员的作用发挥——对山东省农业科学院的调研与思考[J].江苏农业科学,44(9):552-553,558.

许朗,2009.中国农业科研机构科技创新研究:能力、效率与模式[D].南京:南京农业大学.

杨军,许正春,翁志辉,2011.福建省属公益类科研机构自主创新能力评价与制约因素分析[J].福建农业学报,26(1):125-129.

张卫,彭楠,2015.农业科研院所专业技术人才队伍建设的思考:以京津冀三所农(林)业科学院为例[C].首都科研院所企业文化建设协会2014年优秀论文集:56-67.

张宪法,陈彦宾,2007.对农业科研机构功能定位的再思考:辽宁省农业科学院调研启示[J].农业科技管理(2):4-5.